인생 3모작과 나

〈개정판〉

인생 3모작과 나 〈개정판〉

초판 1쇄 인쇄 2015년 03월 13일
개정판 1쇄 인쇄 2019년 03월 11일

지은이 | 김동기
펴낸이 | 이승훈
펴낸곳 | 해드림출판사
주 소 | 서울 영등포구 경인로 82길 3-4(문래동1가 39)
센터플러스빌딩 1004호(우편150-091)
전 화 | 02-2612-5552
팩 스 | 02-2688-5568
e-mail | jlee5059@hanmail.net
등록번호 | 제87-2007-000011호
등록일자 | 2007년 5월 4일
* 책값은 표지에 있습니다
* 잘못된 책은 바꿔드립니다
ISBN 979-11-5634-328-8

인생 3모작과 나

개정판

김동기 | 지음

해드림출판사
www.sdt.or.kr

머리말

모두가 행복한 사회를 바라면서

'인생 3모작과 나'를 출간한지 4년이 흘렀다. 인생 3모작이라는 새로운 패러다임을 만들어 나에게 적용하여 지나온 세월의 편린을 살펴보았다. 그 책을 출간하면서 서울에서 출판기념회를 개최하자 정치적 목적이 있는 것이 아닌가하는 일부의 시선도 있었다. 일부는 서점에서 판매하고 일부는 사회생활을 하면서 증정을 하였더니 모두 소진되어 보완하여 출간하게 되었다.

100세가 되어서도 강연 등 왕성한 활동을 하시는 김형석 연세대 명예교수는 나이 60세부터 75세까지가 인생의 노른자시대라고 표현하였다. 시중에는 고령화사회에서 노인의 고용과 관련하여 '625 (62세까지 현직에 있으면 을사5적에 해당)'라는 우스갯소리가 있다. 나는 주위의 각별한 배려로 늦은 나이에 상장된 한전산업개발 주식회사의 상임감사로 근무하고 있으니 선택을 받은 사람이다.

인간은 태어나면서부터 사회적 동물로 부모, 형제, 친구, 동료 등과 각종 인간관계를 만들어가면서 살아간다. 그런데 인간의 최대목표는 행복이다. 행복은 나를 중심으로 성실하게 생활하고 다른 사람을 사랑하면서 평범한 것에서부터 쌓아야 하는 것이라고 한다. 세계의 지붕 히말라야산맥의 작은 나라 부탄이 소득은 높지 않지만 행복지수가 제일 높은 나라로 알려져 있다.

우리나라는 1인당 국민소득이 3만불이 되고, 경제규모가 세계10위권의 잘사는 나라로 발전하였다. 그러나 우리 국민들이 실제로 느끼는 행복지수는 얼마나 될까? 우리나라 청소년의 80%가 외국의 학생들과 반대로 친구들을 상급학교 진학을 위한 경쟁자로 생각한다고 한다. 청소년들이 미래에 대한 꿈과 희망을 갖고 살아갈 수 있는 행복한 국가와 사회가 되었으면 한다.

2019년 3월

석천 김동기

아름다운 여생(麗生), 웰에이징을 위하여

지금까지의 농업은 논과 밭에서 보리를 심어 수확한 후 벼를 심는 정도의 2모작을 하였다. 그러나 백색혁명이라고 일컬어지는 비닐하우스를 농업에 이용함으로써 농부가 부지런하게 농사를 지으면 3모작도 가능해졌다. 오늘날 100세 시대를 맞이하여 이와 같이 인생을 3모작으로 구분할 수 있다. 부모의 보살핌으로 살아온 1모작과 자신이 생활주체가 되어 살아가는 2모작 그리고 앞으로 남은 기간을 3모작이라고 할 수 있다. 나의 1모작 시기에는 청주와 서울에서 성장하고 공부하면서 겪은 내용들이며, 2모작의 내용은 공직에 입문하여 대통령 비서실과 행정자치부 그리고 충북과 인천에서 공직자로 있으면서 추진했던 각종 정책과 사업의 내용들과 국내외의 대학과 연수원에서 연찬하며 느낀 것들을 담았다.

내가 지나온 1모작과 2모작 시기를 돌아보면서 공직을 하나의 직업을 넘어 천직(calling, beruf)으로 생각하고 공무를 수행하면서 한 점 부끄럼이 없었는가 자신을 살펴보게 된다. 또 내가 역점을 두어 추진했던 일들이 과연 역사를 발전시키는 추진동력으로서 미래지향적 사업들이었는지를 다시 한 번 되돌아보게 되었다. 34년의 공직생활이 파노라마처럼 지나간다. 국가에는 국사가 있듯이 개인에게는 개인사가 있다. 개인의 역사가 묶어져 향토사가 만들어지고 국가적으로 국사(國史)가 쓰인다.

오늘날을 지방화의 시대, 지방자치의 시대라고 한다. 풀뿌리 민주주의요 민주주의의 학교라고 하는 지방자치제가 부활하여 다시 실시된 지도 20년이 지났다. 한국의 지방자치가 혈기 왕성한 청년인 셈이다. 그러나 한국의 지방자치의 발전을 위하여 보완해야 할 과제가 산적해 있는 것이 현실이다. 지방자치의 3요소를 지역과 주민, 자치권을 든다. 국가와 지역을 이해하려면 그 지역의 지리와 주민에 대한 이해가 선행되어야 하기에 내가 근무했던 지역의 역사와 지리에 대하여 체계적으로 정리하였다. 이 책을 처음 접하는 사람도 쉽게 이해할 수 있도록 역사적 사실에 대한 객관적인 해석을 나름대로 덧붙여 두었다.

나도 이제 인생 3모작 시기에 접어들었다. 이 기간을 남은 생애, 즉 여생(餘生)이라고 한다. 수동적인 여생이 아닌 능동적이고 적극적인 아름다운 여생(麗生)이 되도록 노력해야 한다. 멋진 여생이란 경제적으로 풍요로우며, 사회적으로 활동적이고, 문화적으로 품위가 있는 명품 인생을 말한다. 이와 같이 멋지게 나이를 먹어가는 것을 웰 에이징(well-aging)이라고 한다. 필요조건으로 건강과 부를, 충분조건으로 일, 친구, 취미, 음식을 꼽는다. 이 모든 것을 갖춘 사람이 현실적으로 얼마나 될까?

이사를 여러 번 다니다 보니 집 여기저기에 쌓여있는 사진과 자료들을 정리하여 역사적인 기록으로 남기는 것이 개인적으로나 지역과 국가적으로도 바람직하다는 생각이 들었다. 일연 스님이 삼국유사를 썼던 심정(?)으로 스토리텔링 방식에 따라 시대사 적으로 기술하려고 노력하였다. 나의 발가벗은 모습을 그대로 외부에 보여주는 것 같아 민망스럽기도 하다.

멋진 인생 3모작을 위하여 미리 미리 계획을 수립하여 치밀하게 준비하여야 한다. 그간 오늘의 내가 있기까지 물심양면으로 도와준 가족, 친구, 옛 동료들에게 감사드린다. 이 책이 나오기까지 자문을 해준 친구 낭산(浪山) 이기순과 정성을 기울여 출간을 해준 해드림출판사의 제위께도 고마움을 표한다.

2015년 3월 광주 백마산 자락에서

석천 김동기

축시

'인생 3모작'에 붙여

한겨울 얼음장에 무릎꿇어
잉어를 잡아 병든 노모님을 구완했다는
전설의 연못을 안고 있어
고향마을을 지북(池北)이라 하더니
한국동란에 아버님을 조국에 바치고
외롭고 가난한 유복자로 태어나
평생 전설속의 효자로 살아온 그대가
죽마고우 나는 늘
자랑스럽고 존경스러웠다네.

별달리 심지 굳던 그대는
청년나이에 청운의 꿈을 이루어
한생 올곧고 어진 목민관 길을 걸었지.
옳은 길이 아니면 곁눈질조차 없이
쳐다보거나 들은 체도 아니하고
발걸음은 아예 돌리지도 않던 성품을
나는 지켜보았네.
황희정승 고사를 즐기던 청빈한 선비
다산 정약용을 신봉하고 실천하며
애민과 실용으로
외길을 지켜온 청백리였음을
나는 안다네.

이제

광주 땅 백마산 자락에 들어

대자연의 참주인이 되었나니

우리 역사를 다시 뒤지며

내 나라 내 땅 보살피기로

겸손한 발자국을 남기는

석천(石泉) 당신의

거룩한 인생 3모작

온사람이 우러르는

한 그루 우뚝한 낙락장송

하늘이 세월을 지켜줄 지어이!

2015. 4. 28

낭산 이기순[1)](한국작가회의)

---

1) 저자의 고등학교 친구로 오산고등학교 국어교사로 재직하다가 퇴직하였으며, 2015. 4. 28 본 저서의 출판기념회에서 시인이 직접 낭송한 축시이다.

제5장 목민관이 되어

제6장 박람강기(博覽强記)를 위한 길

제1장

인생 3모작과 웰에이징

제1절
인생 3모작

1. 인생에도 3모작 시대

옛날 농경사회에서는 논과 밭에 벼나 보리를 심어 수확하는 1모작 또는 2모작이 보편적인 농사방법이었다. 추풍령 이남의 영남과 호남지역 등 따뜻한 지역에서 3모작이 이루어졌다. 그러나 오늘날 농업기술의 발달, 새로운 종자의 보급 등으로 같은 농경지에서 3번의 농사를 짓는 3모작[1)]이 전국적으로 보편화되어 농가소득의 증대에 기여하고 있다. 특히 백색혁명이라고 일컬어지는 비닐하우스를 농업에 활용함으로써 자연적인 한계를 극복하고 한대지역에까지 가능하게 되었고, 계절에 관계없이 전천후 3모작까지도 농작물의 재배가 이루어지고 있으며 우리나라에서 재배된 열대과일까지도 맛볼 수 있게 되었다.

인생의 경우에도 논과 밭에서 몇 번 경작하느냐에 따라 3번 경작할 경우 트리플 30(30+30+30) 또는 3모작[2)]이라고 한다. 생활

1) 같은 논에 2-6월에는 감자를, 6-9월에는 벼를, 10-11월에는 시금치와 같은 소득 작목을 심어 우리나라에서도 3모작이 점차 보편화되고 있다.

2) 고시동기로 통계청장을 지내고 현재 서울대 교수로 재직하고 있는 오종남 박사가 쓴 "은퇴 후 30

환경의 개선과 좋은 음식의 섭취, 적절한 운동, 의학기술의 발달에 따라 인간수명이 120세까지 연장이 가능해지고 있으며, 앞으로 트리플 40(40+40+40)도 보편화될 것으로 전망된다. 이와 같이 농사의 3모작에 비교하여 인생을 3단계로 (표 1-1)과 같이 구분해 볼 수 있다. 오늘날에는 점차 각 모작간의 기간이 길어지고, 공간적으로도 교통·통신의 발달에 따라 세계화·광역화되고 있으며, 내용면에서도 다양화하고 심화되고 있다.

(표1-1)인생 3모작의 구분

구분	기간	주요활동	주 수입원
1모작	출생에서 결혼까지 30년	출생, 교육, 결혼	부모지원
2모작	취직해서 퇴직까지 30년	자녀출산, 직장 및 사회생활	자기 수입
3모작	자녀결혼 후 잔여기간	은퇴 후 노후생활	연금, 보험

첫째, 인생 1모작은 출생해서 공부하고 결혼하기까지의 30년으로 출생하여 유치원에서부터 대학졸업까지의 교육기간과 군대 그리고 결혼에 이르기까지 기간을 말한다. 이 기간은 부모가 양육하며 경제적으로 지원하는 타율적인 기간이다. 오늘날 대부분의 신생아가 병원에서 출산하고 있으므로 원 고향은 병원이라고 해도 과언이 아니다. 일부 재벌 2~3세들은 외국국적[3]을 취득하기 위하여 미국 등에 원정을 가 출산하는 경우도 있다. 또한 한국은 교육열이 매우 높아 외국대학에 유학을 가는 학생 수[4]가 한 해

년을 준비하라"의 저서에서 인생을 3모작으로 분류하였다.

3) 한국은 속인(屬人)주의를 취하여 부모의 국적에 따라 자녀들의 국적이 결정되나, 미국 등의 나라에서는 속지(屬地)주의를 취하여 부모의 국적과 관계없이 미국에서 신생아가 태어나면 미국의 국적을 취득하게 된다.

4) 2017년 외국대학과 대학원에 유학하는 한국의 학생 수는 10만 5천여 명으로 중국(86만 9천 명), 인도(30만 6천 명), 독일(11만 9천 명)에 이어 4위로 최근 국내 경기의 침체로 줄어드는 추세이다. 고등학교이하 조기유학생수도 8,892명으로 한국만의 기형적인 가족형태인 기러기아빠

에 10만 명에 이르고 있으며 고등학교이하 조기유학생만도 8천 명이 된다. 최근에는 취직을 위한 다양한 경력과 자격증을 취득하기 위하여 1년간의 외국유학과 학원 등을 다니고 있어 이 기간이 점차 길어지고 있으며 사회적으로 낭비[5)]라는 지적이 일고 있다.

둘째, 인생 2모작은 결혼하여 자녀를 양육하고 결혼시키기까지의 30년으로 모든 것을 자신이 책임지는 자율적 기간이다. 이 기간 동안에는 취직을 하고 사회적으로 활동하며, 자녀를 출산하여 키우는 과정으로 이루어진다. 이 기간은 자신이 경제활동의 주체로서 가정을 꾸리고 사회적인 주체로서 활동한다. 옛날에는 취직을 하면 평생 동안 한 직장에서 근무하고 퇴직하는 것으로 생각하였으나 사회·경제적 변화로 비정규직이 늘어나고 이직율이 높아지면서 고용형태도 다양해지고 있다. 국내뿐만 아니라 외국의 다국적기업과 국제기구[6)]까지 진출하여 국위를 선양하고 있다. 이 기간의 노력에 따라 그 사람에 대한 사회적인 평가가 이루어진다. 이 기간의 활동으로 성공한 사람은 국내외의 각종 인명사전에 등재되기도 한다.

셋째, 인생 3모작은 자녀를 모두 결혼시키고 노부부가 함께 생활하는 기간으로 인간수명의 연장으로 그 기간이 점차 길어지고 있다. 직업에 따라 다르나 일반적으로 은행원은 58세, 공무원은 60세, 교사는 62세, 교수는 65세 등으로 법적으로 정년이 정해져

또는 엄마를 양산하고 있다.

5) 취직을 위한 요건(스펙)을 쌓기 위하여 대학을 다니는 도중에 영어를 배우기 위해 1년 이상을 외국대학에 유학을 가거나 여러 가지 자격증을 취득하기 위해 학원을 다니는 경우가 많다. 또한 졸업 후 분가하지 않고 부모의 경제적인 보살핌을 받으면서 결혼도 하지 않고 생활하는 소위 "캥가루족"이 늘고 있다.

6) 반기문 유엔사무총장과 김용 세계은행총재, 김종양 인터폴총재 등 선출직뿐 만 아니라 임명직 직원으로도 국제기구에 진출하여 적극적으로 활동하고 있다.

있다. 기업의 정년은 79.2%가 55세를 정년연령으로 정하고 있다. 물론 의사, 변호사, 회계사, 약사 등 자유직업인은 얼마든지 자신의 건강과 능력이 허락하는 한 정년에 관계없이 활동이 가능하다. 평생직장이라는 개념이 사라지면서 조기에 이 시기에 진입하는 경우도 늘어나고 있다.

은퇴시기가 빨라지고 불규칙화 되면서 고용과 은퇴와 관련한 아래와 같은 이야기가 회자되고 있다. 20대에는 취직이 어려워 이태백(20대에는 태반이 백수), 30대에는 38선(38세가 한 직장에 근무할 수 있는 경계선), 40대에는 45정(45세가 일반적으로 정년), 50대에는 56도(56세까지 같은 직장에 있으면 동료들이 도둑으로 취급), 60대가 되면 625(62세까지 현직에 있으면 을사5적에 준하는 큰 적)이라는 말이 있을 정도이다. 그 만큼 사회변화에 따라 고용형태가 바뀌었고 이직이 심하여 정년이 불안정해지고 있다는 반증이기도 하다.

인생 3모작을 정의하면서 인생의 전 기간을 세대에 해당되는 30년씩 시기별로 3단계로 구분하여 분류하기도 한다. 그러나 최근에는 고령화추세가 가속화되면서 은퇴 후 기간을 중심으로 한 생애의 마지막 기간을 주로 의미하여 강조하기도 한다. 이 기간에 대비하여 미리부터 계획을 세워 준비하고 행복한 삶을 누리는 경우에는 웰에이징(well-aging)이라고 하며, 골드세대가 될 수 있다. 김수환 추기경의 선종 이후 준비된 죽음, 아름다운 죽음을 의미하는 웰 다잉(well dying)까지 확산되어 사회적인 관심이 고조되고 있다.

2. 100세 시대의 도래

깨끗한 환경, 균형 잡힌 식사와 규칙적인 운동으로 인간 100세 시대가 열리고 있다. 2017년 현재 한국인의 평균수명은 82.7세로, 65세 고령자가 앞으로 살게 될 기대수명은 남자는 17.4년, 여자는 21.9년이다. 이 기간이 앞으로 살아가야 할 인생 즉 여생(餘生)이다. 이 기간이 결코 짧지 않은 기간으로 앞으로 더욱더 길어질 전망이다. 여생을 어떻게 보내느냐가 국가적으로 그리고 개인적으로 매우 중요한 과제이다. 이 기간을 어떻게 관리하고 보내느냐에 따라 소극적인 여생(餘生)이 될 수도 있고, 골든 에이지 또는 멋진 인생인 여생(麗生)이 될 수 있다. 지금까지는 이 기간을 자녀와 같이 생활하거나 효도에 주로 의존하여 경제적으로 지원을 받아 생활하였으나 핵가족시대에는 자신이 책임을 지고 생활하여야 하는 시대가 되었다.

사회적인 취약계층이나 65세 이상의 노인층이 경제적으로 안정된 생활을 하고 사회적으로 유대감을 가질 수 있도록 정부와 기업, 비정부기구(NGO)가 적극적으로 나서야 한다. 정부는 점차 사회복지비를 늘려가는 추세에 있으나 재원조달에 한계[7]가 있다. 또한 기업의 경우에도 일부 대기업들이 창업주 중심으로 사회복지재단을 설립하여 운영하고 있으나 형식적으로 운영하는 경우가 많다. 따라서 종교단체나 비정부기구들이 박애적인 차원에서 적극적으로 나서서 보완적인 역할을 수행해 주어야 한다. 또한

7) 아나톨 칼레스키(Anatole Kalatsky)는 2010년 자신의 저서 '자본주의 4.0'에서 금융규제와 정책개혁을 주장하면서, 자본주의 4.0 또는 따뜻한 자본주의, 복지자본주의를 지속가능한 발전을 위한 새로운 대안으로 제시하고 있다. 그러나 2018년 한국의 지방예산 중 사회복지비가 27.1%를 차지하고, 자치구는 50.9%를 점유하고 있다. 시장·군수·구청장들이 사회복지비 부담으로 다른 사업을 할 수 없다고 주장하고 국가에 별도의 재원대책을 요구하고 있다.

개인의 경우에도 노블레스 오블리주(noblesse oblige)[8]와 같은 자세로 사회문제[9] 해결에 동참해야 한다. 우리 사회에 건전한 기부문화가 자리를 잡기 위해서는 기업중심에서 개인중심으로, 일회성기부에서 정기기부로, 비자발적 기부에서 자발적 기부로, 다액소수에서 소액다수로 국가의 정책방향도 전환되어야 한다.

우리나라도 65세 이상의 노인인구비율이 2000년에 7.2%로 이미 고령화사회[10]에 진입하였다. 2018년에는 14.3%로 고령사회가 될 것으로 보이며, 2026년에는 20.8%에 도달하여 초고령사회가 될 것으로 통계청에서 전망하고 있다. 그런데 이와 같은 우리나라의 고령화추세는 고령화사회에 진입한 이후 18년 만에 고령사회가 되고, 또한 8년이 지나면 다시 초고령사회가 될 것으로 전망하고 있다.

이와 같은 고령화추세는 일본의 24년과 12년 그리고 미국의 72년과 16년에 비하여 더 빠른 속도로 진행되고 있다는 점이다. 이와 같이 빠른 속도로 고령화추세가 진행되다 보니 국가적으로나 개인적으로나 이에 사전에 계획적으로 대비하지 못하고 맞이함으로써 노인문제라는 심각한 사회문제가 발생되고 있다. 결국에는 결혼연령이 늦어지고 출산자녀수가 감소하면서 우리나라의 인구가 점점 줄어져 지구상에서 사라질 수도 있는 첫번째 국가가 될수 있다는 극단적인 비관론마저 제기되고 있다.

8) 노블레스 오블리주란 프랑스어로 노블레스는 '고귀한 신분(귀족)'이며, 오블리주는 동사로 '책임이 있다'는 의미이다. 높은 사회적 신분에 상응하는 도덕적 의무를 말한다.

9) 프랑스 사회학자인 기 소르망은 한국은 경제 성장기에 부의 축적에만 몰입하면서 인정사정없는(brutal)나라가 되었고 사회가 분열되었다고 분석하였다(중앙일보, 2014. 5. 10).

10) 전체 인구 중 65세 인구의 비율이 7%이면 고령화사회(aging society)라 하고, 14%이면 고령사회(aged society)라 하며, 20%정도면 초고령사회(super aged society)라고 한다.

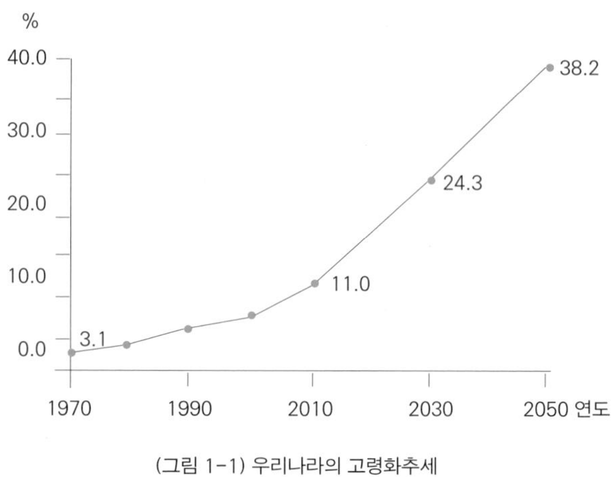

(그림 1-1) 우리나라의 고령화추세

고령화가 재앙이 아닌 축복이 될 수 있도록 국가와 지방자치단체에서도 이에 대한 체계적인 접근과 대책의 수립이 필요하다. 2009년 인천세계도시축전에서 고령사회에 대한 대안으로 압축도시인 컴팩시티(compact city)[11]를 제시하였다. 즉, 도시 중심부에 주거, 상업시설을 밀집시켜 시민, 특히 노인들이 교통수단을 이용하지 않고 걸어 다니면서 편리하게 생활할 수 있게 하는 새로운 도시개발모델이다. 미국의 뉴 어바니즘(new urbanism)과 영국의 어번 빌리지(urban village)도 같은 차원의 개념이다. 특히, 군(郡)단위에서는 이미 초고령사회로 진입[12]하여 발전의 추동력이 상실되고 있다는 분석이 나오고 있다.

영어에서도 노인을 'old man'이라는 표현을 쓰지 않고 어르신에 해당되는 'elderly person'과 같은 정중한 표현을 쓰고 있다.

11) 일본 정부도 컴팩시티를 만들면서 의료시설중심으로 의료, 직업, 주거시설을 서로 가까운 지역에 모아서 밀도있게 배치하는 도시개발모델을 장려하고 있다.

12) 군단위에는 인구가 점점 줄어들고 있을 뿐만 아니라 노인인구의 비율이 40%를 넘어서고 있어 노동력 부족과 함께 노인문제 등 여러 가지 사회적인 문제를 야기하고 있다.

가까운 지인들을 한 장소에 초청하여 회갑잔치와 칠순잔치를 여는 시대는 지나갔다. 옛날에는 인간의 수명이 짧아 60세(회갑) 또는 70세(고희)를 넘기기가 어려웠으므로 자녀들이 잔치를 베풀면서 축하하였다. 오늘날에는 직계가족들이 모여 보통의 생일처럼 간단하게 식사를 하고 자녀들이 경제적으로 부담하여 해외로 노부부가 구혼여행(?)을 다녀오는 것이 보편화되었다.

제2절

웰빙과 웰에이징

1. 웰빙(well-being)

최근 들어 사회발전 추세와 소득수준의 향상에 따라 웰(well) 즉, 잘, 멋진 등을 의미하는 접두사가 들어가는 말이 많이 늘어가고 있는 추세이다. 웰빙(well-being)이란 멋진 삶으로 경제적으로 풍요롭고 사회적으로 구성원과 원만한 관계를 유지하면서 문화적으로 품격이 있는 생활을 영위하고 있음을 의미한다. 이는 모든 사람이 소망하는 것이기도 하다. 또한 모든 국가와 지방자치단체가 21세기 추구하는 일류국가 또는 명품도시의 요건과도 일맥상통하는 개념이기도 하다.

웰빙의 개념을 머슬로(Maslow)의 욕구5계층이론과 앨더퍼(Alderfer)의 ERG(Existence, Relatedness, Growth)이론에 따라 (그림1-2)과 같이 체계화하여 정의할 수 있다.

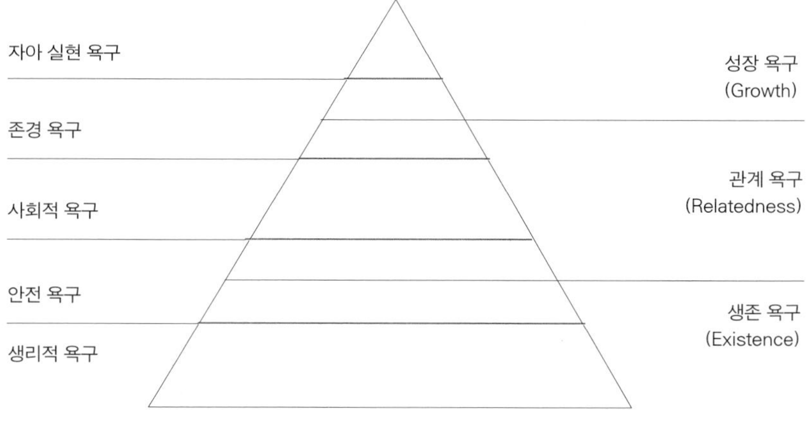

(그림 1-2)웰빙의 개념적 정의

첫째, 경제적으로 의식주가 해결이 되고 안정된 생활이 이루어져야 한다. 삶의 터전이 되는 주거공간과 어느 정도의 경제적인 생활이 이루어질 수 있는 안정적인 수입이 보장되어야 한다. 머슬로의 생리적 욕구와 안전욕구가 충족되고 앨더퍼의 생존욕구가 충족되는 단계로 제일 초보적이고 하위의 욕구단계이다. 취직을 하면서 이 욕구가 어느 정도 충족될 수 있고 기업과 직장이 주로 이 기능을 수행해준다. 의식주와 행(교통)과 같은 기본적 수요를 national 또는 civil minimum이라고 하며 모든 나라가 이와 같은 욕구를 충족시키기 위해 다양한 사회복지정책을 추진하고 있다.

둘째, 사회적으로 직장, 사회 등의 구성원과 좋은 관계를 유지하면서 사회봉사도 하고 사회로부터 존경을 받을 수 있는 삶을 말한다. 머슬로의 사회적 욕구와 존경욕구 그리고 앨더퍼의 관계욕구가 실현되는 단계의 삶이다. 이 단계가 되면 공적으로 뿐만 아니라 사적으로도 보람된 삶을 살면서 사회와 주위로부터 존경을 받게 된다. 종교단체나 비정부기구(NGO)등에 가입하여 활동하는 경우가 많다. 이 단계에서는 노브리제 오블리주의 활동이 사회적으로 요구된다.

셋째, 문화적으로 품격있는 삶을 누리게 된다. 이 단계가 되면 저차원의 욕구가 어느 정도 충족되면서 자신의 소질을 개발하여 취미생활도 하고 오페라와 영화감상, 미술품관람 등과 같은 문화적인 생활을 영위하는 최상위의 단계이다. 머슬로의 자아실현욕구와 앨더퍼의 성장욕구가 실현되는 단계이다. 이 단계에 도달하게 되면 삶의 질이 매우 높은 수준에 도달하게 된다. 모두가 희망하는 최고 수준의 단계이다.

인생의 주기(life cycle)와 관련하여 3대 실패 즉 청년출세, 중년상처, 노년무전이 문제가 된다. 첫째, 청년출세(青年出世)[13)]이다. 일찍이 청년시대에 벼락출세를 한 이후 그것이 계속 이어지면 좋겠지만 그러하지 못할 경우 사회적 기대에 어긋나 중년 이후의 행동에 여러 가지 제약이 생길 수 있다는 말이다. 둘째, 중년상처(中年喪妻)란 중년에 상처하여 화장실에 가서 웃는 사람도 있을 수 있겠으나, 재혼과 자녀양육 등 여러 가지 개인적인 문제가 발생하게 된다. 최근에는 자녀들이 결혼한 이후 노년의 황혼이혼이 급증[14)]하는 추세이다. 셋째, 노년무전(老年無錢)이다. 노인이 되어 돈이 없으면 노후생활에 재앙이 오게 된다. 우리나라가 선진국인 OECD국가 중에서 연령적으로 가장 늦게까지 일을 하는 나라가 되는 원인이 되기도 하였다. 우리나라 65세 이상 노인들의 빈곤율이 49%로 OECD국가의 평균인 13%에 비하여 4배 가까이

13) 재벌 3세들이 외국 유학을 다녀와 별다른 검증 없이 젊은 나이에 자사의 고위직에 특채되어 활동하다가 국가, 기업, 가문에 누를 끼치는 경우가 자주 발생한다. 2014년 발생한 대한항공 부사장이 한국행 미국발 국제선 비행기 회항 사건인 땅콩 사건이 대표적이다.

14) 성격 차이 등을 극복하지 못하고 자녀를 결혼시킨 후 이혼하는 황혼이혼율이 결혼 후 4년 이하의 신혼이혼율을 2013년부터 앞지르기 시작하였다.

높은 수치를 보이고 있다.

또한 노인과 관련하여 인생에 3대 바보가 있다고 한다. 첫째는 노부부가 함께 놀러 가는 계획을 세웠다가 자식들이 찾아와 손자와 손녀를 맡김으로써 모처럼 한 약속을 취소하는 사람이다. 오늘날은 부부가 같이 직장생활을 하므로 자녀들을 어린이집에 위탁하거나 부모나 시부모가 보살피게 된다. 둘째는 연금까지 해약하면서 자식에게 사업자금을 대주고 재산을 물려주면서 자녀들로부터 매월 용돈을 타서 노후생활을 하겠다는 사람이다. 퇴직하면서 연금을 일시불로 받아서 자녀들의 사업자금을 대주었다가 사업실패로 고통을 겪기도 한다. 셋째, 자녀와 손자들이 놀러와 자고 갈 공간을 마련하기 위하여 늦게 집을 크게 늘리는 사람이라고 한다. 자녀들도 불편하여 오래 체류하는 것을 기피하는 추세이다.

2. 웰에이징의 조건

웰에이징(well-aging)이란 나이가 들어가면서 웰빙이 되는 과정으로 경제적으로 여유가 있으면서 사회적으로 존경도 받고 문화적으로도 품위가 있는 삶을 말한다. 우리나라도 선진국처럼 고령사회(aged society)가 되어 가고 있으며 빠른 속도로 고령화추세가 진행되고 있다. 2017년 현재 노인인구가 14.2%로 개인적인 차원을 넘어 사회적인 문제로 인식되고 있다.

지역에도 명품도시가 있듯이 사람도 특히 나이가 들어가는 인생 3모작 시기에는 경제적으로 어느 정도 여유 있는 안정된 삶을 누리면서, 사회적으로 주위 사람들과 더불어 살면서 봉사도 하여 사회로부터 존경을 받고, 문화적으로 품격이 있는 생활이어야 한다. 이것이 되기 위한 멋진 인생의 조건이 웰 에이징(well-aging)을 위한 조건이다. 웰에이징이 되어야 다음 단계인 멋지게 죽는 웰다잉(well-dying)으로 이어질 수 있다.

첫째, 필요조건으로 1)건강(health)이다. 돈을 잃으면 조금 잃고, 명예를 잃으면 많은 것을 잃고, 건강을 잃으면 모든 것을 잃는다고 한다. 기계에 의존해서 삶을 연장하는 것은 진정한 삶이라고 할 수 없다. 따라서 안락사, 존엄사가 사회적인 문제가 되고 있다. 하루에 1 10 100 1,000 10,000을 해야 신체적으로나 정신적으로 건강해진다고 한다. 즉 하루에 한번 선한 일을 하고, 10번 웃으며, 100자를 쓰고, 옛날 천자문을 읽듯 신문이나 책 등 1,000자를 읽으며, 10,000보를 걸어야 한다는 것이다. 건강을 유지하기 위하여 자동차 열쇠를 버리고 소위 BMW(Bus, Metro, Walk), 즉 버스, 지하철, 도보와 같은 대중교통수단을 이용해야 한다. 엘리베이터와 에스컬레이터 대신 주로 계단을 이용하는 것이 바람직하다.

우리나라에도 장수마을이 있지만 세계적인 장수마을로 알려진 이탈리아의 남부 지중해에 위치한 사르데냐섬에는 인구 160만 명 중 100세 이상 노인이 250명으로 장수마을이면서도 남녀의 비율이 1:1이다. 우리나라는 1:8로 여성의 비율이 압도적으로 높다. 이와 같이 사르데냐섬의 남성이 장수하는 비결은 1)평생 목동으로 일을 하며 매일 12km를 걷는다. 2)혼자 사는 노인이 없고 부인이 사별하면 곧 재혼한다. 3)지역 농산물, 토마토, 양과 염소 젖으로 만든 치즈를 많이 먹는다는 것이다. 끊임없이 계속 일을 하고 부부가 스킨십을 하면서 서로 도와주며 향토음식과 토마토,

유제품을 먹는 것이 건강한 장수를 위한 비결이란다. 사르데냐섬을 연구한 이탈리아의 쿠카 교수는 유전적인 요인이 25%일 뿐이고 75%는 환경과 사회가 결정한다고 분석하였다.

신경숙 작가의 소설 "엄마를 부탁해"는 국내뿐만 아니라 13개 국가에도 번역되어 세계적인 베스트셀러가 되었다. 내용은 전남에 사는 노부부가 서울에 살고 있는 자녀들이 칠순잔치를 서울에서 차려준다고 하여 상경하였다가 치매에 걸린 69세의 박소녀 여사가 서울역에서 지하철을 타려고 기다리다가 남편과 헤어지면서 그간의 살아온 인생역정과 자녀들이 어머니를 찾는 과정이 묘사되고 있다. 치매가 제일 무서운 노인 질병의 하나이므로 남의 문제가 아닌 우리 모두의 일이기 때문에 전 세계적으로 큰 반향을 일으킨 것이 아니겠는가 생각해본다. 한 사람이 계속하여 간호를 하여야 하기 때문에 핵가족시대에는 집에서 모신다는 것이 거의 불가능한 실정이다. 원인은 사고로 인한 뇌출혈, 스트레스 등으로 인하여 발생한다고 한다.

2)부(wealth)이다. 품위를 유지할 수 있을 정도로 최소한의 돈이 있어야 한다. 시대와 나라, 개인에 따라 규모가 다르겠으나 집과 어느 정도의 생활비가 필요하다. 돈이 있어야 자식과 손자들이 찾아온다. 특히 주택, 상가와 같은 부동산 이외에 현금이나 예금과 같은 유동성 자산(cash flow)이 중요하다.

그러면 어느 정도의 돈이 있어야 경제적으로 최소한의 생활을 할 수 있는가는 시대, 나라, 사람에 따라 다르다. 한 조사기관의 조사에 따르면 가구(2명 기준)당 노후생활비는 월 233만 원이 필요한 것으로 조사되었다. 노후에 대비한 대책으로는 70.3%가 생명보험회사의 각종 연금보험상품에 가입하였다고 한다. 그러나 보건사회연구원의 조사에 의하면 71.7%가 별도의 특별한 노후준비를 하지 않는 것으로 나타났다.

최소한의 경제적인 사회안전망은 국민연금이나 연금수령액은 납입기간과 소득액에 따라 다르나 월 100만 원 정도가 될 것으로 전망되며, 사람답게 살기 위해서 턱없이 부족한 실정이다. 1952년 이전 출생자는 60세, 1968년 이후 출생자는 65세에 가야 국민연금을 받을 수 있다. 또한 공무원연금과 사학연금, 군인연금도 정부의 공적 연금개혁으로 불안한 실정이다. 따라서 안정된 생활자금을 확보하기 위하여 역모기지 대출 등 다양한 경제적인 수입원의 포트폴리오가 요청된다.

둘째는 충분조건으로 4가지 조건이 충족되어야 더 윤택해지고 멋진 인생이 될 수 있다. 3)일(work)이 있을 때 목적의식이 있게 되고 규칙적인 생활이 가능해진다. 이에 대한 봉급과 같은 반대급부의 지급과는 별개의 문제이다. 많은 사람들이 일은 하지않더라도 별도의 사무실을 마련하여 손님을 맞이하거나 지인들과 연락하는 장소로 활용하기도 한다.

4)친구이다. 친구에는 죽마고우, 학교친구, 사회친구가 있다. 배우자는 물론이고 신(神)도 모를 정도의 이성친구가 있으면 금상첨화이다. 친구는 인생에 있어서 자산이며 친구가 많은 경우 인간관계를 잘 형성하고 있다는 증거이기도 하다. 함석헌 선생의 "그 사람을 가졌는가"라는 시를 읽으면서 인생에 있어서 친구의 중요성을 생각해 본다. 특히 2014년 4월에 발생한 세월호 사건 당시 대부분의 승무원이 자신은 살기위해 본분을 망각하고 탈출할 때에 일부 승무원과 선생님들이 보여준 살신성인의 행동을 보면서 가슴에 와 닿는 그 무엇이 있어서 여기에 옮겨 본다.

그 사람을 가졌는가

함석헌

그 사람을 가졌는가
만리 길 나서는 날
처자를 내맡기며
맘놓고 갈만한 사람
그 사람을 그대는 가졌는가

온세상 다 너를 버려
마음이 외로울 때에도
"너 뿐이야"하고 믿어지는
그 사람을 그대는 가졌는가

탔던 배가 갈아앉을 때
서로 구명대를 양보하며
"너만이 살아다오"할
그 사람을 그대는 가졌는가

불의의 사형장에서 다 죽어도
너의 세상 빛을 위해
"저만은 살려 두거라"일러 줄
그 사람을 그대는 가졌는가

잊지 못할 이 세상을 놓고
떠나려 할 때

"너 하나 있으니"하며
빙긋이 웃고 눈을 감을
그 사람을 그대는 가졌는가

온 세상의 찬성보다도
"아니오"하고 가만히 머리 흔들고
그 한 얼굴 생각에
알뜰한 유혹을 물리치게 되는
그 한 사람을 그대는 가졌는가

5)취미(hobby)가 있어야 한다. 요즘 악기, 사진, 그림 그리기, 국내외 여행 등 다양한 취미활동을 위한 사회교육이 발달하고 있다. 여행도 주제가 있는 테마여행, 일정한 기간 한 지역에 머물면서 생활하는 힐링여행(한달살이)[15] 등 다양해지고 있다. 6)음식(food)이다. 요리나 식사 준비가 번거로워 남편이 하루 세끼를 외식하는 경우 '영식님', 한 끼를 집에서 식사하면 '1식 씨'(氏), 두 끼를 식사하는 경우 '2식 군'(君), 세 끼를 집에서 식사하면 '삼식 새끼'라는 말까지 있을 정도이다. 직접 요리를 해서 먹기도 하고 싸면서 분위기 있는 전국의 맛 집을 알아둘 필요가 있다. 여행으로 타 지역을 방문하여 잘 모르는 경우 그 지역의 시장, 군수와 구청장 등 그 지역의 기관장들이 자주 이용하는 음식점을 찾아가면 싸고 맛있는 음식을 맛볼 수 있다.

15) 힐링 여행이란 원하는 곳에 일정한 기간 머물면서 치료를 겸하는 여행으로 봄에는 산나물을 캘 수 있는 강원도, 여름에는 시원한 바닷가, 가을에는 산사 등 경관이 좋은 곳, 겨울에는 따뜻한 남해안 등이 적지이다.

제3절

치밀한 사전준비

1. 철저한 여건 분석

계획을 수립하기 위하여 우선적으로 사전에 자신이 가지고 있는 자질과 능력을 객관적으로 분석하고 국내외적인 환경을 파악하는 것이 필요하다. 이를 위하여 사회과학에서 사회현상을 체계적으로 연구하기 위한 방법론으로 행정현장에서 가장 많이 쓰이고 있는 조사방법이 SWOT(strengths, weaknesses, opportunities, threats)분석방법이다.

SWOT분석방법이란 1차적으로 내부적인 측면에서 자신이 타인에 비하여 가지고 있는 우수한 강점(strengths)과 취약하거나 부족한 약점(weaknesses)을 파악한다. 이것은 자신이 가지고 있거나 배양할 수 있는 자신이 통제할 수 있는 분야이며 영역이다. 이 부분은 본인이 노력하기에 따라서 자신의 강점을 살려 발전의 동력으로 삼을 수 있으며 교육, 훈련을 통하여 자신이 갖고 있는 약점을 보완할 수 있다.

이어서 자신이 통제할 수 없는 외부의 변수로 기회(opportunities)

와 위협(threats)요인을 분석한다. 이것은 국내외적인 여건과 환경으로 국내외적인 트렌드를 보면 어느 정도 파악이 가능해진다. 국내외적인 환경 그리고 사회적인 발전 흐름을 전망하고 예측하는 학문이 미래학(future studies)이다. 미래에 맞이하게될 국내외적 여건과 사회변화의 큰 흐름을 알 수 있으며, 개인적으로도 뜨는 직업과 지는 직업들을 유추해 볼 수 있다. 이에 따라 자신이 선택해야 할 직업군을 선택할 수 있다.

SWOT분석방법을 통해 자신이 가지고 있는 능력과 자질을 객관적으로 평가하고 국내외적인 외부환경을 고려하여 자신의 발전을 위한 탄력적인 전략의 수립이 가능하다.

(표1-2) SWOT분석기법을 통한 전략

외부/내부	강점(strengths)	약점(weaknesses)
기회(opportunities)	공격적 전략(SO전략) -강점을 가지고 기회를 살리는 전략	방향전환전략(WO전략) -약점을 보완하여 기회를 살리는 전략
위협(threats)	다양화 전략(ST전략) -강점을 가지고 위협을 회피하거나 최소화하는 전략	방어적 전략(WT전략) -약점을 보완하면서 위협을 회피하거나 최소화하는 전략

자신이 갖고 있으면서 통제할 수 있는 강점과 약점이 무엇인가를 냉철하게 분석해보고 통제할 수 없는 외부여건을 파악하는 것이 필요하다. 우선적으로 내가 가지고 있는 강점인 자질과 능력이 무엇이고 약점은 무엇인지를 파악하고 이를 보완하는 노력이 필요하다. 또한 세계적으로 그리고 국가적으로 다가오고 있는 트렌드와 앞으로 올 것으로 전망되는 기회요인과 위협요인을 객관적으로 분석하여 이에 알맞은 전략수립이 필요하다. 지정학적으

로 남북한의 통일[16]을 비롯한 한반도를 둘러싼 미국과 중국 그리고 일본과 소련에 대한 체계적인 이해와 접근이 필요하다. 특히 G2로 성장한 한국의 최대 무역파트너로 발전한 13억의 인구를 가진 중국[17]에 대한 깊이 있는 통찰이 필요하다.

내가 가지고 있는 능력이 탁월하고 외부환경이 좋은 경우에는 자신의 강점을 살리고 기회를 살리는 공격적 전략(SO전략)이 좋다. 또한 자신의 취약한 점은 있지만 외부여건이 좋은 경우 약점을 보완하여 기회를 살리는 방향으로 전환하는 전략(WO전략), 예컨대 직업전환전략 등의 전략이 필요하다. 그러나 자신의 능력은 탁월한데 외부여건이 좋지 않은 경우 자신의 강점을 살리되 위협을 회피하거나 최소화하는 다양화전략(ST전략)이 필요하다. 그리고 자신이 자질과 능력이 취약하고 외부여건도 좋지 않는 경우 약점을 보완하면서 위협을 회피하거나 최소화하는 방어적 전략(WT전략)이 필요하다.

가수 서유석이 2014년 10월 자신이 살아온 삶을 녹아낸 노래 "너 늙어 봤냐"는 국가적으로나 개인적으로 노인문제의 현주소를 파악하고 웰에이징을 위한 여러 가지 대안을 찾는데 시사하는 바가 크다.

16) 금융위원회는 통일 뒤 북한개발에 20년간 550조원(5,000억 달러)이 필요한 것으로 추산하였다. 독일의 경우 통일 당시 서독의 국내총생산(GDP)이 동독의 9.7배였던 반면 현재 한국은 북한의 42.5배 수준이다. 북한의 1인당 GDP를 현재 1,251달러에서 20년 뒤 1만 달러로 끌어올린다는 목표 아래 철도, 도로 등 인프라확충에 1,400억 달러, 주요 산업육성에 350억 달러 등 5,000억 달러의 투자가 필요하다. 정부가 2,500억-3,000억 달러를 마련하고 나머지는 민간투자와 해외개발원조로 채운다는 전략이다.

17) 조정래의 장편소설 "정글만리'-지금 당신은 미래와 마주할 준비가 되어있습니까? 는 오늘날 중국의 현주소를 사실적으로 보여주면서 21세기 우리가 살아가기 위한 방안을 모색하는데 해답을 줄 수 있다.

너 늙어 봤냐

서유석

삼십 년을 일하다가 직장에서 튕겨나와 길거리로 내몰렸다
사람들은 나를 보고 백수라 부르지
월요일엔 등산가고 화요일엔 기원가고 수요일엔 당구장에서
주말엔 결혼식장 밤에는 상갓집
너 늙어 봤냐 나는 젊어봤단다
이제부터 이 순간부터 나는 새출발이다

세상나이 구십 살에 돋보기도 안 쓰고 보청기도 안낀다
틀니도 하나없이 생고기를 씹는다
누가 내게 지팡이[18]를 쥐게 해서 늙은이 노릇하게 하는가
세상은 삼십 년간 나를 속였다
너 늙어 봤냐 나는 젊어봤단다
이제부터 이 순간부터 나는 새출발이다

마누라가 말리고 자식들이 뭐라해도 나는 할거야
컴퓨터를 배우고 인터넷을 할거야
서양말도 배우고 중국말도 배우고 아랍말도 배워서
이 넓은 세상 구경떠나가 볼거야
너 늙어 봤냐 나는 젊어봤단다
이제부터 이 순간부터 나는 새출발이다

18) 100세가 되는 노인에게는 장수를 축하하는 뜻으로 대통령이 명아주풀로 만든 지팡이를 기념품으로 하사하고 있다.

이 세상에 태어나서 아비되고 할배되는 아름다운 시절도
너무나 너무나 소중했던 시간들
먼저 가신 아버님과 스승님의 말씀이 새롭게 들린다
인생이 끝나는 것은 포기할 때 끝장이다
너 늙어 봤냐 나는 젊어봤단다
이제부터 이 순간부터 나는 새출발이다

너 늙어 봤냐 나는 젊어봤단다
이제부터 이 순간부터 나는 새출발이다

2. 단계별 계획 수립

인생 3모작을 맞이하면서 모두가 그리는 바람직한 모습인 비젼(vision)은 웰에이징으로 골든세대이다. 즉, 경제적으로 풍요롭고 사회적으로 존경을 받으면서 문화적으로 품위 있는 삶일 것이다. 자신에 대한 능력과 자질 그리고 외부환경인 국내외적인 여건을 분석한 이후에는 그에 알맞은 구체적인 전략(strategy) 과 전술(tactic)을 수립하여야 한다. 작심 3일이 되지 않도록 세부적인 프로그램별로 추진기간과 방법 그리고 재원 등 실천 가능한 방법을 망라하여야 한다. 특히 재원대책을 마련하기 위한 저축 등 중·장기적인 방안의 마련이 필요하다.

일생의 전략을 수립함에 있어서 공자는 논어의 위정편에서 나이별로 제시한 방법이 도움이 될 것이다. 공자는 열다섯에 배움에 뜻을 두었고(志于學), 서른이 되어서는 자립하였으며(而立), 마흔이 되어서는 미혹하지 않았고(不惑), 쉰이 되어서는 하늘의 뜻을 알게 되었으며(知天命), 예순이 되어서는 귀가 순해졌고(耳順), 일흔이 되어서는 마음이 하고자 하는 대로 따라도 법도를 넘지 않았다(不踰矩)고 하였다.

전략을 수립함에 있어서 미리 그 시기가 오기 전에 수립하여 추진하여야 실패를 줄일 수 있다. 인생 1모작의 시기에는 부모와 교사의 뜻에 따라 소질이 개발되기도 하고 대학에 진학하기도 한다. 대학 진학과 관련하여 시중에 우스갯소리가 있다. 대학을 결정하는 3대 요소는 할아버지의 경제력, 어머니의 정보력, 아버지의 무관심이라고 한다. 결혼을 늦게 하고 사교육비가 비싸고 많이 들다 보니 아버지의 경제력 이외에 할아버지의 경제적인 도움이 절대적으로 필요하다는 것이다.

인생 2모작의 시기에는 자신의 노력과 사회적 여건에 따라 성공여부가 결정된다. 경제가 어려워지고 취직이 늦어지고 비정규직이 늘면서 결혼과 출산이 늦어지고 있다. '부모의 복이 온(all) 복이다'라는 말이 있다. 즉 부모의 경제적 지원 등이 자식들에게 이어져 그들의 운명을 어느 정도 결정한다는 운명론적 이야기이다. 사회가 안정되면서 옛날과는 달리 개천에서 용이 나오기가 점점 어려워지고 있다는 사회적 분위기이기도 하다.

인생 3모작의 경우에는 웰에이징을 위한 계획으로 인생 2모작 시기부터 수립하고 준비하여야 한다. 필요한 조건인 건강, 경제적인 부 뿐만 아니라 충분조건인 일과 친구, 취미, 음식 등에 대한 계획을 구체적으로 수립하여 준비하여야 가능하다는 말이다.

웰에이징을 위한 조건이 갖추어져 있더라도 이를 현실적으로 실천하기 위한 구체적인 전술이 필요하다. 이와 같은 여건을 고양(up)시키기 위한 방법으로 7업(up) 또는 10업(up)을 제시한다. ① clean up이다. 몸을 항상 깨끗이 하고 집안과 환경을 정돈한다. 자신이 소장하고 있는 책과 자료들도 정리하고 도서관 등 필요한 곳에 이관한다. ② dress up이다. 계절과 모임의 분위기에 맞추어 옷을 단정하고 멋지게 입는다. 가급적 환하고 밝은 옷을 입는 것이 바람직하다. ③ show up이다. 공·사간의 각종 모임에 적극적으로 참석하여 사람들과 스킨십을 갖는다. 나이가 들면서 일반적으로 모임이 줄어가는 경향이다. ④ cheer up이다. 유모와 덕담으로 주위사람들을 즐겁게 해준다. 딱딱하고 어려운 주제나 정치문제로 불필요한 논쟁을 일으키기보다 농담들을 적절하게 구사하여 주위를 부드럽게 하여 꼭 필요한 사람이 되도록 노력한다. ⑤ shut up이다. 장광한 사설을 피하고 꼭 필요한 말만을 한다. 논쟁을 가급적 피하고 주로 경청하는 자세를 취한다. 사람은 입이 하나이고 귀는 2개이다. ⑥ pay up이다. 무임승차(free-rider)근성을 버리고 먼저 돈을 내 타인에게 베푼다. 각자 분담하는 더치페이나 경제적인 능력을 감안하여 쏘는 자세가 필요하다. ⑦ give up이다. 과도한 집착과 과욕을 버리고 안빈낙도한다. 과욕은 금물이다. 여건을 감안하지 않은 지나친 운동이나 욕심으로 건강을 해치는 경우가 많다.

여기에 3업(up)을 추가하기도 한다. ⑧ romance up이다. 다양한 취미활동을 하고 국내외여행을 즐긴다. 대학이나 언론기관, 주민자치센타의 프로그램에 참여할 수도 있다. ⑨ service up이다. 사회와 주위사람들에게 봉사하고 베푼다. 노블레스 오블리주의 정신으로 지금까지 사회로부터 받은 혜택에 대한 보답 차원에서도 지역사회 등에 서비스를 제공한다. ⑩ learn up이다. 컴퓨터, 책, 잡지 등을 통해 새로운 정보를 계속해서 입수한다. 그렇게 하여야 자녀, 손자들과 대화가 가능해진다. 대부분의 노인들이 오프라인세대 이므로 온라인세대들과 소통하기 위해 SNS, 카카오톡과 같은 새로운 의사소통[19]의 방법에 대한 학습이 있어야 한다. 평생학습(life-long learning)이란 말이 있다. 배우는 데에 나이가 문제될 이유가 없다.

2010년 7월 어느 날 청주의 야당원로이시고 목욕업으로 명성이 있으신 박학래 전 도의원께서 노구에도 불구하고 서울에 올라가는 길에 잠시 들리셨다고 하시면서 미국의 시인인 롱펠로우(Longfellow)의 "아름다운 사람을 만나고 싶다"라는 시를 주면서 '이 시를 읽고 당신을 생각했습니다'라는 메모와 함께 놓고가셔서 지금도 애송하고 있다. 지금은 고인이 되셨지만 그분의 뜻을 담아 이 책에 옮겨 본다.

아름다운 사람을 만나고 싶다

롱펠로우[20]

아름다운 사람을 만나고 싶다
항상 푸른 잎새로 살아가는 사람을 만나고 싶다
언제 보아도 언제나 바람으로 스쳐 만나도
마음이 따뜻한 사람 밤하늘의 별같은 사람을 만나고 싶다

온갖 유혹과 폭력 앞에서도 흔들림 없이
언제나 제 갈 길을 묵묵히 걸어가는 의연한 사람을 만나고 싶다

---

19) 오늘날은 특히 3통이 필요한 시대라고 한다. 첫째, 가족구성원 직장 동료 등과의 의사소통이 우선 중요하고, 둘째, 운수대통이 필요하며, 셋째로 두 가지가 이루어지면 자연스럽게 만사형통이 이루어진다고 한다.

20) 롱펠로우는 19세기 미국의 시인으로 '결코 늦지 않았다(Never too late)'라는 시도 발표하였다.

언제나 마음을 하늘로 열고 사는 아름다운 사람을 만나고 싶다
오늘 거친 삶의 벌판에서 언제나 청순한 사람으로 사는
사슴같은 사람을 만나고 싶다

모든 삶의 굴레속에서도 비굴하지 않고
언제나 화해와 평화스런 얼굴로 살아가는
그런 세상의 사람을 만나고 싶다

아름다운 사람을 만나고 싶다
마음이 아름다운 사람의 마음에 들어가서
나도 그런 아름다운 마음으로 살고 싶다

아침 햇살에 투명한 이슬로 반짝이는 사람
바라보면 바라볼수록 온화한 미소로
마음이 편안한 사람을 만나고 싶다

결코 화려하지도 투박하지도 않으면서
소박한 삶의 모습으로 오늘 제 삶의 갈 길을 묵묵히 가는 그런 사람의
아름다운 마음하나 고이 간직하고 싶다

제2장

청풍명월의 고향

제1절

한반도의 중심-충청도

1. 역사와 환경 그리고 사람

나라와 지역을 여행하거나 그에 대하여 배우고 경영하기 위하여 기본적으로 그 나라와 지역의 역사와 환경 그리고 그곳에 살고 있는 사람들을 이해해야 한다. 역사는 사람과 환경과의 관계에 의하여 전개된다. 먼저 사람은 자기와 자기 이외의 다른 사람으로 이루어진다. 역사의 주인공인 사람이 다른 나라와 지역 그리고 환경을 어떻게 이용하고 대처하느냐에 따라 역사가 발전과 쇠퇴를 거듭한다. 환경은 산, 바다, 강과 같은 자연환경과 도로, 철도, 건물과 같은 사회 환경으로 이루어진다. 영국 시인 윌리엄 쿠버는 '신은 자연을 만들고, 사람이 도시를 만든다'라고 갈파하였다. 즉 자연은 어느 정도 그 지역에 주어지며, 도시는 인공적인 구조물로 그 지역 사람들의 피와 땀으로 만들어진다는 말이다. 따라서 인류의 역사는 도시의 역사 자체라고 할 수 있다.

영국의 역사학자 카르(E. H. Carr)는 역사란 현재와 과거의 끊임없는 대화로 있는 그대로의 사실과 그에 대해 현재의 관점에서 해석하는 것이라고 갈파했다. 역사는 그 나라와 지역에 사는 많은 사람의 삶의 서술이다. 또한, 역사란 과거에 비추어 현재를 파악하고 미래를 조망하는 것이라고 할 수 있다. 단재 신채호는 역사를 자신[我]과 다른 사람[非我]과의 투쟁으로 보았으며 역사를 잊은 민족에게 미래가 없음[1)]을 강조하였다. 문명사학자 토인비[2)]는 역사를 응전과 도전으로 보았다. 이율곡은 역사를 창업, 수성, 경장의 과정을 거쳐 전개된다고 하였다. 역사는 국가를 단위로 하는 국사, 지역을 단위로 하는 향토사, 기업을 단위로 하는 기업사, 개인을 단위로 하는 자서전 또는 일기 등으로 구분할 수 있다. 중앙집권적 국가에서는 국사를 강조하는 반면 지방분권적 국가에서는 향토사 등을 동시에 강조하고 있다. 우리나라에도 1991년 지방자치제가 실시되면서 자기가 살고 있는 지역에 관한 향토사적 연구가 활발하게 이루어지고 있다.

국가가 성립되기 위하여 영토, 국민, 주권의 3가지 요소를 갖추어야 한다. 우선, 영토는 우리나라 헌법 제3조에 의하면 '한반도와 그 부속 도서'로 한다고 하였다. 여기에서 국제적으로 문제가 되고 있는 지역이 독도와 간도이다. 독도는 오래전부터 우리의 땅으로 우리나라가 실효적으로 지배하고 있으므로 큰 문제가 없다. 그러나 간도는 앞으로 중국과 해결하여야 할 영토 문제이다.

1) 한반도를 둘러싸고 있는 2개 강대국인 중국이 동북공정을 통해 고구려를 자기들의 부족이라고 주장하면서 우리나라의 고대사를 왜곡하고 있으며, 일본은 독도를 자기들의 영토라고 주장하고 헌법을 개정하여 군사 대국화를 추진하는 등 한반도를 위협하고 있다. 선진외국의 경우 국사를 주당 3~4시간씩 교육하고 있으나 우리나라는 독도 등 문제가 발생할 때마다 국사교육을 강화하여 필수과목으로 했다가 다시 선택과목으로 전환하는 등 국사교육에 일관성이 없었다.

2) 토인비는 「역사의 연구」에서 문명은 발생, 성장, 쇠퇴, 해체의 과정을 거쳐 전개된다고 보았으며, 전 세계의 문명을 독립문명과 위성문명으로 구분하였다. 독립문명(어버이문명)으로 헬레니즘문명, 중국문명 등 13개를, 그것의 위성문명(자식문명)으로 한국문명, 일본문명 등 15개를 설정하여 기술하고 있다.

이 지역은 단군조선 이래로 고구려와 발해에 이르기까지 10세기 초까지 한민족의 활동 영역이었으며 일본강점기에는 우리 애국지사들의 주요 활동 무대이었으며 현재도 조선족이 집중적으로 모여 살면서 중국의 55개 소수민족의 하나로 자리를 잡고 있다. 이 지역은 청나라와 일본이 당사자인 대한민국을 배제한 채 북경에서 1909년 9월 4일 '간도협약'을 비밀리에 체결함으로써 간도에 대한 우리의 영유권을 상실하였다. 중국은 2002년부터 중국의 최고 학술기관인 사회과학원과 지린성(吉林省), 랴오닝성(遼寧省), 흑룡강성(黑龍江省)이 공동으로 동북공정을 추진하고 있다. 그러나 1960년대 중국의 모택동 주석과 주은래 총리[3]가 북한 지도부를 만난 자리에서 간도 일대가 원래 조선 땅임을 인정하였다.

다음은 국민이다. 우리 민족을 흔히 한(韓)민족이라고 하고 우리나라 헌법 전문에 '유구한 역사와 전통에 빛나는 우리 대한국민은 3·1운동으로…' 선언하고 제1조는 '대한민국은 민주공화국이다'라고 제일 먼저 천명하면서 국호를 '대한민국(大韓民國)'이라고 정하였다. 한복, 한옥, 한류 등 우리 전통의 생활양식과 한민족 등에서 '한'이라는 접두사가 쓰인다. 그러면 여기서 한(韓)이란 무엇이며 어디에서 연유한 것일까? 한의 뜻은 원래 추장, 두목, 지도자, 왕, 높은 이, 강한 사람을 뜻한다. 원래 한(韓)나라는 중국의 하얼빈 등 유역을 흐르는 요하강 지역에 살면서 세력을 크게 확장하여 세계 4대 문명의 하나인 황하문명과 버금가는 요하문명을 일으켰으나, 중국의 최초 국가인 하·은·주가 진나라로

3) 중국의 모택동 주석과 주은래 총리가 1963년과 64년 북한 지도부를 만난 자리에서 '요동지방은 원래 조선 땅이었으나 고대왕조가 조선 민족을 압록강변까지 내몰았다.'고 하자, 북한 지도부는 중국과의 관계를 고려하여 '현재의 국경선에 만족한다'는 입장을 보여 고구려의 옛 영토인 요동을 포기한 것으로 보인다(조선일보, 2014. 3. 1).

통일되면서 만리장성을 쌓고 우리나라를 동쪽 오랑캐인 동이(東夷)라고 불러 경계하였다.[4)] 그 후 한나라는 황하강 유역의 세력에 밀려 한반도로 밀려와 마한·변한·진한의 삼한 시대를 열었고, 그것이 고구려, 백제, 신라의 고대국가로 발전하였다.

역사적으로 중국과 일본의 다리 역할을 한 한반도

조선 시대 말엽 고종이 황제에 즉위하면서 '더 큰 한의 제국'이라는 의미의 대한제국[5)]이라는 연호를 써서 자주국임을 널리 알렸으며, 해방 후 대한민국이 되었다.

우리나라는 한반도의 지정학적 특성[6)]으로 인하여 아시아 대륙에서 유입되는 새로운 문화를 일본에 전해주는 메신저(다리) 역할을 하였다. 고려와 조선시대를 거치면서 동방 은둔의 나라로 중국과는 선린우호 관계를, 일본과는 적대적 무시 관계를 유지하면서 내치에 치중해 왔다. 이 과정에서 936회의 외침을 겪으면서

4) 김진명의 장편소설인 '천년의 금서'에 나오는 내용이다. 기자조선의 41세 애왕(哀王)이 마한을 세우고, 애왕의 9세인 계왕(稽王)의 3아들 중 장남인 우평(友平)은 고구려 유리왕 때 북원에 귀의하여 선우(鮮于) 씨가 되었고, 둘째인 우량(友諒)은 신라 탈해왕 때 신라에 귀속하여 청주 상당에 세거하여 청주 한(韓) 씨를 열었고, 셋째 우성(友誠)은 백제 온조왕 때 귀의하여 덕양기(奇, 행주) 씨가 되었다(청주한씨월포공종중대문계보).

5) 고종은 1897년 9월 17일 환구단(조선호텔 옆에 있음)에서 대한제국은 독립국임을 만천하에 선포하면서 황제 즉위식을 거행하고 광무라는 연호를 쓰기 시작하였다. 수원의 외곽에 있는 영조와 정조의 묘가 있는 융건릉에는 고종이 쓴 비문에 '대한'이라는 연호를 사용하였다.

6) 한반도를 둘러싼 외교관계를 2+2, 2+4 역학 관계로 설명한다. 앞의 2는 남·북한을 말하며, 뒤의 2는 남·북한의 맹방이라고 할 수 있는 미국과 중국을, 뒤의 4는 미국과 중국 이외에 일본과 소련을 의미한다. 한반도의 지정학적 관계로 이들 나라와의 관계 유지가 역사적으로 항상 국가적인 과제가 되었다.

도 민족의 자주성을 굳건히 지켰다. 세계사적으로도 한 왕조가 5백 년이상의 오랜 역사를 가진 나라[7]는 거의 없다(1894년 갑오개혁을 통해 여러 분야에서 새로운 국가 통치 시스템을 갖추면서 근대국가로 탈바꿈하였다). 국내시장이 협소하므로 더 큰 세계시장으로 눈을 돌려 1960-70년대에는 쌀과 오징어 등 농산물과 섬유제품, 합판, 가발과 같은 노동집약적인 상품을, 1980-90년대에는 철강 제품, 조선 등 중화학 제품을, 2000년대부터는 반도체, 컴퓨터, 자동차 등 IT와 이를 활용한 제품을 만들어 해외에 수출하여 국부를 축적하였다. 이렇게 노력한 결과 오늘날 세계 10대 경제대국[8]으로 발전하였다.

농촌 지역에 다문화가정이 급격히 늘어나면서 단일민족이라는 표현을 쓰지 않기로 하였으나 해외에 있는 동포들을 생각하여야 한다. 한민족의 공동 번영을 위하여 남·북한 인구 8천만 명 이외에 중국의 조선족 그리고 중앙아시아의 고려인 즉 카레예츠, 해외교포 등을 아우르는 한민족 공동체의 형성이 필요하다. 중국이 화교를 전 세계적으로 경제공동체로 조직화한 것처럼. 고려인들은 구소련의 각지에서 생활하던 조선인이 일본과 내통하여 간첩 역할을 할 수 있다는 스탈린 당시 소련공산당 서기장의 우려 때문에 1937년 9-12월 아무런 연고도 없는 반사막 지역인 중앙아시아로 강제 이주[9]되었다. 이들은 50만 명으로 추정되며 우즈

7) 고구려는 705년, 신라는 992년, 백제는 678년, 고려는 475년, 조선은 519년을 이어갔다.

8) 중국사회과학원이 2010년 세계 정치와 안전 보고에서 각국의 군사력, 외교력, 기술력 등 9개 지표를 중심으로 평가하여 한국을 세계 4위로 평가하였다.

9) 40여 일간 시베리아횡단철도의 가축 운반 차를 개조한 열차 1,800여 대에 짐짝처럼 태워져 6,000km 떨어진 반사막 지역인 중앙아시아에 집 한 채도 마련해주지 않은 상태로 내동댕이쳐졌다. 한국인 특유의 부지런함과 성실함, 높은 교육열로 농경지를 일구고 사업을 하여 성공한 사람이 많다. 특히 카자흐스탄에는 건설업과 광산업, 유통업 등에서 많은 부를 축적하여 영국의 최고부자 명단에도 2명이 올라가 있다(동아일보, 2007년 1월 2일).

베키스탄에 23만 명, 카자흐스탄에 10만 명, 키르기스스탄에 2만 명이 거주하고 있으며, 이스라엘국민과 같은 정도로 탄탄한 경제적 기반을 다져놓았다.

역사적으로 보면 고대 문명은 강과 평야 지대를 중심으로 꽃피워졌다. 우리나라도 예외는 아니다. 충청도는 역사적으로 금강과 남한강 유역과 그 지류를 따라 선조들이 살았으니 단양 수양개 유적, 충주 조동리 유적, 청주의 두루봉동굴 등이 구석기와 신석기시대의 대표적인 유적이다. 삼한 시대에는 마한의 땅이 되었으며, 삼국시대에는 삼국이 분할통치하는 형국이 되었다. 즉, 청주와 보은 일부 등 중부지역은 백제가, 영동, 옥천과 보은 등 남부지역은 신라가, 단양, 충주, 괴산, 진천 등 북부지역은 고구려가 각각 분할하여 점령하였다.

고려 시대 성종 14년에는 전국을 10개 도로 구획하면서 중원도라 칭하고 예종 원년(1106년)에는 전국을 8개 도(道)로 지방행정의 체계를 개편하면서 충청도로 바꾸었다. 최남선의 조선상식문답에는 그 지역의 대표적인 도시의 앞글자를 따서 평안도(평양과 안주), 함경도(함흥과 경흥), 황해도(황주와 해주), 강원도(강릉과 원주), 충청도(충주와 청주), 경상도(경주와 상주), 전라도(전주와 나주) 등으로 명명했다고 한다. 그 뒤 조선 시대 말엽인 1896년 충청북도와 충청남도로 나뉘게 된다. 충청북도와 경상북도는 당시 그 지역의 큰 도시들인 충주와 청주 그리고 경주와 상주가 모두 충북과 경북에 위치해 있어 상도(上道)라고 하였으며, 충남과 경남은 하도(下道)라고 폄하하였다.

현재 3개 시, 8개 군의 행정구역에 인구가 170만 명으로 수도권에 인접한 지리적 이점과 IT, BT 등 첨단산업단지의 조성, KTX역과 고속도로, 국제공항 등 새로운 고속 교통수단의 위치, 세종특별자치시의 건설 등으로 인구가 지속적으로 성장하고 있다. 드디어 충북과 충남, 대전시, 세종시를 포함한 충청도의 인구가 전라도의 인구를 앞서고 있어서 앞으로의 정국 운용에도 중요한 변수로 작용할 전망이다. 역사적으로 중원을 제패하는 나라가 한반도를 차지하는 지배국가가 되었다. 정치적으로 청주 상당구의 투표 결과가 우리나라의 투표성향을 평균적으로 대표한다고 한다. 즉, 상당구의 투표 결과가 여당을 지지하는 경향을 보이면 전국적으로 여당이 승리하고 야당을 지지하게 되면 야당이 집권하게 된다는 것이다.

(표2-1) 충청북도의 변천

삼한 시대	마한
삼국시대	고구려, 백제, 신라가 분할
고려 시대(성종 14년)	중원도(10도제 실시)
고려 시대(예종원년, 1106년)	충청도(8도제 실시)
조선 시대(1896년)	충청북도 설치(13도제 실시)
현재	3시(청주, 충주, 제천)와 8군으로 구성

2. 한반도의 허리인 중앙

충북은 백두대간이 뻗어 내려와 한남금북정맥을 이루고 북으로는 소백산과 월악산으로 병풍을 치고 남쪽으로 속리산이 감싸면서 거센 바람을 막아준다. 또한 금강과 남한강이 흐르면서 풍부한 수자원을 제공하고 비옥한 농토를 만들어 사람이 살기에 좋은 지역을 만들었다. 충청도는 한반도의 허리 부문으로 지리적으로나 역사적으로 다리와 같은 역할을 해왔다. 수도권에서 생산된

공산품을 영호남으로 전달하고, 영호남의 쌀 등 농수산물을 수도권으로 보내는 역할을 했으니 추풍령, 조령, 죽령이 충북의 관문이다. 오늘날에도 이들 지역에 그대로 경부고속도로, 중부내륙고속도로, 중앙고속도로가 건설되어 그 역할을 수행하고 있다.

충청도를 이루고 있는 충주의 충(忠)자를 해자를 하면 '가운데 중심'(中心)이 된다. 충주시 중앙탑면 탑평리에 있는 충주호 보조댐 근처에 국보 제6호인 7층 석탑 중앙탑이 우뚝 서 있다. 신라가 삼국을 통일한 후 경주가 동남쪽 한쪽에 너무 치우쳐 있어 통치상 문제가 있다고 판단하여 중앙에 해당되는 위치를 파악할 필요가 있었다고 한다. 그래서 젊은이 두 사람을 선발하여 한 사람은 남쪽 부산에서, 한 사람은 북쪽의 천리장성 입구인 경흥에서 동시에 출발시켜 두 사람이 만난 곳이 중앙탑이 있는 지점이라는 것이다. 그것을 기념하여 이 탑을 세웠다는 설이 있다. 선조들은 풍수지리사상에 입각해서 지역적 특성을 파악하여 지명을 지었다. 비둘기가 뜨고 앉는다고 해서 비상리와 비하리라는 마을이 있는데 인근에 청주국제공항이 건설되었다. 또한 문의면에는 물이 넘어간다고 해서 무너미라는 마을이 있어 한국수자원공사에서 대청댐 물을 양수하여 무심천으로 흘려보내고 있다.

한반도의 중앙을 상징하는 중앙탑(충주)

사회 환경 중 대표적인 것이 도시이다. 역사적으로 볼 때 도시는 문명의 저수지와 창고 역할을 하여 왔다. 도시화율이 전 세계적으로 50%를 넘어섰고 2030년에는 세계인구의 3분의 2 이상을 초과할 것으로 보고 있다. 한국의 경우도 90%를 넘어서 고도의 도시화 추세를 겪고 있다. 전체 국민의 10명 중 아홉 명이 도시에서 생활하고 있다.[10] 이와 같이 근·현대 들어와 급격하게 도시인구가 팽창하는 이유는 많은 일자리와 편리한 생활시설 등 도시가 끌어당기는 요인(pulling factor)과 함께 농촌 자체가 안고 있는 저개발과 가난 등 미는 요인(pushing factor)이 상호작용한 결과이다. 이와 같은 도시들은 점차 세계적인 혹은 글로벌 도시, 세계 최고층의 빌딩, 사회적인 다문화주의, 다양한 형태의 건축, 도심지역에 학교, 병원, 은행, 백화점 등 시설들이 입주한 거대도시[11]로 발전하고 있다.

충북에는 행정수도라고 할 수 있는 세종특별자치시가 인접해있어 새로운 발전 가능성을 갖추고 있다. 또한 오늘날 대중교통수단의 총아인 KTX고속열차의 경부선이 오송에서 정차하고 호남선이 여기에서 나뉘며 그리고 충북선과의 교차점인 조치원역과 세계화의 관문인 청주국제공항이 청주에 있다. 이와 같은 여건 변화(응전)에 어떻게 충북도민과 지도자가 대응하느냐(도전)에 따라서 앞으로의 충북 역사가 크게 바뀌게 될 것으로 전망된다.

우리나라의 국토개발은 지금까지는 고속도로를 중심으로 전국을 7*9의 격자 형태의 축을 중심으로 개발하였다. 미국 본토를 가

10) 서울에 사는 토박이는 3대에 걸쳐 100년간 서울의 4대문 안에 거주하고 있는 사람으로 50만 명 정도로 서울시에서 추정하고 있다. 전체 시민 중 5% 정도가 토박이고 나머지는 타 지역에서 서울로 이사를 온 타향사람들이다.

11) 미국 뉴욕주립대 앤서니 D. 킹 교수가 2009년 10월 19~21일 인천에서 개최된 세계도시인문학대회에서 근 · 현대도시의 특징을 5가지로 분석하여 발표하였다.

로를 짝수로, 세로를 홀수로 하여 전국적인 고속도로망 축을 바둑판처럼 만들었듯이, 한반도를 세로로 경부고속도로 등 7개를, 가로로는 남해고속도로 등 9개 기본 축을 계획하고 추진하였다. 그러나 4차 국토종합계획에서는 보다 빠른 교통수단인 KTX를 중심으로 전국을 X축으로 연결하고, 초광역개발권으로 파이 형태(동해안, 서해안, 남해안, DMZ)의 기본 개발 축에 7개의 광역경제권을 중심으로 개발하고 있다. 즉, 인구 500만 명 내외의 5대 광역경제권(수도권, 충청권, 호남권, 대경권, 동남권[12])과 인구 100만 명 전후의 2개 특별광역권(강원권, 제주권)을 설정하고 있다.

3. 충북인의 정신과 기질

수구초심(首丘初心)이라고 했다. 짐승들도 죽을 때가 되면 머리를 태어난 곳으로 향하여 죽는다고 한다. 해외의 어느 지역에 가보아도 교민회가 조직되어 활발하게 운영되고 있으며 교포들이 나이가 들면 귀국하여 한국에 살고 싶어 한다.[13] 강릉 남대천의 연어는 부화하여 알래스카 연안을 돌아 태평양에서 살다가 마지막으로 고향을 찾아와 알을 낳고 죽는다고 한다. 이것이 자연의 섭리이고 생물의 본능이다. 연어가 그러한데 인간이야 더 말할 것이 있겠는가. 차마 꿈엔들 잊을 수 없는 것이 고향이요 뿌리이다. 고향은 어머니의 품과 같이 넉넉하고 따뜻한 곳이다. 그곳에서 살 때보다 떠나 있을 때 그리고 어려움에 처해있을 때 더욱

12) 대경권은 대구와 경북중심의 권역을, 동남권은 부산과 울산 그리고 경남을 포함하는 권역을 말한다.

13) 인천 송도에 해외교포를 위한 OK(Overseas Koreans)호텔과 미국교포를 위한 별도의 재미동포타운개발사업이 추진되고 있으며, 전국 곳곳에 해외교포들을 위한 별도의 마을이 조성되고 있다.

애틋하고 아련하게 느껴지는 것이 고향이 아닐까 생각한다. 사람이 사는 세상에 이런 감정이 없을 수가 없다. 혈연·학연·지연이 그것이고 학문적으로는 연고주의[14)]라고 한다.

다윈에 버금가는 학자로 평가받고 있는 리차드 도킨스(Richard Dawkins)는 '이기적 유전자'에서 유전자는 외부환경과 협력하고 상호작용하면서 세력권(방어하기 위한 지역)과 순위제 또는 세력순위(번식의 티켓 또는 허가)에 의하여 개체 수 즉 후손들을 늘리기 위하여 노력한다고 한다. 또한 모든 동물은 자기가 출생한 근처에서 살려고 하는 경향 즉 점성(粘性) 현상이 있다고 한다. 철새들이 겨울철에 人 형태로 무리 지어 이동하는 것이 대표적이다.

옥천 출신 정지용 시인이 발표한 시중에서 가장 서정적이고 토속적인 것이 '향수'가 아닌가 생각된다. 시인이 고향을 떠나 일본 동경의 도시샤(同志社)대학에 유학하면서 고향을 생각하며 지은 시이다. 그간 정지용 시인의 납북 여부가 모호하여 이 시가 정책적으로 금지되어 오다가 1988년 해금이 되면서 노래가 되어 우리 국민이 가장 많이 부르는 애창곡 중 하나가 되었다. 사람들이 이 노래를 즐겨 부르게 된 이유는 고향에 대한 향수가 의식 저변에 깔려있기 때문이다. 전 국민의 대다수가 자기의 고향이 아닌 도시와 다른 지역에서 살고 있기 때문일 것이다.

14) 연고주의가 선후진국을 막론하고 있으나 개발도상국이 사회적 병리 현상이라고 할 정도로 심각한 수준이다. 안현수 쇼트트랙 선수가 한국체육대와 비한국체육대 출신 코치 간의 파벌 싸움으로 우리나라 선수로 출전하지 못하고 러시아로 귀화하여 2014년 소치올림픽에 출전하여 금메달을 획득하였다. 2002년 월드컵에서 우리나라 축구가 4강까지 진출하게 된 요인은 히딩크 감독의 용병술과 파벌을 떠나 실력 위주로 선수를 기용한 결과로 보고 있으며, 2014년 월드컵에서 한국축구가 부진을 보인 것도 파벌주의에 의한 선수의 기용 때문에 나타난 결과로 보는 견해가 지배적이다.

향 수

정 지 용

넓은 벌 동쪽 끝으로 옛이야기 지줄대는 실개천이 휘돌아나가고
얼룩백이 황소가 해설피 금빛 게으른 울음을 우는 곳
그 곳이 차마 꿈엔들 잊힐리야

질화로에 재가 식어지면 빈밭에 밤바람 소리 말을 달리고
엷은 졸음에 겨운 늙은 아버지가 짚베개를 돌아 고이시는 곳
그 곳이 차마 꿈엔들 잊힐리야

흙에서 자란 내마음 파아란 하늘빛이 그리워
함부로 쏜 화살을 찾으려 풀섶 이슬에 함초롬 휘적시던 곳
그 곳이 차마 꿈엔들 잊힐리야

전설바다에 춤추는 밤물결 같은 귀밑머리 날리는 어린 누이와
아무렇지도 않고 예쁠 것도 없는 사철발 벗은 아내가
따가운 햇살을 등에지고 이삭줍던 곳
그 곳이 차마 꿈엔들 잊힐리야

전설바다에 춤추는 밤물결 같은 귀밑머리 날리는 어린 누이와
아무렇지도 않고 예쁠 것도 없는 사철 발벗은 아내가
따가운 햇살을 등에 지고 이삭줍던 곳
그 곳이 차마 꿈엔들 잊힐리야

하늘에는 성근 별 알 수도 없는 모래성으로 발을 옮기고

서리가 까마귀 우지짖고 지나가는 초라한 지붕

흐릿한 불빛에 돌아앉아 도란도란거리는 곳

그 곳이 차마 꿈엔들 잊힐리야

1976년 헤이리(Alex Haley)[15]가 소설 '뿌리'(Roots)를 발표하고 그것이 다음 해 ABC TV에서 8회에 걸쳐 방영되자 1억 3천만 명의 미국인이 시청하였다고 한다. 이는 어느 흑인(주인공: 쿤타 긴테)이 서부 아프리카의 감비아 해안의 주프레마을에서 사냥꾼에게 붙잡혀 미국에 노예로 팔려와 자유인이 되기까지의 7대에 거슬러 올라가는 긴 인생역정을 그린 자전적 소설로 이지적인 미국인을 흥분케 하였다. 무엇이 이지적인 미국인[16]들을 이렇게까지 열광케 하였을까? 미국의 최초 흑인 대통령 오바마는 대통령이 된 후 외국 중 제일 먼저 친아버지의 고향인 케냐와 자기가 성장한 하와이를 방문하였다.

충북도민의 노래(이은상 작사, 김동진 작곡)에 "역사의 혼이 깃든 마한의 옛 땅, 의기와 학문, 예술, 빛나는 전통 여기서 뼈와 살을 받고 자랐다. 사랑과 힘이 되는 충북 내 고장, 뭉치자 사랑하자 서로 받들자, 이루자 문화유산 우리 손으로" 여기서 말하는 마한의 혼은 무엇일까? 조선 후기 사색당쟁으로 얼룩진 나라를 다시 중흥(경장)케 한 임금으로 평가받고 있는 정조가 규장각 학사인

15) 헤이리는 1921년 뉴욕주의 이타카에서 교수인 아버지와 초등학교 교사인 어머니와의 사이에서 태어났으며, 1976년에 뿌리를 발표하였고, 이 작품으로 1977년에는 전국도서상과 퓰리처상 특별상을 받았다.

16) 미국의 원주민은 토착민인 동양계의 인디언(전체의 0.9%)으로 지금으로 부터 1~2만 년 전인 빙하기에 베링해협을 걸어 알래스카와 북미대륙을 거쳐 중남미까지 내렸갔다고 한다. 대부분의 미국인은 컬럼버스가 신대륙을 발견한 이후 유럽, 아프리카, 중남미, 아시아 등 전 세계에서 온 외래민족이다.

윤행임과 조선팔도의 도민 성향에 대하여 (표 2-2)와 같이 평했다고 한다.

(표2-2) 정조의 조선팔도 도민 성격평

함경도	이전투구(泥田鬪狗, 진흙 밭에서 싸우는 것)
평안도	맹호출림(猛虎出林, 숲에서 나온 무서운 범)
황해도	석전경우(石田耕牛, 돌 많은 밭을 가는 소)
강원도	암하노불(巖下老佛, 바위아래 늙은 부처)
경기도	경중미인(鏡中美人, 거울 속에 비친 미인)
충청도	청풍명월(淸風明月, 맑은 바람과 밝은 달)
경상도	태산교악(泰山喬嶽, 높고도 커다란 산악)
전라도	풍전세류(風前細柳, 바람 앞의 가는 버들)

충청인의 정신 또는 기질은 무엇일까. 첫째, 정조의 충청도민의 평에도 언급했듯이 청풍명월 즉 맑은 바람, 밝은 달과 같은 아름다운 자연이다. 겉모습이 꾸밈이 없고 아름다운 자연 그대로가 아닐까 한다. 백제 토기의 단아함과 서산의 마애석불과 같은 도량이 넓은 사람이라고 할 수 있다. 그러나 좋은 뜻만 있는 것이 아니다. 이중환의 택리지에서 '충청도 사람은 오로지 세도와 재리만을 좇는다'고 혹평했다. 둘째, 양반 또는 선비 정신이다. 조선 시대 가장 큰 통치 이념인 성리학의 학맥을 이은 유학 그룹이 사림(士林)이고 이 부류의 사람들을 사림파라고 한다. 훈구파와 대립한 사림파의 본산이 청주이다. 호수 즉 금강의 서쪽에 있다고 해서 기호학파(畿湖學派)라고 한다. 학풍은 낭성팔현인 박훈, 한충, 송인수 등을 거쳐 율곡 이이, 우암 송시열로 이어진다. 서두르지 않으면서도 내실을 기하는 외유내강형의 인간상이 아닌가 한다.

셋째, 말은 느리나 행동은 빠르다. '아버지 돌 굴러 내려가요 하면 산 아래 지역에서 아버지가 압사를 당했다'는 우스갯소리는 이제 교통수단이 발달하고 정보를 공유하는 정보사회에는 옛말이 된 것 같다. 이는 충남의 예산 등 교통이 발달하지 못한 일부 오지 주민의 말투를 보고 타 지역 사람들이 평을 한데서 나온 말 같다.

제2절

천년의 고도 '청주'

1. 우암산과 무심천

청주의 대표적인 자연환경은 우암산과 무심천이다. 청주시민의 노래도 "우암산 무심천 기름진 들판……"으로 시작된다. 우암산과 무심천은 청주의 상징이고 이것을 빼면 청주 자체를 이야기할 수 없다. 따라서 모든 시내 학교의 교가에는 빠짐없이 등장하고 있다. 동쪽으로는 우암산이 서쪽으로는 부모산이 영겁의 시간을 거치면서 바람을 막아주고 무심천이 적절한 양의 물을 대주어 비옥한 문전옥답을 이루어 사람이 살기에 적합한 환경을 만들어 도시가 형성되었다. 요즘에는 한국수자원공사가 무심천의 수질 개선과 경관 보호를 위하여 대청댐의 물을 양수하여 송수관을 통해 주기적으로 무심천으로 흘려보내고 있다.

우암산은 청주의 진산으로 마치 소가 누워있는 형상을 하고 있는 것 같다고 해서 와우산(臥牛山)이라고도 한다. 우암산은 더 동쪽으로 올라가면 상당산과 연결된다. 여기에 상당히 높은 사람들이 살았으며 이들이 성을 쌓았다고 해서 '상당산성'이라고 한다.

여기에서 남쪽으로 천년고찰 보살사[17]가 있는 낙가산으로 연결된다. 이 산줄기가 서쪽으로 내려와 충북도청과 중앙초등학교 앞의 당산으로까지 이어진다. 조선 시대 예언가인 토정 이지함은 우암산을 천하의 명당이라고 극찬하였다. 현재 우암산 정상에 방송사들의 철제 송신탑이 방송사마다 설치하여 경관을 크게 해치고 미관도 좋지 않으므로 청주시와 청원군의 통합에 즈음하여 청주의 정기를 다시 세운다는 측면에서도 다른 지역으로의 조속한 이전이 필요하다.[18]

청주의 진산인 우암산과 인접한 상당산성

부모산은 원래 아양산(我養山)이었으나 고려 시대 몽골군이 청주에 침입했을 때 마을 주민을 구해주었다고 해서 '부모산'으로 바꾸었다고 한다. 몽골군이 청주에 침입하자 동네 주민이 산으로

17) 보살사는 용암동에 있으며, 전두환 前 대통령이 백담사로 갈 무렵 보살사가 그가 거처할 장소의 하나로 꼽혔으나 시내와 가깝고 개방적이어서 취소되었다고 한다.

18) 일본은 일본강점기에 우리나라의 민족정기를 끊기 위하여 산의 허리를 자르고 정기가 서려 있는 전국의 명소에 쇠못을 박아놓아 해방 후 이것을 발견하여 뽑은 적이 있다.

들어가 오랜 기간 동안 피난을 하였으나 물이 부족하여 어려움을 겪고 있었는데 갑자기 샘이 솟아나 목숨을 구했다고 한다. 지금도 정상 근처에 그 우물(母乳井)이 보존되고 있다. 청주IC로 나가는 길목에 있는 나지막한 산이나 정상에 올라가면 청주 시내는 물론 멀리 옥산, 오창까지 보이는 천혜의 요새이기도 하다. 청주대학교 설립자 중 한 분의 묘소가 정상에 있으면서 철조망까지 쳐져 있어 일반 시민이 접근하기가 어렵다. 또한, 청주 시민들이 매년 정초 해맞이 행사를 언덕에서 개최하고 있으므로 매우 위험하다. 조속히 묘를 다른 지역으로 이장시키고 부모산을 친환경 휴식공간으로 조성하여 시민에게 개방해야 한다.

청주를 동서로 가르는 젖줄인 무심천의 유래는 하늘도 무심하게 큰 홍수가 나 문전옥답을 순식간에 휩쓸고 갔다는 설과 임진왜란이 일어나 출전한 병사가 전사했다고 잘못 전해져 부인이 무심천에서 투신자살했다는 설과 인근에 용화사와 같은 큰 사찰이 있었으므로 불교와 관련한 이야기로 마음을 비운 상태라는 설이 있다. 무심천은 낭성면 추정리, 가덕면 수곡리와 내암리에서 각각 발원하여 남일면 삼거리를 지나면서 큰 내를 이루고 시내에 들어와 하천을 이루면서 청주시를 관통한다. 무심천은 자연적으로 성곽 둘레에 적의 침입을 막기 위해 파놓은 연못과 같은 해자(垓字) 역할도 했다. 무심천은 까치내 즉 미호천까지 80여 리에 이르는 충북도에서 관리하는 지방 1급 하천으로 길이가 짧고 건천으로 장마가 지면 물이 급격히 불어나고 유속이 매우 빠른 편이다.

제방을 만들기 전에는 범람이 잦아 하상이 수시로 변하여 주민들이 다녔던 남석교가 지금은 육거리시장내 도로의 지하에 매몰되어 있다. 내가 부시장으로 있을 때 육거리시장을 현대화하면서

도로 굴착을 하는 도중에 남석교를 지하에서 찾아냈다. 이 돌다리는 너비 4.1m, 길이가 81m에 이르는 제법 큰 다리로 조선 시대 이전에 만들어진 다리 중 가장 긴 다리이다. 정월 대보름에 자기의 나이만큼 남석교 다리 위를 오가며 소원을 빌면 이루어진다고 한다. 이 유물이 지상에 조속히 복원되어 청주 시민들이 옛 남석교를 걸어보기를 기대해 본다. 분리 하수관거를 계속 건설하여 생활하수를 처리하고 환경 개선 노력을 기울인 결과 팔뚝만 한 잉어와 각종 물고기가 많이 서식하여 시민들이 곳곳에서 낚시하는 광경을 볼 수 있고 백로와 철새들이 찾고 있다.

무심천 양 도로변에는 오래전부터 벚나무가 심겨 있어 벚꽃이 피는 4월이면 꽃동산이 되어 전국적인 명소가 된다. 벚꽃구경을 나온 시민들로 교통이 거의 통제되고 인산인해를 이룬다. 사람이 많이 모이다 보니 장사가 잘된다고 전국적으로 소문이 나면서 야시장이 성업하고 장애인협회와 UDT 출신들까지 야시장을 열려고 시도하여 일대 소란이 벌어지고 분신 사상자까지 발생하였다. 야시장문제는 시 공무원뿐만 아니라 경찰 등 유관부서에서도 통제하기를 꺼려하는 해마다 반복되는 전국적인 과제이다. 그러나 아직까지 버드나무가 까치내 방향으로 많이 남아 있어 봄이면 꽃가루가 날려 시민의 건강에도 문제를 일으키므로 조속히 벚나무로 수종 갱신을 하였으면 한다.

경부고속도로에서 나와 가경동 죽천교에 이르는 6km의 양쪽 도로에 울창한 1,500그루의 플라타너스 가로수길[19]은 전국에서 가장 아름답고 운치가 있는 길로 영화 '만추'와 TV 드라마 '모래

19) 1953년 홍재봉 강서면장이 경찰서에서 묘목 1,600그루를 얻어다 심은 것이 오늘날의 가로수길이 되었다.

시계'의 촬영 장소로도 유명하다. 이 길이 청주의 관문으로 원래 4차선의 도로였으나 교통 수요가 늘어나 내가 청주시 부시장으로 근무하면서 기존의 플라타너스는 거의 그대로 살리면서 확장하는 계획을 세워 2010년 6차선으로 확장되었다. 하늘을 가릴 정도로 울창하여 가로수 터널이라고도 한다. 2001년 행정자치부 주관 전국 숲 가꾸기 대회에서 1등을 차지하였다.

경부고속도로 청주IC에서 시내로 들어가는 가로수길

2. 천년 역사의 도시

금강과 지류인 무심천과 미호천과 그 주변 지역을 중심으로 구석기시대의 유적이 산재해 있다. 대청호변에 위치한 가덕면 노현리에 있는 두루봉동굴에서는 요즘에는 한반도에서 멸종된 20만 년 전의 코끼리 상아, 쌍코뿔이, 하이에나, 큰 원숭이, 사자 등 31종의 짐승 뼈 화석이 발견되었고 4만 년 전의 5살 정도 되는 어린아이(일명 흥수아이[20])의 뼈가 발견되었다. 또한 오창면 소로리

20) 청주시 문의면 노현리에 있는 봉우리로 20만 년 전의 구석기인들이 살았던 곳으로 추정되며, 1976년 처음으로 동굴을 발견한 석회석 광산의 현장소장 이름을 따 '흥수아이'라고 명명하였다.

에서는 세계에서 가장 오래된 1만 3천 년 전의 볍씨가 발견되기도 하였다. 이는 신석기시대 농경문화의 시작을 의미하며 1994년 오창과학산업단지를 조성하기 위하여 충북대 박물관팀이 발굴조사하는 과정에서 출토되었다. 오송의 쌍청리, 봉명동, 사천동의 재너미들에서는 신석기시대의 유적이 발견되고 있다. 내곡동, 향정동, 용암동, 강서동 등 시내 곳곳에는 청동기시대의 유적이 분포되어 있다.

삼한 시대에는 마한의 땅이 되어 송절동, 산남동, 송대리 무덤 등에서는 말을 탈 때 사용하는 재갈 등 마구와 말 모양의 허리띠고리, 농기구 등 당시 중국과 교류를 했을 것으로 추정되는 철제 유물들이 다량으로 발굴되었다. 삼국시대에는 삼국이 서로 이 지역을 차지하기 위하여 각축을 벌였다. 백제가 이 지역을 제일 먼저 지배하면서 오송에서는 포철의 용광로와 같은 원형로를 만들어 철로 무기류와 농기구를 생산하였다. 신봉동 유적은 백제 군사들의 공동 무덤으로 각종 백제 유물들이 다량으로 발굴되었다. 이어서 고구려가 남하하여 백제와 대치하면서 부용면 남성골산성과 신라와 대치하면서 초정면의 구녀성(구라성이라고도 함)을 축조하여 각축을 벌이게 된다. 궁예는 한때 서원경을 중심으로 활동했으며 904년 궁예가 도읍을 철원으로 옮기면서 청주 사람 1천 호를 이곳에 강제로 집단으로 이민케 하여 새로운 수도로서 필요한 시설을 정비하고 자신의 지지기반을 다졌다고 한다.

신라는 보은(삼년산성)과 수리티고개와 회인(매곡산성과 호점산성) 그리고 문의(양성산성)를 거쳐 청주에 진출하여 상당산성을 구축하게 된다. 청주에 6세기 중반 경주와 같은 계획적인 신도시인 서원경(西原京)을 건설한다. 이는 신라가 변방을 강화하려는 정책으로 원주의 북원소경, 김해의 금관소경, 청주의 서원소경과 남원의 남원소경, 충주의 국원소경의 5소경을 완비한다. 궁예가 한때 서원경에서 활동했으며, 일본 도다이사(東大寺)의 쇼소인(正倉院)에서 발견된 촌락문서[21]를 통해 신라 시대의 청주 인근 지역의 생활상을 생생하게 엿볼 수 있다.

(표2-3)청주의 주요변천

삼한 시대	낭자곡성(낭비성)
삼국(백제)시대	상당현
신라 시대(685년, 신문왕 5년)	서원소경 후에 서원경 설치
고려 시대(940년, 태조 23년)	청주로 개칭 및 목 설치(성종2년)
조선 시대(1895년, 고종32년)	청주군 설치
1908년	충청관찰사를 충주에서 청주로 이전
1946년	청주부와 청원군 분리
1949년	청주시로 승격
2014년	청주시와 청원군 통합

고려 태조 23년에는 청주목이 설치되고, 경부선철도가 부설되면서 교통을 이유로 1908년에는 충청관찰사가 충주에서 청주로 이전하고, 1946년에는 청원군이 분리되었다. 1949년 청주시로 승격되었다가 3번의 청주시와 청원군의 통합을 시도하였으나 실패하였다. 그러나 2012년 6월 27일 우리나라 역사상 처음으로 주민투표에 의하여 청주시와 청원군의 통합이 결정되어 2014년 7월 1일 분리된 지 68년 만에 통합 청주시가 박근혜 대통령이 참

21) 정창원의 「촌락문서」는 신라 시대의 기록으로 서원경 인근 4개 부락을 대상으로 한 조사서로 오늘날의 센서스처럼 3년마다 촌락 단위로 작성하여 중앙에 보고하였으며 이를 근거로 과세하였다.

석한 가운데 선포식을 갖고 출범하였다. 상당구, 청원구, 흥덕구, 서원구의 4개 구에 3개 읍, 10개 면, 30개 동의 행정구역을 갖추고, 84만 명의 인구와 940.3km^{2}의 면적에 서울시의 1.6배에 이르는 넓은 면적의 광역시에 버금가는 대도시가 되었다.

청주 시내에는 IT산업 선두주자의 하나인 하이닉스 반도체와 현재 강서동에 조성 중인 청주테크노폴리스 그리고 우리나라 IT산업의 메카인 오창과학산업단지, BT중심의 오송생명과학단지가 있어 새로운 성장동력산업의 전진기지로 발전하고 있다. 또한 경부와 중부의 2개 고속도로가 경유하고 있고, 청주국제공항과 KTX의 오송역이 있어 새로운 고속교통수단의 접근성이 좋다. 또한 세종특별자치시가 가까이에 있어 정책 결정이 이루어지는 초기단계에서 발전의 주도권을 쥘 수 있는 좋은 여건을 갖추고 있다.

또한 남쪽에 있는 청와대라는 뜻의 청남대[22]는 대청호반에 위치하여 역대 대통령의 여름 별장으로 국정을 구상하는 집무실로 사용되어 오다가 2003년부터 일반에 개방되었다. 또한 광역자치단체의 하나로 17개 중앙경제부처와 18개 소속 기관이 입주한 세종특별자치시가 바로 인접해 있어 청주시의 정치적, 행정적 중요성을 새삼 느끼게 한다. 따라서 앞으로 도시계획뿐만 아니라 도시 시설의 결정에 있어서 청주뿐만 아니라 인근에 있는 세종특별자치시[23]와 대전광역시를 종합적으로 아우르는 광역적인 행정 추진이 필요하다.

22) 청남대는 전두환, 노태우, 김영삼, 김대중, 노무현 대통령까지 사용하다가 노무현 대통령 취임 이후 2003년 4월 18일 충청북도로 이관되어 일반에 공개되었다.

23) 세종특별자치시는 연기군 일원, 공주시 일부, 그리고 청원군의 부용면 8개의 리가 포함된 73.14km^{2}의 면적에 계획인구 50만 명을 목표로 하고 2012년 7월 1일 출범한 1개 읍(조치원읍), 9개 면, 2개 동의 지방행정체계를 갖춘 광역지방자치단체인 행정중심도시이다. 여기에는 17개 중앙부처와 18개 소속 기관이 입주해 있으며 12,614명의 중앙공무원이 근무하고 있다.

3. 호국 · 충절의 고장

청주와 인근 주변 지역에 크고 작은 산성이 산재해 있어 호국의 의지를 곳곳에서 느낄 수 있다. 동쪽으로는 상당산성과 초정의 구녀산성이 있고 서쪽으로는 부모산성이, 북쪽에는 정북토성이, 남쪽에는 문의에 양성산성이 있다. 현재 상당산성과 정북토성은 원형 형태로 복원되어 고도로서의 옛 모습을 찾아볼 수 있으나 나머지 성들은 일부 석축만이 남아 있어 그 편린만을 부분적으로 볼 수 있을 뿐이다. 역사문화의 보존 측면에서 지속적인 발굴과 복원이 이루어져야 한다.

상당산성은 궁예가 쌓았다는 기록이 있으나 백제 사람이 쌓은 것으로 추정되며 이에 따라 이곳의 지명이 상당현이 되었다. 구녀산성은 초정의 이티재에서 능선을 따라 신라가 고구려를 경계하면서 쌓은 것으로 보인다. 부모산성은 둘레가 1,135m로 삼국시대 후기에 백제 사람이 축성한 것으로 알려져 있으며, 성벽의 윗부분은 거의 없어지고 아랫부분만이 남아있다. 정북토성은 성벽이 4m, 둘레가 650m, 길이가 700m의 정방형의 백제 토성이다. 백제가 영토를 확장하기 위한 전진기지로 평야 지대에 만든 성으로 서울의 풍납토성, 몽촌토성과 함께 우리나라에서 가장 오래된 토성으로 잘 보존되어 있다. 문의에는 양성산 정상에 양성산성과 마주 보이는 작도산에는 작도산성이 있어 신라가 금강 유역으로 진출하기 위해 쌓았다고 한다.

상당산성의 고갯마루와 연결되어 것대산과 봉수대[24)]가 있다.

---

24) 봉수는 오늘날의 전보에 해당하는 것으로 평상시에는 1거(炬), 적이 나타나면 2거, 경계에 접근하면 3거, 경계를 침범하면 4거, 접전하면 5거를 올렸다.

문의면 소이산에서 신호를 받아 진천 소흘산으로 봉수를 넘겨주는 역할을 하였다. 낮에는 연기로 밤에는 횃불로 신호를 보냈으며 적의 출현 등 위급한 상황에 따라서 숫자를 달리하였다. 정상에 있는 상봉재는 미원이나 낭성에서 걸어서 청주로 땔감을 마련하여 팔러 가거나 장을 보기 위해 자주 이용하던 옛길이며 여기에는 어머니와 아들 간에 얽힌 슬픈 이야기가 서낭당과 함께 전해지고 있다. 또한 관찰사들의 선정비가 곳곳에 세워져 있다. 이는 다시 천 년 고찰인 보살사가 있는 낙가산으로 이어진다.

오늘날 청주 시내 중심지에는 신라 시대 흙성으로 축조한 후 고려 시대 홍수로 유실되었다가 조선 시대 성종 18년(1487)에 석성으로 완공한 청주성이 있었다. 중앙공원을 중심으로 둘레 1,783m 높이 4m의 성으로 긴 사각형 모양으로 성안에는 청주목의 동헌인 청녕각과 충청병영이 배치되어 있었다. 일제는 1911년 시구개정사업(市區改正事業)이라는 미명하에 도시개발사업을 추진하면서 성벽을 마구 헐어내 돌을 하수구 축대로 쌓았고 관청 건물도 헐어버려 지금은 그 자취를 감추고 현재는 4개의 문 위치를 알려주는 표지석만이 곳곳에 남아있다.

충청병영과 압각수가 있는 중앙공원

또한 중앙공원에는 1976년 석교동의 노상 하수구 뚜껑으로 사용하고 있던 것을 발견해 옮겨온 척화비[25]가 있다. 옆에는 수령이 900년이 된 큰 은행나무가 있어 뿌리가 마치 오리발 모양을 하였다고 하여 압각수(도지정 기념물 5호)라고 불린다. 고려 말 과전법을 시행하면서 명나라와 외교적인 마찰이 발생하자 이성계의 반대파로 지목된 이색, 이숭인, 권근 등 상당수의 정치인과 학자가 청주옥에 갇히게 되었다. 이때 홍수가 나 큰 물이 청주 읍성에 닥치자 옥사에 갇혀있던 사람들과 옥사관리들이 압각수에 올라가 목숨을 구했다고 한다. 이들이 압각수에 올라가 목숨을 구한 것은 하늘의 도움이라고 판단하여 모두가 사면되었다고 한다.

청주에는 애국지사들이 많다. 임진왜란이 발발하자 청주성을 탈환하기 위하여 의병장 조헌, 승장 영규대사, 의병장 박춘무가 분투하여 청주성을 탈환하였다. 이는 조선이 승리한 최초의 전투였다. 또한 임진왜란 당시 부산의 동래부사로 일본군과 싸우다가 순절한 송상헌의 위패를 모시고 있는 충렬사가 강서동에 있다. 경술국치가 발생하자 신규식, 신채호 그리고 의병장 한봉수가 활동하였다. 또한 일제의 침략에 항거한 3·1 운동에는 주동자 33인 중 의암 손병희 선생을 비롯하여 우당 권동진, 청암 권병덕, 은재 신석구, 동오 신홍식, 청오 정춘수[26] 6분이 청주 출신이었다. 또한 청주에서 7번에 걸친 만세운동을 펼친 것을 비롯하여 미원, 문의,

25) 척화비란 흥선대원군이 신미양요를 겪으면서 서양 세력을 차단하고 자주적 항전 의식을 고취하기 위하여 전국에 세운 비석이다. 여기에는 양이침범 비전즉화 주화매국(洋夷侵犯 非戰則和 主和賣國)이라는 글자가 새겨져 있다.

26) 청주 우암산 순환도로의 3·1 운동 기념공원에는 3·1운동 당시 충북 출신으로 활동했던 여섯 분의 동상이 있다. 그러나 청오 정춘수 선생은 3·1 운동에 참여하지도 않았고 일본강점기에는 오히려 일본에 전투기 구입을 위한 헌금, 교회 재산 헌납, 일본 징용 협조 등 친일 행각을 한 것이 밝혀져 시민단체가 동상을 1996년 2월 8일 제거해 버려 좌대만 남아있다가 최근에 정리하였다.

내수, 부강 등 여러 곳에서 만세시위, 봉화와 횃불 시위 등 다양한 형태로 독립운동을 활발하게 전개하였다.

우리나라에 족보가 보급되고 본관이 사용된 것이 신라 말과 고려 초로 알려져 있다. 세종실록지리지에는 청주에 본을 둔 12개의 성씨가 있는데 청주 한 씨, 청주 곽 씨, 청주 경 씨, 청주 김 씨[27], 청주 정 씨 등이 가장 번성하였다고 한다. 특히 우리나라 250여 성씨 가운데 11번째로 번창한 청주 한 씨[28]의 세거지가 방서동이다. 청주에서 보은으로 가는 단재로변 언덕에 청주한씨의 시조인 한란(韓蘭)[29]이 무농정(務農亭)이라는 정자를 짓고 방정이라는 네모진 우물을 파 농사에 대한 교육을 시켰다고 한다. 또한 고려 태조 왕건이 견훤을 토벌하려고 10만 명의 군사를 이끌고 이곳에 왔을 때 식량과 방정의 물을 제공하는 등 각종 편의를 도모하여 고려 건국에 기여하였다. 따라서 이때부터 "대머리" 즉 큰 마을, 큰 우두머리라는 뜻의 이름이 붙여져 방서동보다 더 널리 사용되고 있다.

무심천 건너편에는 남일면 신송리가 있다. 이곳 솔뫼마을이 조선 시대 말엽 청주 지역 동학농민군의 본거지가 되었다. 이곳은 외돌아진 지형으로 외부로부터 시설을 차단하는 효과가 있는데다가 보은, 회덕 등으로 통하는 길목에 있다. 따라서 손천민[30]이 동학 본부를 설치하고 동학 대접주로 보은 장내리의 집회에도 주

27) 청주 김 씨는 통일 신라 말부터 고려 시대까지 가장 큰 청주의 호족세력으로 국보인 철당간을 만든 당대등 김예종, 김희일 등이 청주 김 씨이다.

28) 조선 시대에는 성씨 중 제일 많은 24명의 공신과 6명의 왕비와 12명의 상신(영의정, 좌의정, 우의정)을 배출하였다.

29) 한란은 충북 영동군 황간에서 출생하였으며, 고려 왕건으로부터 삼중대광(고려 시대 정일품)의 벼슬을 얻었으며, 묘소는 청주시 남일면 가산리에 있다.

30) 손천민은 손병희의 조카로 손병희보다 7살 위였다. 손천민은 청주목의 이방으로 있으면서 동학 교도로 은밀하게 수도와 포교를 하고 손병희까지 동학에 끌어들였다.

도적으로 참여하고 포교 활동과 함께 교조 최재우의 억울함을 풀어 달라는 신원 운동과 동학 포교를 공인해 달라는 상소문을 여기서 만들어 올렸다고 한다. 또한 마을 뒷산 용대에서는 동학군을 조직적으로 조련하였다고 한다.

4. 문화 · 교육의 도시

인류문명에서 가장 큰 변화를 가져온 것이 금속활자의 발명이다. 구텐베르크가 독일의 마인츠에서 인쇄한 42행 성서보다 76년 앞서서 청주의 흥덕사에서 고려 우왕 3년(1377년)에 세계에서 최초로 금속활자로 직지를 발간하였다. 이 직지가 2001년 청주에서 개최된 UNESCO 회의에서 세계기록유산에 등재되었다. 국보 제41호인 용두사지철당간이 고려 광종 13년(962년)에 제작되었음이 쇠기둥의 아랫부분에 각인되어 있어 인쇄문화와 함께 청주가 직지의 고향임을 뒷받침해준다. 철당간은 절에 행사가 있을 때 깃발을 거는 깃대로 오늘날 용두사라는 절은 없어졌지만 청주예술의 전당 광장에 실제와 같은 규모의 모형을 만들어 놓았다. 청주가 주성(舟城), 즉 배 모양의 도시로 돛대 역할을 할 수 있는 철당간을 세움으로써 홍수의 피해를 막았다는 설도 전해지고 있다.

또한, 3만 평의 넓은 대지 위에 우뚝 선 국립박물관[31)]은 뒤로는 우암산, 앞으로는 명암저수지가 있어 전국의 국립박물관 중에서 가장 아름다운 곳으로 평가되고 있다. 여기에는 삼한 시대부터 조선 시대에 이르기까지 충북에서 출토된 26백 여 점의 유물이

31) 곽응종옹께서는 3만 평의 부지를 기증하여 청주박물관을 건립하게 되었으며, 선생의 공덕을 후세에 길이 전하고자 2001년 11월 청주시, 국립청주박물관, 충북지역개발회가 공동으로 공덕비를 구내에 세웠다. 나도 청주부시장 재직 시 건립위원으로 참여했다.

전시되고 있어 충북 지역의 역사의 편린을 살펴볼 수 있다. 건물은 한국을 대표하는 건축가인 김수근 씨가 전통한옥을 형상화하여 더욱 한국적인 멋을 자아낸다. 신봉동의 백제유물전시관은 백제 무인들의 공동묘역으로 인근 331기의 무덤에서 출토된 많은 유적을 전시하고 있다. 사적 제319호로 지정된 전시관은 특색있게 무덤 모양을 하고 있다. 직지를 발간한 흥덕사지 터에는 청주고인쇄박물관이 있어 디오라마 형태로 당시의 금속활자의 주조와 인쇄 과정을 보여주고 있다. 공예비엔날레, 인쇄출판박람회 등 청주지역의 특색있는 문화 관련 축제가 여기에서 개최되고 있다.

교육과 관련하여 고려 공민왕이 1361년 홍건적의 난으로 개경이 함락되자 안동으로 파천하였다가 귀경하는 중에 청주의 중앙공원에서 과거를 보았는데, 이때 정도전이 합격하였다. 또한 용두사지철당간에 학원경(學院卿)과 학원랑중(學院郎中)이라는 교육관련 직책이 각인되어 있어 이 시기에 이미 교육이 보편화되었음을 알 수 있다. 조선 시대에는 국립학교인 청주향교와 사립학교인 서원이 발달되어 있었다. 특히 세종대왕이 초정[32]에 행궁을 짓고 2차례에 걸쳐 123일간 요양을 하면서 한글 창제를 마무리하면서 청주향교에 서적을 하사하였으며, 세조가 속리산 가는 길에 이곳에 들려 대성전에서 제사를 올렸다고 한다. 용정동에 있는 신항서원은 1570년 창건되어 임금이 현판과 서책을 하사한 사액서원으로 16세기 후반 충청, 전라, 경상의 삼남에서 제일가는 서원으로 기록되어 있다.

32) 초정약수는 미국 샤스터 광천, 영국의 나포리니스 광천과 함께 세계 3대 광천수의 하나이며, 원탕의 약수는 기포가 발생하여 아토피, 땀띠, 피부병에 효과가 있는 것으로 전해지고 있다. 1980년대까지만 해도 아이들이 종기가 나면 어른들이 초정에 데리고 가 약수로 머리를 감겼다. 1일 용출량은 약 358톤 정도로 약수를 이용하여 천연음료수가 제조 판매되고 있다. 인근의 가덕과 미원 등지에도 물맛이 좋아 진로석수 등 많은 업체가 가동 중이다.

국보 제41호인 용두사지철당간

구한말 자주적 민족구국운동으로 교육 구국의 기치 아래 기독교 인사들이 주축이 된 광남학교, 애국지사들이 중심이 되어 개교한 신채호의 산동학원, 신규식의 문동학원이 가덕면에 있었다. 해방 이후로는 국립의 충북대학교와 한수 이남에서 제일 오래된 사립대학교인 청주대학교 그리고 서원대학교, 교사를 양성하는 한국교원대학교와 청주교육대학교, 공군사관학교, 산업기술인력을 양성하는 충청대학, 청주폴리텍 등 전문대학들이 산재해 있다. 청주시에는 중 · 고등학교가 50여 개교나 되고 학생 수가 전체 인구의 20%를 넘어 다른 비슷한 규모의 도시들보다 많은 비중을 차지하여 청주를 흔히 '교육도시'라고 부르고 있다.

또한, 산남동 법조 단지 앞에는 두꺼비를 주제로 하는 생태공원이 있다. 2003년 한국토지공사가 대규모 아파트단지를 조성하면서 원흥이방죽을 메우려고 하자 지역의 환경단체가 반발하자 협약을 맺어 원형대로 보존하고 있으며, 지역을 개발함에 있어서 개발과 보존이 조화를 이룬 새로운 지역개발 모델이 되었다. 두꺼비들이 살고 있는 구룡산과 함께 두꺼비들이 찾아와 알을 낳는 원흥이방죽이 함께 보존되고 있다. 여기에 건설된 두꺼비 생태문화관은 두꺼비의 성장 과정과 이동 통로를 디오라마 형태로 보여주고 있어 어린이들에게 좋은 환경 교육장이 되고 있다.

제3절

충효의 마을 "지북동"

1. 배산임수의 명당 '모산'

청주에서 국도인 단재로를 따라 속리산 방향으로 4km 가다가 왼쪽으로 저수지가 있는 마을이 고향 땅 지북동(池北洞)이다. 3면이 산으로 둘러싸여 있고 앞으로는 저수지가 놓여 있어 배산임수형에 가까운 자연부락이다. 연못의 북쪽에 마을이 위치해 있어 지북동이라고 했으며, 경대승묘역을 중심으로 남촌과 북촌으로 나뉜다. 동쪽에 위치한 낙가산에서 시작한 산자락은 남쪽으로는 효촌리 경계까지, 북쪽으로는 저수지 옆으로 내려와 모산(茅山)이라는 작은 동산이 있었다. 이 앞으로 대장간과 4채 정도의 가옥이 있었다. 그러나 1980년대 국도가 4차선으로 확포장 되면서 모산을 파내 확포장을 위한 기초자재로 활용하여 오늘날은 흔적조차 찾아볼 수 없다. 그 자리에는 청주 경 씨 세거지라는 작은 표지석만이 덩그러니 있을 뿐이다. 이것이 급속한 성장에 따른 자연환경의 파괴가 아닌가 하는 생각이 들어 아쉽다.

연못은 청주 경 씨의 시조인 경연(慶延)과 관련이 있으니 조선 시대 성종대로 거슬러 올라간다. 경연의 아버지가 병이 들어 겨울에 생선이 먹고 싶다고 하자 저수지에 가 기도를 하니 무릎 부분이 녹으면서 얼음구멍이 생기고 두 마리 잉어고기가 얼음 위로 올라와 이를 봉양하고 3년간 시묘를 하였다고 한다. 이와 같은 경연의 효행을 기리기 위하여 국도변에 효자비를 세웠으니 효촌(孝村)이라고 명명하였다. 경연의 효행은 조선왕조실록에 자세히 기록되어 오늘날까지 만고 효자의 표본으로 숭모되고 있다.

지북동 북촌의 동쪽 서당골에서 발원하여 흘러내리는 물의 양이 제법 많고 자체적으로 나기도 하여 저수지는 항상 물이 넘쳤으며, 도로 아래의 넓은 전답에 농업용수를 안정적으로 공급하였다. 그러나 마을 앞 하천이 복개되고 하수 처리가 제대로 되지 않은 채 생활하수가 그대로 저수지로 유입되어 수질오염으로 인하여 기형의 물고기가 잡히고 있다. 청주시에서 많은 예산을 들여 저수지를 준설하기도 하였으나 근본적인 대책이 되지 못하고 있어 환경의 중요성을 새삼 실감케 한다.

지북동은 청주에서 가까운 변두리 지역이고 교통도 좋아 최근에는 토착민보다 오히려 외지인이 더 많은 '반은 시골, 반은 도시'의 모습을 보이는 자연부락이 되었다. 동네 한가운데에 12층의 아파트가 들어서고 최근에는 개발붐을 타고 도시재개발을 하려고 건설업체가 일부 땅을 사기도 하였다. 여기저기 새로운 사무실과 단독주택이 건축되기도 하였다. 1980년대 말까지만 하여도 자녀 신상과 재산규모까지 훤하게 서로 아는 정도의 인간미가 넘치는 지역사회(community)였다. 1990년 행정구역이 개편되면서 청원군 남일면에서 청주시로 편입된 경계지역으로 모텔의 담이 2014년까지 청주시와 청원군의 경계선이었으니 사람들이 인위적으로 만든 행정구역이 얼마나 많은 모순을 안고 있는가를 그대로 보여주고 있다.

지금은 청주시의 상수도가 공급되어 사용하지 않고 있으나 3개의 우물이 마을의 중간에 있어 식수공급처 그리고 빨래터였으며 주민 간의 중요한 최신 정보교류의 장소이기도 하였다. 우물 아래에 위치한 논에는 미나리꽝이 있어 싱싱한 미나리를 사철 먹을 수 있었고, 붕어와 미꾸라지들이 많아 겨울에는 부지런한 사람들에게는 칼슘의 주공급원이기도 하였다. 최근에는 경작되지 않는 농경지가 많아 고라니의 놀이터가 되었으며, 농약을 거의 사용하지 않아 메뚜기들이 많이 발견되고 있다. 서당골의 뒷산에는 칡등 풀이 많아 이를 베어 지게로 가져와 소에게 먹이곤 하였다.

지북동과 인근의 평촌동, 운동동, 효촌동에는 경주김씨 집성촌으로 진서공 할아버지 후손들이 많이 모여 살고 있다. 여기에는 오래된 묘소들이 밀집해 있어 문중회의도 자주 열리고 있다. 2009년 10월에 열린 지북동의 시향에서 내가 민선 청주시장에 출마하기로 결심을 굳히자 문중에서 나를 초헌관으로 지정하여 시향을 올린 적이 있다. 초헌관은 기관장이나 그 자리에서 가장 어른이 차례에 올릴 음식을 직접 육안으로(물론 의례적이지만) 확인하고 차례를 주관하는 제일 중요한 사람이다.

나의 고향 지북동 입구와 저수지

평촌과 방서 즉 대머리를 가로지르는 농경지를 용개(龍開)들이라고 하였다. 한난의 꿈에 한 마리의 용이 나타나 용 중 한 마리를 죽이자 꿈에 나타난 용이 들을 마련하여 주었다고 해서 붙여진 이름이다. 용개들이 보이는 언덕 위 무농정에서 북을 두드리며 농사일을 독려하였다고 한다. 특히 일본강점기와 1970년대까지만 해도 이 일대 하천과 논과 밭에서 사금이 많이 나와 금을 채굴하였다. 금을 캐기 위하여 흙을 산더미처럼 쌓아놓고 사금 분별기를 설치하여 인부들이 작업하는 광경을 쉽게 볼 수 있었다. 청주의 명암저수지에서 일산프라자에 이르는 금천동의 하천에서도 사금이 많이 나와 일제강점기 때부터 이 지역을 금천동이라고 불렀다. 청주와 이 지역에 지하로 금광맥이 지나고 있는 것이 아닌가 하고 추정해본다.

2. 입지한 공공시설

청주시의 행정구역이 늘어나고 인구가 증가하면서 청주시의 정수장이 뒷산 정상에 들어서서 생활용수를 공급하고 있으며, 청주시와 청원군이 통합되고 오창과 오송에 인구가 증가하자 상수도를 원활하게 공급하기 위하여 지북동 북촌의 동쪽에 위치한 서당골 일원에 1일 20만 톤 규모의 대규모 정수장을 신축하여 청주시 상수도사업본부가 2014년 7월 1일 이전을 하였다. 또한 청원군민의 건강과 보건을 책임지고 있는 청원군보건소가 2012년까지 지북동의 단재로 국도변에 있다가 효촌리로 신축하여 이전함으로써 지금은 청주시 상당구의 보건소로 활용되고 있다.

또한, 충북건강관리협회와 건강검진센터가 위치하여 청주시민뿐만 아니라 충북도민의 건강파수꾼 역할을 하고 있다. 또한 현대백화점 계열의 HCN 충북방송국이 지북동 사거리에 위치해 있으니 정보화시대 지역 거점의 방송국으로 그 기능을 착실히 수행하고 있다. 현재의 중앙방송국들이 다루지 못하는 지역의 생생한 각종 생활정보를 수집하여 1일 6회 뉴스를 통해 시민들에게 제공하고 있다. 지북동에 둥지를 틀면 사업이 융성한다는 소문이 널리 퍼지면서 여러 기업과 회사들이 사무실을 다투어 내고 큰 규모의 중국식당이 성업 중이다.

지북동과 바로 이웃하여 상당경찰서와 청주문화원, 충북 도내에 있는 학생들을 위한 기숙사인 청람재 그리고 여성에 대한 사회교육장소인 충북여성센터가 있다. 또한 바로 이웃 동네인 월오동에 청주화장장과 공원묘지가 있어 망자에 대한 유택으로서 광역적인 시설로 역할을 하고 있다. 많은 시설이 들어섬에 따라 이용객들에게 교통편의를 도모하기 위해 기존의 남일 이외에 미원과 낭성, 그리고 가덕으로 연결되는 도로를 새로 개설하였거나 할 계획으로 있어 네 갈래의 새로운 교통 요충지가 되었다.

고려 시대 초기 청주지역의 대표적인 호족의 하나로 경주김씨가 집중적으로 살면서 많은 묘가 마을 뒷산에 자리하게 되었다. 공군사관학교가 서울 대방동에서 쌍수리로 이전해 오면서 쌍수2구의 계림에 있었던 많은 오래된 무덤들이 이곳으로 이장하여 망자들의 유택들이 차지하고 있어 오늘날에는 산의 옛 모습은 찾아보기가 어렵다. 그러나 참나무들이 많이 자라고 있어 영양식인 도토리묵의 원료를 제공할 뿐만 아니라 여름철 시원한 녹지공간을 제공하고 있다. 또한 집 앞의 큰 느티나무는 마을주민의 쉼터가 되었으며, 집 뒤편에 있는 감나무는 여름에는 시원한 야외공부방이 겨울에는 좋은 간식을 제공하여 주었다.

지북동에는 산으로 둘러싸여 있는 구릉에 논과 밭이 있으나 도시의 근교 지역이고 고령층이 많으므로 자급자족하는 수준의 소규모 영농이 많고 경지정리가 안 되어 기계화도 불가능하여 휴경하는 농지가 늘어나고 있다. 또한 도시개발을 한다는 이야기도 있어 더욱 확산되는 추세이다. 우루과이라운드 이후로 20여 년간 지속되어온 농업정책과 2015년부터 실시되는 농업관세에 따른 정부의 정책 변화에 대응하는 다각적인 노력이 필요하다. 지금까지는 영농후계자 등 전업농은 대규모화를 유도하여 기업농으로 키우고, 고령층이 농사를 짓는 경우는 휴경농지에 대하여 보상하는 농업직불제를 실시하고 있다. 또한 취미 삼아 농사를 짓는 소규모형태의 농업에는 정부지원을 하지 않는 것이 지금까지 펴온 한국 농정의 기본방향이다.

2014년 7월 1일 통합 청주시가 상당구, 청원구, 서원구, 흥덕구의 4개 구로 개편되면서 상당구청이 효촌1구의 다리를 지나 새로운 청사를 지어 옮기게 되었다. 여기에 상당구청사와 보건소가 입지하면서 새로운 행정타운이 형성되었다. 상당구는 남일면, 낭성면, 미원면, 가덕면, 문의면의 5개 면과 중앙동, 성안동, 탑·대성동, 영운동, 금천동, 용암·명암·산성동, 용암1, 2동 8개 동을 아우르는 인구 18만 명이 거주하는 중규모의 시에 해당하는 행정구가 탄생하게 되었다. 상당구는 우암산과 대청호를 배경으로 앞으로 여가와 교육·문화·관광지역으로 특화되어 개발될 것으로 전망되어 지역발전이 기대된다.

동네 입구의 저수지 옆 제방에 오래전부터 경로당이 있다. 그러나 이것이 오래되어 퇴락하고 비좁아 내가 청주시 부시장에 취임하여 경로당을 남촌에 2층으로 다시 짓고 마을 총회와 주민 모임을 할 수 있는 공간과 간단한 운동시설도 설치하였다. 여기는 주로 할머니들이 이용할 수 있도록 배치하였으며, 기존의 경로당은 할아버지가 주로 이용할 수 있도록 경로당을 구분하였다. 기존의 남촌과 북촌을 잇는 도로가 좁고 꾸불꾸불하여 교통위험이 상존하여 저수지 옆쪽으로 폭 4m 직선도로를 개설하였다.

3. 많은 인재의 산실

마을이라야 180여 호 정도로 다른 마을에 비하면 크지는 않지만, 그간 많은 인재가 배출되었다. 김동수 정보통신부 차관[33], 행정부시장, 경찰서장, 부군수, 은행지점장, 의사, 대학교수 등 다양한 분야의 인재를 골고루 배출하였다. 나와 김동수 차관이 행정고시에 합격하였을 때와 행정부시장과 차관에 각각 취임하였을 때 동네 입구에 플래카드가 걸렸다. 축하 플래카드가 동네 입구에 여러 번 내걸리고 마을축제가 벌어지기도 하여 인근 지역으로부터 부러움을 사기도 하였다.

요즘에도 시골 지역에 가면 자녀가 서울대 등 명문대에 진학하든가 고시에 합격하거나 박사학위를 취득하면 문중이나 대동회와 같은 모임에서 마을 입구에 플래카드를 게시하여 축하하는 것이 관례로 되어있다. 지기가 좋아 명당이라는 이야기가 입소문을 타면서 청주 시내와 타지에 있는 인사들이 시골에 와 지북동의 샘물을 물통에 받아가 자녀들에게 먹이는 현대판 맹모삼천지교(孟母 三遷之敎)의 지극한 이야기가 전해지고 있다. 가까이 산이

33) 김동수 차관은 집안 동생으로 정보통신부 차관을 지냈으며 2014년 통합 청주시장 새누리당 예비후보로 등록하였었다. 고등학교, 대학교, 행정고시를 볼 때마다 내가 롤모델이 되었다고 그의 자서전 '무심천 올갱이'에서 기술하고 있다.

있고 상수도 정수장이 있어 다른 지역보다 지하수 물이 더 많고 좋은 것으로 파악된다.

고려 시대 무신란이 일어나 정중부 등 군인들이 집권한 후 곳곳에서 여러 가지 불법을 저지르자 경대승은 정중부를 제거하고 도방을 세우고 정권을 잡는다. 청주 경씨인 경대승은 중서시랑평장사(中書侍郎平章事)라는 벼슬을 지낸 아버지 진(珍)의 영향을 받아 15살에 과거 형태가 아닌 음서 형식으로 교위에 임명되어 여러 번의 승진을 거쳐 일찍이 장군이 되었다. 젊은 나이인 25세에 집권한 후 도방을 설치하여 문신들을 두루 등용하고 각종 혁신적인 정책을 펴다가 30세의 젊은 나이에 병사하였다. 정권이 이의민을 거쳐 최충헌에게 넘어가 국운이 점점 쇠락하고 몽골의 침입을 맞는 국가적 위기를 맞이하게 되었다.

경대승이 비록 5년간이라는 짧은 기간을 집권하였지만 정권을 잡아 골고루 인재를 등용하는 등 정치를 혁신하려고 했던 점 그리고 축재 등 사적인 이익을 도모하지 않고 백성에게 많이 베풀려고 한 점 등이 인정되어 무신정권이 끝난 이후에도 비교적 긍정적인 인물 평가가 이루어진 것으로 보인다. 무인정권의 집권자들이 모두 고려사의 반역 열전에 올라있으나 경대승만이 빠져있다. 경대승의 묘가 지북동의 중심 지역인 남촌의 명당에 안장되어 있다. 이

고려 무신정권의 주도세력이었던 경대승 묘소

와 같은 역사적 사실도 모르고 초등학교 시절 겨울에 묘의 봉분 언덕에 올라가 비료 포대와 같은 도구를 이용하여 눈을 지친 기억이 난다.

고려 시대 경연의 효행이 알려지자 선행을 널리 알려 타의 귀감이 되게 하고자 사람의 왕래가 잦은 단재로 효촌1구의 입구에 효자비를 세워 오늘날까지 이어지고 있고 '효촌'이라는마을 이름도 여기에서 연유하고 있다. 해방 이후에도 경주김씨의 김상병 효자가 아버님이 돌아가시자 3년간 시묘를 하면서 정성으로 봉양하여 지북동의 남촌 마을 입구에 새로운 효자비가 건립되었으니 효의 마을임이 전국적으로 알려지게 되었다.

우리 집은 지북동의 북촌 거의 끝쪽에 위치하여 배산임수형 양지바른 땅에 지어진 개량형 한옥이다. 뒤쪽에는 북풍을 막아주는 산능성이가 있고 앞으로는 작은 개울이 있어 여름 장마가 진 뒤에는 미꾸라지가 집안의 마당에까지 떨어져 있을 정도로 많았다.

지북에서 가장 먼저 펌프를 설치하였는데 펌프를 설치하기 위하여 수맥을 찾아 파 내려가니 바위 사이에서 맑은 물이 펑펑 쏟아져 나왔다. 여름에 이 펌프 물로 등목을 하면 더위가 가시는 것 같았다. 펌프를 사용하기 위하여 위에 붓는 물을 '마중물'이라고 한다. 그 물이 관을 따라 내려가 물이 마주쳐 올라오도록 밀어주니 마중한다고 해서 붙인 말이다. 지금은 전기로 해서 입식 형태로 주방에까지 관이 들어와 생활이 보다 편리해졌다.

제3장

길을 밝혀 준 등불

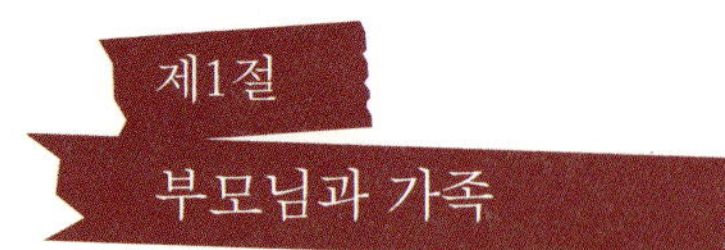

제1절 부모님과 가족

1. 헌신적이셨던 어머니

내가 태어난 곳은 보은군 내북면 창리[1]이다. 창리는 청주에서 보은으로 가는 국도변에 위치하고 있으며 내북면사무소 소재지이기도 하다. 오일장이 설 정도로 인구가 집중되는 요충지이다. 초등학교와 중학교가 있고 내가 보은군수로 부임한 1992년에 한국화약 보은공장이 완공되었다. 이 지역은 옛날부터 가재 등이 살고 산채를 채취하기도 하는 청정지역이었다. 창리에서 한국화약을 지나 회인으로 넘어가는 길에는 작은 폭포와 소나무 가지로 민물새우를 잡을 수 있는 저수지가 있다. 저녁에 소나무 가지를 저수지 가장자리에 놓아두면 밤사이 새우가 가지에 달라붙어 아침에 그것을 거두어 털기만 하면 많은 민물새우를 쉽게 잡았다고 한다. 이 지역은 외부인이 거의 알지 못하여 지역 주민들만이 여름에 피서를 하기 위해 자주 찾는 지역이다.

요즘 아이들은 종합병원에서 출산하여 산후조리원에 가 2주 정

1) 창리(자연부락은 동산리)에서 마을 유래비를 2014년 건립하면서 나를 1) 동네가 배출한 인물로 새겨 넣었다.

도 부모와 함께 요양하다가 귀가하는 것이 일반적인 코스이다. 요즘 아이들의 출생 수첩을 보면 출산 장소가 병원으로 되어 있으니 원래의 고향은 병원인 셈이다. 그러나 옛날에는 특히 시골에는 병원이 거의 없었으므로 산모가 마음을 편하게 갖고 출산하고 산후조리까지 제대로 할 수 있는 곳은 바로 친정어머니가 있는 친정집이라고 할 수 있다.

나는 외가에서 1950년 12월 15일(음력) 해가 뜨는 오전 8시쯤에 태어났다. 외가는 산 아래 남향의 아늑한 집에 집안에 우물까지 있어서 산후조리를 하고 도와주기에 좋았다고 한다. 외할머니께서 일찍 돌아가셨으므로 큰외숙모님과 이모님들이 산후조리를 도와주었다고 한다. 1960년대까지만 해도 집에서 의료인의 도움이 없이 아이를 출산하다 보니 각종 질병이 창궐하여 출생신고도 하기 이전에 많은 아기들이 사망하여 1년 늦게 출생신고를 하는 것이 당시에는 보편적이었다. 그래서 7~8명씩 자녀를 출산하는 경우가 다반사였다.

나의 태몽 이야기는 할아버지께서 꿈에 서당골 산의 양지바른 곳에서 돼지 3마리를 품에 안고 있다가 꿈을 깨셨다고 한다. 동(東) 자는 문중의 돌림자이고 기(琦) 자는 옥처럼 귀한 사람이 되라고 제명했다고 한다. 나는 경주김씨 태사공파의 27대손이다. 할아버지께서는 83세까지 장수하시면서 손자들에게 다정하게 대해 주셨다. 아버님이 전사하신 이후까지 살아계시면서 손자들을 보살펴주셨으니 집안의 버팀목이셨다. 큰아버님도 선천적으로 농아이셨지만 묵묵하게 농사를 지으시면서 집안을 경제적으로 일으키셨다. 후손이 없으셨으므로 관례에 따라 작은형이 양자로 입적하여 시골집에 살면서 제사를 모시고 있다.

아버님(仁자 濟자)은 청원군청에 근무하시다가 2남 1녀를 낳으시고 내가 잉태된 것도 모른 채 6·25가 발발하자 참전하여 1950년 12월 한국전쟁에서 가장 치열한 전투로 기록되고 있는 경북왜관 근처의 낙동강 전투에서 전사하신 것으로 확인되었다. 아직까지 유해조차 찾지 못하여 국가보훈처의 유해 발굴팀에 DNA 신원확인을 요청해 놓은 상태이다. 현재 서울의 국립현충원안에 있는 위폐 봉안관(3면 249호 8번째 줄)과 청주의 충혼탑에 비명만이 존재할 뿐이다. 1년에 한 번씩 현충일에 참배하고 있으며, 청주시 부시장으로 있을 때에는 충혼탑의 위패가 나무로 되어있어 벗겨지고 훼손이 심하여 모두 돌로 교체하였다. 나는 유복자로 아버지의 얼굴은 오로지 사진으로만 어렴풋하게 기억하고 있을 뿐이다. 요즘에도 부모가 아기들의 손을 맞잡고 걸어가는 것을 보면 그렇게 좋아 보인다.

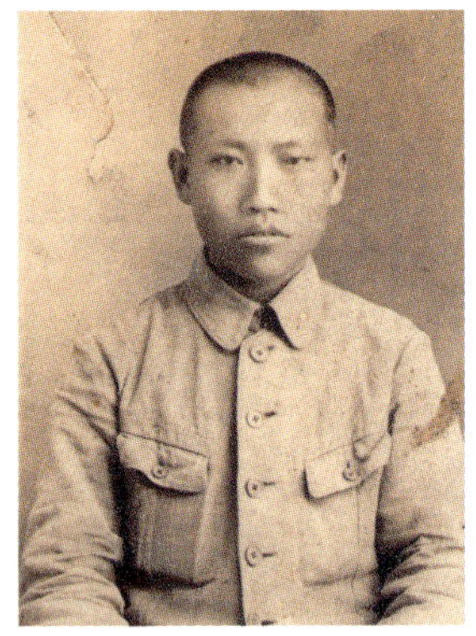

할아버지(좌)와 사진으로만 본 아버지(우)

아버지께서는 군청에 다니면서 평소 벌에 대한 관심이 많아 만주까지 가셔서 좋은 벌을 사와 집 뒤편 산자락에 50여 통까지 대규모로 길렀다고 한다. 벌통과 원심분리기 드럼통을 비롯한 여러가지 장비들을 갖추어 제법 체계적으로 양봉을 하였다고 한다.

인근 동네에서도 집으로 꿀을 사러 오기도 했다고 한다. 한국동란시 벌통을 그대로 놓고 피난을 갔다 오니 북한 군인들이 먹는 방법을 몰라 꿀벌 집을 통째로 가마솥에 넣어 삶아 먹었다고 한다. 그 이후에 아버님의 친구에게 꿀벌과 통을 주어 그 대가로 상당 기간 동안 꿀을 먹은 기억이 난다.

나는 경주 김 씨 '알지' 시조로부터는 60세, 선조인 태사공(太師公) 인관으로부터는 27세, 감사공(監司公) 장(檣)으로부터는 19세손이다. 경주 김 씨가 청주에 안착하게 된 것은 신라 말 또는 고려 초로 생각된다. 경주김씨의 중시조라고 할 수 있는 신라의 마지막 왕인 경순왕인 김부는 개경에서 살다가 돌아가시어 시신이 경주로 운구하는 도중에 지역 민심을 고려한 고려 개국공신들의 저지로 연천군 장남면 고랑포리에 모셔져 있으며 매년 10월 3일 개천절에 현지에서 시향을 지내고 있다. 신라 시대의 왕의 묘소는 모두 경주에 있으나 유일하게 마지막 왕인 경순왕 김부[2] 묘소만이 외지인 경기도에 있다.

어머님(順자 南자)은 아버님이 안 계셨으므로 1인 2역까지 하셨다. 어머니는 흰옷을 즐겨 입으시면서 낮에는 주로 농사를 지으며 밤에는 옷을 만들어 입히느라고 다른 어머니보다 배 이상의 고생을 하셨다. 열심히 노력하신 결과로 단재로 아래 있는 논과 밭을 사서 경작하기도 하고 소도 길러 품앗이 형태로 대가를 받고 빌려주는 등 알뜰하게 하여 서당골 고래실[3] 논을 사 확장하는

2) 경순왕 김부(金傅)는 신라의 56대 마지막 왕으로 견훤과 궁예가 세력을 확장하여 국가 기능이 마비되고 민심이 기울어지자 군신회의를 거쳐 고려 태조 왕건에 항복하였다. 그 대가로 왕건의 딸 낙랑공주를 아내로 맞이하고 정승에 봉해졌으며 매년 1,000석의 녹을 받고 경주를 식읍으로 받았으며, 경주사심관에 임명되었다.

3) 고래실이란 하늘에서 내리는 비에 의해 농사를 짓는 천수답에 반대되는 개념으로 논 자체에서 나오는 물로 전천후 농사를 지을 수 있으며 논이 질어 경운기 등 농기계 등을 사용할 수 없으므로 요즘에는 경작되지 않는 휴경지가 많이 늘어나고 있다.

등 경제적인 내실을 도모해 나가셨다. 이와 같은 노력으로 8명의 대가족이 어렵지 않게 생활하였으며 자녀가 학교 교육을 모두 받을 수 있게 되었다. 어머니는 50대 후반 방앗간에서 정미소 기계의 벨트에 옷이 끼어 넘어져 많은 피를 흘리고 중상을 입으셨다. 이와 같은 사고가 치매로 연결되어 1986년 64세의 비교적 젊은 나이에 내가 보은군수, 행정 부시장으로 취임하는 것을 보지 못하시고 일찍 돌아가셨다.

어머니는 사고 이후에도 충주의 수습사무관으로 근무하고 있을 때와 서울 노량진에서 결혼하기 전까지 식사와 빨래를 해주시면서 아들을 뒷바라지해 주셨다. 방앗간 사고 이후 치매로 연결되어 멀리 가시기가 불편하고 생활필수품의 구입 등 경제적 활동에도 한계가 있었으므로 외숙모님과 이모님이 어머님을 많이 도와주셨다. 그래서 그분들과 가까운 노량진에서 초기에 주로 생활하였다.

어머니가 건강하셨다면 미국에 유학하는 기간에도 초청하여 외국 여행도 함께하고 구경도 시켜드렸을 텐데 하는 아쉬움이 지금도 남아있다.

어머님은 매일 아침 일찍 일어나 장독대에 정화수 한 사발 놓고 아들과 딸이 잘되라고 기도하신 후 다른 일을 보실 정도로 불교적 신심이 매우 두터우셨다. 초하루에는 정성껏 쌀과 초를 챙겨서 보살사와 인근의 절에 다니셨으며 스님들을 남달리 예우하시고 보시를 하신 것 같다. 어머님은 늘 '남에게 보증을 서지 마라, 빚을 내서 생활하지 마라'는 경제생활에서의 몇 가지 기본적인 방향을 자주 말씀하시곤 하였다.

어렸을 때 어머니가 해주시던 음식에 길들어 그 음식을 일생 가장 즐겨 먹게 된다는 말이 있다. 음식 맛은 요리하는 사람의 손끝에서 나오고 외국의 음식점 간판에서 쉽게 볼 수 있는 '어머니의 맛'(mother's taste) 등을 보면 동·서양이 비슷한 것 같다. 청국장, 된장찌개 등 토속적인 음식과 호박잎, 깻잎과 같은 친환경적인 식자재에 더 관심이 간다. 제일 맛있는 음식 중 하나가 정월 대보름 전날('개보름'이라고도 함)에 동네의 여러 집에서 가져온 밥과 나물을 비벼놓은 비빔밥이라고 생각한다. 중국의 동북삼성에 가면 호텔에서 아침에 가볍게 먹을 수 있는 음식 중의 하나가 옛날에 먹었던 옥수수죽과 같은 것이다.

동생을 묵묵히 뒷바라지한 누님을 잊을 수 없다. 제일 위인 누님은 동생들의 학업을 위하여 중학교 입학을 엄두도 못 내고 식사와 빨래를 도맡아 하면서 가정 일을 꾸려나갔다. 매형께서도 교육청에 오랫동안 근무하면서 가정의 대소사를 잘 거중 조정해주었다. 큰형님은 고등학교 졸업 후 본인은 정작 대학에도 진학하지 못하고 한국전력에 입사하여 대학까지의 학자금이며 하숙비까지 보내주어 오늘의 내가 있도록 헌신적으로 지원해주었다. 큰형님은 나에게 사실상 아버님과 같은 역할을 하였으므로 나는 상속에서 나의 몫을 포기하겠다고 선언했다. 또한 2006년 큰어머니가 돌아가셨을 때에도 작은형이 오랫동안 모셨으므로 모든 부의금을 묘지관리에 쓰도록 배려하여 주민들까지 알게 되었다.

집 장독대 뒤편 산 아래 언덕에 제법 큰 방공호가 있었다. 전쟁이 발발한다는 소문을 듣고 할아버지와 큰아버님이 시간이 있을 때마다 운반 도구를 이용하여 인근 주민들까지 들어가 피난할 수 있을 정도의 규모였다고 한다. 입구와 출구를 별도로 만들고 중간에는 대피할 수 있는 제법 큰 공간을 만들었다고 한다. 사질토로서 연장을 이용하면 쉽게 팔 수 있는 토양이었다. 입구에는 위장용 가림막도 만들었다고 하니 그 당시 유사시 가정용 대피소로 제법 훌륭한 시설이었다고 생각된다. 휴전 이후에는 곡식을 저장하는 창고로 오랫동안 활용했다.

2. 함께 한 반려자

70년대까지만 해도 오늘날과는 달리 '화장실과 처가는 멀리 있을수록 좋다'는 말이 있었다. 집사람인 방인숙(房仁淑)을 만난 것은 1978년 10월이었다. 나보다 늦게 18회 행정고시에 합격하여 당시 법제처 팀장으로 근무하고 있던 고등학교 친구인 문광삼(후에 사표 내고 부산대 법대 교수가 됨)의 소개로 만나게 되었다. 친구 처제의 초등학교 친구였다. 집사람은 안암동에 있는 외삼촌댁에서 숙명여대 정치외교학과를 졸업하고 대한석유공사 부산지사에 근무하고 있었다. 처외삼촌이신 김영세 대법관은 집사람이 대학에 다닐 수 있도록 배려하시고 취직까지 시켜주신 분이니 은인이다. 흰 살결에 밉지 않은 얼굴에 화장도 진하게 하지 않아 '백목련'과 같다고 내가 평한 기억이 난다. 고등학교까지 부산에서 다녔으니 집사람의 고향은 부산인 셈이다.

집사람의 외사촌 오빠인 김원석 당시 내무부 장관비서실장(경남도지사 역임)은 나를 근무처인 문화공보부 등에 신원을 조회해 보고 '그만한 사람이면 되었다'고 고모에게 통지함으로써 맞선을 보게 되었다. 1978년 10월 3일 한국일보 건물에 있는 식당인 송현클럽에서 맞선을 보았다. 유공사무실에서는 연말까지 조금 더 근무하면 퇴직금을 많이 받을 수 있을 것이라면서 퇴사시기를 다소 늦출 것을 권하였다. 그 후 주말마다 서울에 올라와 데이트를 하고 드디어 1978년 11월 22일 천도교 본부가 있는 수운회관에서 나와 집사람의 은사이신 차락훈 숙명여대 총장을 주례로 모시고 결혼식을 올렸다. 사회는 자민련 원내 총무를 지낸 고등학교와 대학교 친구인 구천서가 맡았다.

집사람의 본은 남원으로 고향은 경남 고성군 회화면 당항리이다. 이곳은 임진왜란 당시 이순신 장군이 승리하였던 당항포 유적지가 있는 곳이다. 처가는 고성에서 부산으로 가는 여객과 화물을 수송하는 해양운수사업을 하여 많은 부를 축적하였고 그 결과 자녀를 서울, 부산 등으로 유학을 보내게 되었다. 그 결과 장인은 부산대 법과를 졸업한 후 검찰 수사관으로 재직하면서 천도교의 감사로 활동하는 등 독실한 신자였다고 한다. 그러나 집사람이 대학 4학년 때 장인께서는 신병으로 세상을 뜨셔서 나는 장인의 얼굴도 못 본채 결혼을 하게 되었다.

따라서 장모님의 역할은 여장부적인 기질이 있으셨다. 일찍이 부산여고를 나오시고 외형적인 스타일로 신여성적인 인품을 풍기셨다. 부산의 처가에 가면 아나고회가 보양식으로 남자에게는 제일 좋다고 하시면서 사위에게 대접하곤 하셨다. 그러나 나는 바다가 없는 곳에서 성장하여 간고등어와 꽁치만 주로 먹어보았기 때문에 아직도 회는 즐겨 먹지 못하는 식성이다. 2남 2녀를 키우고 가정을 꾸리는 등 초인적인 힘을 발휘하셨다. 어머니와 장모님의 이름이 한글과 한자 모두 순남(順南)으로 똑같다. 우연치고는 대단한 인연인 것 같다.

그러나 80세가 되면서 공격성 치매로 발전되어 더 이상 집에서 모시는 것이 불가능하다고 판단하여 초월읍에 있는 사회복지시설에 모셨다가 2018년 11월 27일 작고하셨다. 2012년 12월 영하 13도의 가장 추웠던 날에 일어난 일이다. 밤 9시쯤 TV를 보시다가 갑자기 '이장이 바깥에서 부른다'고 하시면서 내복 차림과 맨발로 나갔다가 전자키로 된 현관문 번호를 잊어버려 아파트 정문 뒤쪽에서 떨고 있는 것을 집사람이 발견하고 모시고 온 적이있다. 조금만 더 있었으면 동사로 이어질 수 있는 상황이 벌어졌다. 노인이 실종되어 찾는다는 전단을 볼 때마다 충분히 일어날 수 있겠구나 하는 생각을 하면서 치매노인을 가정에서 모시는 것이 현실적으로 매우 어렵다는 것을 실감하게 되었다.

집사람은 검소하면서도 멋을 내지 않는 수수한 사람이다. 결혼 예물로 받은 명품가방도 보관만 할 뿐 메고 다니는 것을 거의 본 적이 없다. 공직자 부인의 바람직한 모습이라고 생각되어 지금도 고맙게 생각하고 있다. 인천광역시 행정부시장 시절에는 안상수 시장의 사모님이 지병으로 외부활동을 할 수 없는 상태이었으므로 집사람이 그 역할을 어느 정도 대행하였다. 영부인 등 주요 여성 인사가 인천을 방문하면 현지 안내와 접대 등을 도맡아 하였다. 또한 대한적십자사와 걸스카우트의 특별위원으로 전국과 인천에서 오랫동안 활동하기도 하였다.

정치외교학과 출신이라 그러한지 인천시 행정부시장을 그만둔 지 오랜 기간이 지났음에도 불구하고 아직 인천시의 국장단 부인 모임을 만들어 10년 가까이 이끌면서 돈을 모아 유럽 등 외국에까지 다녀오기도 하였다. 집사람은 생활력도 강하다. 화문석 판매, 학습지 강사, 화장품과 보험에 이르기까지 가정경제에 도움이 된다면 무엇이든지 마다하지 않았다. 오늘날의 경제적인 뒷받침은 내조의 힘이 컸다고 생각한다.

국무총리공관에서 인천여성지도자와 함께

때로는 사람들에게 지나친 자선을 베풀기도 하였다. 2005년 강화도에서 인삼가공업을 하는 여사장에게 돈을 빌려주었다가 공장 폭발과 사장의 구속으로 아직도 일부는 돌려받지 못하였으며 2013년 가까이 지내는 부인이 아파트를 마련하는데 필요하다고 하여 마이너스 통장을 만들고 은행대출까지 받아 지원해주기도 하였다. 또한 오랜만에 만난 초등학교 여자 동창이 백화점 등에서 명품을 비롯한 각종 물건을 구입하는데 집사람이 카드로 대신 결제해주는 등 일상을 넘어서는 행동을 확인하고는 처음으로 심한 말다툼을 벌이기도 하였다. 앉아서 빌려주고 서서 받게 된다는 옛말이 틀림없구나 하는 생각이 들었다.

공무원으로 재직하면서 부부가 외국여행을 간다는 것은 외국에 유학을 가거나 근무를 하는 경우만이 가능하다. 나는 위스콘신대학교에 가서 2년간 유학을 가서 살았으므로 집사람에게 미안한 감은 적은 편이다. 인천시 행정부시장 재직시절 공직생활 30주년을 격려하는 행사의 일환으로 시에서 부부가 외국여행을 다녀오는 행사가 있어서 직원들과 함께 2006년 6월 5일부터 6월 13일 까지 9일간 핀란드, 스웨덴, 노르웨이, 덴마크의 북유럽을 다녀왔다. 처음에는 업무에 바쁜데 외국을 그것도 부부가 같이 여행을 간다는 것이 부담스러웠지만 솔선수범도 필요하다고 생각하여 시장과 상의해서 감행하였다. 퇴직 후에는 아이들이 경비를 분담해 보내주어 2014년 2월 21일부터 3월 2일까지 10일간 호주와 뉴질랜드[4]를 다녀왔다.

3. 잘 커 준 아이들

나는 1남 2녀를 두어 우리나라 평균의 자녀 수인 1.2명을 넘었으니 애국자라고 하여도 과언이 아니다. 이와 같은 추세가 지속한다면 2030년경부터는 우리나라의 인구가 줄어든다고 하니 국가적으로 큰 사회문제가 아닐 수 없다. 최소한 2자녀는 출산해야 인구가 줄지 않고 현재 인구가 유지될 터인데 국가정책적인 차원에서 적극적인 지원이 필요하다. 13억 명의 인구를 가진 인구 대국인 중국에서도 한 자녀 정책을 포기하지 않았는가?

두 딸들이 학교를 졸업하고 가정을 꾸리고 사회생활을 잘하고 있어 여간 고마운 일이 아닐 수 없다. 두 딸이 어렵다고 하는 교사임용고시에 합격하여 서울과 인천에서 학생들을 가르치고 있으니 대견하다. 서로 정보를 교환하고 이끌어주고 있다. 수학을 좋아하는 것은 집사람이 학창시절에 수학을 좋아한 것이 영향을 준 것이 아닌가 한다. 큰딸 민정은 이화여대를 나와 중학교 수학교사로 삼성전자에 다니는 사람을 만나 1남 1녀를 두고 여의도에

4) 호주와 뉴질랜드의 한국식당에는 회갑 기념으로 자녀들이 비용을 부담하여 여행을 온 부부들이 남긴 메모지로 가득하였다.

일찍 아파트를 마련하여 안정된 생활을 하고 있다.

둘째 유정이도 건국대를 나와 인천에서 고등학교 수학교사로 재직하면서 제약회사 다니는 남편을 만나 건강한 아이들을 낳았으니 고맙다. 특히 둘째는 막내인 정민이의 학교와 학급 진행 연도에 맞추어 중학교에서 고등학교로 상향식 전근을 자원했고, 또한 1학년을 거쳐 2~3학년으로 순차적으로 담임을 옮기면서 각종 진학 정보를 제공하고 지도하여 아들 정민의 진학에 큰 도움이 되었다. 그리고 동생이 대학에 진학하는 것을 보고 결혼하겠다고 이야기하고 그것을 그대로 실천하였으니 고마울 뿐이다.

정민은 둘째와 12살 띠동갑이 되니 누나들의 많은 보살핌을 받으면서 커갔다. 큰딸인 민정이가 '아빠가 환갑이면 정민이가 몇 살인데…' 하면서 아들 출산에 대하여 반대한 적도 있었다. 아들 정민은 1992년 보은군수로 부임하자마자 큰외숙부께서 수시로 관사에 오셔서 동양에서는 아들이 하나는 있어야 한다면서 득남할 것을 적극적으로 권하셨다. 또한 친구이신 한의사에게 특별히 부탁하여 한약까지 지어다 주시는 강권까지 보이셨다.

집사람도 이와 같은 성원과 압력을 외면할 수는 없어 수시로 속리산 탈골암에 가 기도하면서 스님들의 간절한 기도로 아들을 득남하게 되었다. 백일에는 100인분의 떡을 만들어 법주사와 탈골암의 스님과 신자들에게 공양한 바 있다. 정민은 고3 때 공부를 하면서도 아침에 일어나 거의 매일 108배로 운동 겸 수련을 하고 수능일과 서울대에 입학시험을 치러 가는 날에도 내가 시키지도 않았음에도 불구하고 새벽에 일찍 일어나 아파트 앞에 있는 수안사 절에 다녀와 기특하다는 생각을 하였다.

어느 날 아들과 함께 우면산에 등산을 갔었다. 지나가던 사람이

유치원 시절의 아들 정민

걸음을 멈추고 우리를 보면서 아이와 무슨 관계가 있느냐고 묻는 것이었다. 나는 웃으면서 손자라고 농담으로 대답하였다. 정민이가 내려와서 왜 거짓말을 하느냐고 따지는 것이었다. 정민은 바이올린과 피아노 연주를 특히 좋아하여 중학생 때 서초구민회관에서 있은 공연발표회에 솔로로 출연했다. 학교성적도 좋아 고교 졸업식장에서 학교장 상을 받았다. 리더십도 있어서 반장과 부회장을 여러 번 하기도 하고 각종 상을 많이 받았다. 고3 때 학생회장에 출마해볼까 상의를 하기에 정치는 나중에 해도 할 수 있으니 우선 좋은 대학을 가는 것이 중요하므로 공부에 매진할 것을 강조하였다.

정민이는 어려서부터 동물을 매우 좋아하였다. 2001년 청주 부시장으로 부임하여 청주로 이사를 가서 시골 생활도 해보자고 아들에게 권하였다. 그때 강아지를 사주면 청주에 있는 초등학교로 전학을 가겠다고 해 푸들을 사주어 2학년 1, 2학기를 청주에서 다닌 바가 있다. 1993년에는 작은딸이 조그만 강아지를 앞집의 아이들과 공놀이하듯이 던지고 받다가 떨어져 즉사하였다. 이때 앞집의 아버지는 당시 기획재정부의 과장으로 재직하다가 전북의 위도에서 있은 서해 페리호 침몰사고[5] 때 제일 늦게 갑판 밑에서

5) 서해 훼리호가 1993년 10월 10일 승객 292명을 태우고 부안군 위도 파장금항에서 격포항으로 향하던 중 높은 파도와 거센 바람으로 배가 침몰한 사건으로 기획재정부 국장과 과장 5명도 낚시를 하고 귀가하던 중에 변을 당하였다. 친구인 정광호 과장과 김원택 과장도 이때 희생되었다.

시신을 찾아내 이 사고와 관련된 것 같다는 생각이 들어 몹시 송구스러운 마음이 들었다.

정민은 중학교에 다니면서도 기니피그, 장수풍뎅이 등 동물을 집안에서 키우는 것을 좋아했다. 2005년에는 행정자치부 동료였던 장인태 차관의 아들이 키우던 코커스 스파니엘 계통의 큰 강아지를 미국에 유학을 떠나면서 주어 큰 체구에 목소리도 커 민원이 제기되어 후배의 농장에 준 적이 있다. 이와 같은 취미로 제2의 황우석 박사[6]와 같은 사람이 되고 싶다고 해서 서울대 수의과대학에 진학하여 모든 과목을 6년간 계속 장학금을 받아 가면서 우등졸업을 하고 현재 서귀포시청에서 공중보건수의사로 근무하고 있다. 바쁜 가운데도 친구들과 함께 '집사의 메뉴얼' 등 수의학과 관련된 책을 3권 출간하기도 하였다.

2014년 7월 27일부터 3주간 인도네시아 자카르타와 발리에서 3주간 개최되는 국제수의과대학생협의회 연차총회에 한국수의과대학 학생대표로 참석하여 차기 회의를 서울에 유치하기 위한 임무를 마치고 다녀왔다. 일체의 경비는 한국관광공사와 한국수의학회에서 부담하는 조건이었다. 2015년 1월에는 싱가폴대학에서 운영하는 연찬회에도 1개월간 다녀오기도 하였다. 3월에는 나의 모교가 있는 위스콘신주 메디슨시에서 개최하는 연차총회에도 다녀오는 등 국제적인 마인드를 넓혀가고 있다.

정민이가 고3 어버이날에 편지를 써서 '늦게 학원이 끝날 때 차로 집으로 데리고 와 주어 차에서 조금이라도 더 쉴 수가 있었고

6) 황우석 박사는 2005년 배아줄기세포와 관련한 세계적인 학술지에 실린 논문의 조작과 관련하여 논란이 일어 서울대 교수직에서 파면되었다. 이와 관련하여 음모론(수의대와 의대, 영남과 충청, 기독교와 불교의 대립)과 조작설이 대립하여 큰 사회적 관심이 일었으나 앞으로 발전이 기대되는 새로운 과학 분야로 국가적으로도 큰 손실이 아닐 수 없다.

시간이 단축되어 말로 다 표현할 수 없을 정도로 좋았다'고 하였다. 또한 어릴 때에는 너무 청렴결백한 아빠라서 나는 커서 아빠처럼 살지 않고 '더럽게 살아서 떼돈을 벌 거야' 하면서 다짐했으나 머리가 점점 여물어 가니 '아빠의 가치관이 옳았다는 것을 깨달아 간다고 하면서 본받아 살아가렵니다' 하는 다짐의 편지를 보고 정민이도 이제 다 컸구나 하는 대견함을 느끼고 인생에서 보람을 느껴 보기도 하였다.

둘째 결혼식에 가족이 함께

요즘 아들과 관련한 농담이 시중에 회자하고 있다. 아들을 낳았을 때는 1촌이고, 중학생이 되면 4촌이 되고, 대학생이 되면 8촌이 되고, 애인이 생기면 사돈의 8촌으로 더욱 멀어지고, 결혼하면 해외동포와 마찬가지라고 한다. 즉 성인이 될수록 아들과 더 멀어 진다는 이야기이다. 부모의 치매를 걱정하여 아들과 딸들이 자기 집의 현관문 전자키를 부모의 집 전자키 번호와 똑같이 통일하여 부모가 이를 알고 감격의 눈물을 흘렸다는 기사도 있다. 딸의 집은 아무 때라도 찾아갈 수 있으나 며느리 집을 방문할 때에는 미리 아들과 전화로 사전 약속을 하고 찾아가거나 외부 식당에서 만나고 식사도 먼저 전화를 한 사람이 지불하는 것이 에티켓이라는 이야기도 있다.

오늘날에도 공직자에게 있어서 수신제가치국평천하(修身齊家治國平天下)가 필요한 덕목이다. 정치인이 되기 위하여 더욱 그러하다. 2014년 지방선거에서 정몽준 서울특별시장 후보의 아들이 대통령과 국무총리가 세월호의 사고현장을 방문했을 때 일부 유가족이 무례하게 행동한 것에 대하여 '미개한 국민'이라는 내용의 글을 자신의 SNS에 올려 귀족 후보와 서민 후보 간의 대결로 이어져 패배했다. 서울시 교육감 선거에서도 고승덕 후보가 크게 앞서가다가 미국에 있는 딸이 '아버지와 같은 사람이 교육감이 되어서는 안 된다'라고 폭로하면서 고배를 마시기도 하였다. 나는 공직 생활을 하면서 집사람과 아이들에게 전혀 걱정을 하지 않고 공무에만 전념할 수 있었으니 고마울 따름이다.

제2절

배움에의 길

1. 명문이 된 '남일초교'

남일초등학교는 청주에서 보은으로 가는 4차선 도로인 단재로의 길목인 남일면 쌍수리에 있는 공군사관학교 앞에 위치한 학교로 1925년에 개교한 역사가 오래된 학교이다. 인근에 학생들이 늘어나면서 신송, 두산, 운동초등학교를 독립시킨 학교로 1천 2백 평의 부지에 졸업생만 9천여 명이나 되는 지역의 거점학교이다. 특히 1994년 2월 15일 김영삼 前 대통령께서 공사 졸업식에 참석한 후 학교를 방문하여 전국적으로 유명해졌고, 공사의 교직원 자녀들이 전국영어경시대회에 나가 상위권에 입상하면서 지명도를 높였다. 그 이후 각종 시범학교로 지정되어 발전하고 있다.

이 학교는 교내 입구에 더 크면 천연기념물이 될 수 있는 흰 소나무인 백송이 교목으로 잘 자라고 있어 교가에도 그 내용이 있다. 줄기는 희고 잎은 사계절 푸르니 그 기상은 본받을 만하다. 공사 뒷산에 시루봉이라는 높은 산이 있고 옆으로는 무심천의 상류가 흐르고 있어 지형으로도 여건이 좋은 학교이다. 더구나 공군사관학교에서 퇴역한 비행기를 학교에 기증하여 야외 광장에 전시하고 있어 공사와의 끈끈한 유대관계를 느낄 수 있다. 어린 학생들은 이와 같은 비행기를 보고 나도 파일럿이 되어야겠다는 꿈을 키우기도 하고, 세계로 나가는 여행을 계획할 수 있을 것이다. 초기에는 학교 운영과 관련하여 공사 교직원 부모들과 지역 토박이 주민들과 출신 배경과 부모의 학력 수준의 차이 등으로 인하여 학교 운영과 관련하여 갈등이 있었다고 하나 오늘날에는 어느 정도 극복되었다고 한다.

공사 앞에 있는 남일초교

지금도 한 학년에 2학급으로 운용되고 있다. 1학년 때는 남녀가 혼합하여 반을 편성하였으나 2학년 이후 6학년까지는 남녀가 각각 1학급씩 별도로 편성하여 공부하였다. 학생이 한 학급에 56명 정도이었으니 오늘날 1학급 학생 수의 배 정도가 되는 실로 콩나물 교실이었다. 시골이라 학생의 전출입이 거의 없이 6년간 같이 다녔으니 도시 학생들보다 더 죽마고우의 정을 느낄 수 있었다. 오늘날까지 송우회(松友會)라는 이름으로 매년 2회 정도 모이면서 옛날을 회상하고 우의를 돈독히 하고 있다. 서울에서도 10여 명의 초등학교 친구들이 격월로 만나 우의를 다지고 있다.

지북동에서 학교까지는 4km로 걸어서 1시간 정도 소요되니 옛날 버스도 없고 어린이의 보폭으로는 꽤 먼 거리였으며 비포장도로였던 신작로의 양편에 대표적인 식민수종[7)]인 미루나무가 심어져 있었다. 겨울철에는 키가 큰 미루나무 사이로 부는 북서 계절풍의 칼바람을 맞으면서 귀가를 하게 되니 얼마나 추웠는지 말로 형언할 수가 없었다. 나무를 싣고 청주로 팔러 가는 리어카를 뒤에서 밀어주고 추위를 피하기도 하였다. 여름에는 무심천으로 돌아 목욕도 하고 물레방앗간의 방아를 찧는 모습을 보면서 다니기도 하였다. 효촌3구 도덕골의 도로변에 할아버지와 할머니 두 분이 사시면서 학생들이 지나가다가 골탕을 자주 먹이니 낫이며 농기구들을 들고 학생들을 공격하기도 하였다. 이 집 앞을 지나가기가 겁이 나 돌아가기도 하였으니 요즘 생각해보면 공격성 치매가 아니었는가 하는 생각도 든다.

흰색이 때가 쉽게 타기 때문에 검정운동화를 주로 신고 다녔다. 겨울에는 발이 시리고 자갈길에 발바닥이 아팠던 기억이 난다. 책가방 대신 보자기로 만든 책보를 어깨 위에 대각선으로 묶어 다녔다. 옷도 방한복이 아닌 무명으로 만든 복장이었으므로 겨울에는 몹시 추웠다. 하교 시에는 걸어가거나 뛰어갈 때마다 도시락 소리가 도로를 따라 요란하게 들렸다. 같은 동네의 후배들과 함께 등하교를 같이 하면서 이야기를 하다 보면 어느 사이에 학교에 도착하였다.

이 시기에 학교의 예산사정이 매우 열악하여 여름에는 교내에

7) 식민지 시대에 산림을 녹화하고 도로에 녹음을 주기 위하여 빨리 성장하는 나무, 예컨대 산에는 아카시아나무, 도로에는 미루나무, 플라타너스와 메타세쿼이아와 같은 속성수를 심었다.

있는 밭에 나가 농작물을 경작하고 겨울에는 학교 앞의 산에 올라가 나무와 솔방울을 주워 학급에 설치된 난로의 땔감으로 사용하기도 하였다. 겨울철 난로 위에 도시락을 올려놓아 점심시간이 되기도 전에 먹기도 하고 그때 먹던 누룽지의 맛은 일품이었다. 이때 학교에서 나누어준 미국의 잉여 농산물인 우유와 옥수수가루의 맛은 지금도 잊지 못한다. 중국의 동북3성에 출장을 가 옥수수죽을 먹으니 옛날 그때의 맛이 살아나기도 하였다. 집에 가는 도중에 먹으니 흰 가루가 입가에 범벅이 되기도 하고 집에 가지고 가 타 먹기도 하였으니 이 시기에 초등학교 어린이의 건강증진에 크게 기여했을 것으로 생각된다.

초등학교 시절에 가장 기억에 남는 것은 봄과 가을에 있는 소풍과 가을 운동회일 것이다. 소풍은 주로 왕암절과 남이면 문동리에 있는 동화사를 걸어서 다녀왔다. 왕암절은 걸어서 지금 공사가 있는 계림을 지나 산을 넘어 다녀왔으니 매우 험한 산길이었다. 가을 운동회는 추석 다음 날에 이어져 남은 추석 음식을 가지고 와 이웃과 어울려 먹기도 하고 추석을 전후하여 객지에서 생활하던 삼촌과 누나들까지 와 한바탕 지역축제로까지 발전하였다. 동네 간의 달리기, 윷놀이 등 여러 가지 번외 경기도 하여 학교 인근 부락 간의 한바탕 어울림 마당이 되기도 하였다.

초등학교 시절 방학 숙제로 여러 가지 곤충과 식물을 채집하는 숙제를 하기 위하여 앞산과 뒷산을 두루 다니면서 도토리나무에서 집게벌레를 잡기도 하고 매미, 여치 등이 주요 포획대상이었다. 논과 밭에서 특이하게 생긴 식물을 채집하여 책장 사이에 끼워 빳빳하게 말리기도 하였다. 또한 벌레들을 잡아 학교에 가져가기 위하여 밀짚을 이용하여 예쁜 탑 모양의 집을 만들기도 하였다. 요즘에는 자연보호를 위해 이와 같은 숙제가 없어져 버렸다. 이와 같이 자연과 함께하는 살아있는 교육이 그 당시에 가능하였다.

학교에 다니면서 4H운동 즉 명석한 머리(head), 충성스런 마음(heart), 부지런한 손(hand), 건강한 몸(health)의 앞 자를 딴 사회개혁운동도 주도하고 이 시기에 국가가 추진하고 있던 새마을운동의 전신인 재건국민운동에도 동참하였다. '재건' '단합'이라는 캐치프레이즈를 쓴 돌을 마을 입구에 세우고 주기적으로 마을 청소도 하고 마을 앞 도로변에 꽃밭과 꽃길을 가꾸기도 하였다. 또한 퇴비증산운동의 일환으로 고사리손으로 낫을 들고 풀을 베어 산더미처럼 쌓아놓고 큰 보람을 느끼기도 하였다.

2. 높은 갈의 '청주고'

1968년까지만 해도 시험을 보고 성적순으로 중학교에 진학하는 시기였으므로 담임선생님께서 안전하게 대성중학교에 진학하라고 권하였다. 대성중학교는 이때까지만 해도 대성고등학교 아래에 있는 지금의 대성초등학교 자리에 있었다. 그러나 청주의 남쪽 끝에서 북쪽 끝에 있는 중학교까지 통학하는 것이 문제였다. 시내버스는 항상 효촌에서부터 만원이 되어 지북동은 그냥 지나치는 것이 일상적이어서 지각하는 것이 다반사였다. 가끔 시내버스를 타면 사람이 많아 문을 연 채 출발을 하여 차장이 차에서 떨어지기도 하고 지그재그 형태로 운전을 하여 사람들을 안으로 몰아넣기도 하는 등 기사가 고도(?)의 운전기술을 보이기도 하여 대중교통 문제의 심각성을 체험하기도 하였다.

이와 같은 통학문제를 해결하기 위하여 자전거로 통학하기로 결심하고 자전거를 구입하여 타고 다녔다. 이때만 해도 자전거는 오늘날 자동차에 비견될 정도로 희소성이 있었다. 대머리 고개가 높고 비포장도로이기 때문에 내려서 자전거를 끌고 올라가곤 하였다. 1980년대 이 도로를 확포장하면서 고개의 높이를 대폭 낮추었다. 무심천변을 따라 학교에 다녔는데 가는 길목인 무심천 제방옆에 소 도축장이 있어 소가 들어가지 않으려고 울부짖던 모습이 지금도 선하다. 짐승들도 자기의 운명을 아는지 체념하고 눈물을 흘리면서 끌려가는 소들을 보고는 나도 눈물을 흘렸던 적이 있었다.

60년대까지만 해도 청주에는 아직 지방산업단지가 조성되기 이전이므로 연초제조창과 누에고치로 잠사를 만드는 대한제사공장이 제일 큰 공장이었다. 우리가 등교할 때가 되면 많은 여공들이 근무복과 흰 모자를 쓰고 바쁘게 출근하는 모습을 보았다. 나는 창리에 있는 외삼촌댁에서 누에에 뽕나무 잎을 주어 키워보기도 하고 번데기를 맛있게 먹은 기억이 난다. 2004년 내가 지방재정경제국장으로 재직하고 있을 때 서규용 당시 농림부 차관께서 육영수 여사가 평소 누에에 관심이 많아 청주에 한국잠사박물관을 유치하였는데 건축비가 모자란다고 하면서 특별 지원을 부탁하여 5억 원의 지방교부세를 지원한 적이 있다.

나는 늦게 공부에 시동이 걸리는 스타일인가 보다. 8개 학급으로 비교적 큰 학교로 3학년 때에는 우반인 1반에 배치되어 열심히 공부하였다. 우월반의 편성에 대하여 찬반양론이 있으나 학습지도와 학습효과를 높이기 위하여 불가피한 제도가 아닌가 생각된다. 1966년에 졸업하였는데 학교를 빛낸 자랑스러운 동문으로 사진과 함께 소개를 해주어 감사할 따름이다. 대성중학교는 청주대와 함께 청암 김원근 선생과 석정 김영근 선생이 설립한 사립학교로 1951년 설립되어 1970년 이후에는 신봉동으로 이전하여 그간 2만 4천 명의 졸업생을 배출하였다. 한승수 前 국무총리가 제1회 졸업생이다.

1966년 시험을 보아 명문학교인 청주고등학교에 진학하였다. 고교평준화에 의한 속칭 "뺑뺑이"가 실시되기 이전까지만 해도 각 도청 소재지에는 하나 또는 두 개 정도의 명문고가 있었다. 청주에서는 청주고에 다니는 학생들은 부러움의 대상이 되었으며 여기에 진학하는 숫자를 가지고 중학교의 서열을 매기곤 하였다. 이와 같은 입학시험은 입시 과열을 가져와 사교육을 부추기는 등 그 부작용이 심각하였으므로 1970년 고교추첨제와 대학수학능력시험을 도입하게 되었다.

원탑모양의 옛 청주고교 전경

청주고는 1924년에 5년제로 개교한 이후 1950년 청주중학교와 분리된 이후 1960년 원통 모양을 한 건물의 학교에서 우리는 공부하였다. 이 당시만 해도 주변 개발이 안 되어 있는 상태이었으므로 인근에는 논밭과 과수원이 있는 야산의 구릉에 위치하여 공부할 수 있는 여건이 좋은 편이었다. 1974년에는 인근 지역이 개발되면서 현재의 교사인 복대동으로 이전하여 이제는 옛 모습을 찾아볼 수 없다. 또한 추첨제가 되다 보니 졸업 후 선·후배간의 끈끈한 정은 찾아보기가 어려워지고 있다.

'높은 갈 문을 찾아 모여든 우리…'로 시작되는 교가를 부를 때

마다 가슴이 아릿해 오는 그 무엇을 느낄 수 있다. 지금도 고등학교 동창들의 모임에서 교가를 부르곤 한다.

청주고 교가

높은 갈 문을 찾아 모여든 우리
어버이 스승님의 뜻을 받들어
꾸준히 갈고 닦아 힘을 기르니
보아라 청고는 젊은이 등불

청주고는 지북동에서 다니기에는 버스를 갈아타야 하고, 시내버스가 정차하지 않고 지나치는 경우가 다반사여서 자전거 통학을 주로 하였다. 자전거를 타기에 대머리고개와 사직동 고개마루가 그렇게 큰 고개인 줄을 몰랐다. 비가 오는 날과 겨울에는 여간 고역이 아니었다. 본의 아니게 지각하는 경우가 많았다. 3학년이 되니 지각을 하여도 선생님들도 의례적으로 그런 것으로 아시는 경향이었다.

나는 3학년에 올라가면서 실시한 시험에서 좋은 성적을 거두어 우반인 3학년 1반에 배정을 받았다. 영어의 이기무 선생님과 수학의 이성길 선생님의 따뜻한 지도를 지금도 잊을 수 없다. 특히 이성길 선생님은 명지대 교수로 옮기셔서 후학들을 가르치셨고 심경애지라는 필명으로 청주고 친구들의 홈페이지 cj4042에 주옥같은 글을 올려주시고 산행에도 자주 참석하셔서 친구들에게 어떻게 하는 것이 멋지게 나이를 먹을 수 있는가 하는 웰 에이징(well-aging)의 롤모델이 되고 있다.

남일면 방면에서 청주고를 같이 통학하면서 다녔던 친구들이 거지회(巨智會)라는 모임을 만들어 지금도 1년에 2번 부부가 모이는 모임을 갖기도 하고 외국여행을 다녀오기도 한다. 그런데 명칭 때문에 말이 많았다. 왜 좋은 이름도 많은데 왜 명칭을 '거지회'로 하는 것이냐면서 문제를 제기하였다. 대학에 입학하여 철학 시간에 강의를 듣고 철학이라는 어원은 '큰 지혜'로 영어로 Philosophy도 있지만, Large sophia라는 이름도 있어 부르기도 쉽지 않으냐고 내가 주장해서 오늘날까지 모이고 있다.

남한산성, 화양계곡 등 충북과 수도권의 여러 지역에서 아이들과 함께 모임을 하여 서로 잘 알고 친숙해졌다. 모임때 마다 아이들에게 노래자랑 등 장기자랑을 유도하여 상품도 주어 오랫동안 즐거운 생활을 해오고 있다. 최근까지 필리핀의 세부와 태국의 창마이를 부부가 동반하여 다녀오기도 하였다. 이규희·이정희·한동환 교장과 오산고 교사이었던 시인 낭산 이기순, 사업체를 운영하던 서강대 전자공학과 출신의 정상화, 아직도 현역으로 활동하고 있는 한정환 등은 언제나 부담이 없는 친구들이다.

특히 낭산 이기순은 오산고의 국어교사로 있으면서 시인으로 왕성한 문학 활동을 하고 시집 '강물처럼' '한국인의 문화유산 탐방기' '문학의 고향을 찾아서' '한국문학순례 대표 36'등 좋은 책을 출간하였다. 그러나 호사다마인지 사모께서 환갑이 넘은 나이에 퇴행성 신경질환인 루게릭[8)]이라는 희소한 질병으로 오랫동안 고생하다가 돌아가셨다. 본인의 건강을 잘 알 수 있는 간호사 출신으로 수십 차례 전국의 마라톤 대회에 참석하여 풀코스를 뛰고 MTB

8) 루게릭병으로 인한 환자는 전국에 5천 명 정도가 있으며, 원인도 명확하게 밝혀지지 않았으나 과로와 스트레스, 과도한 운동 등으로 추측된다. 영국의 천재 물리학자 스티븐 호킹 박사가 루게릭병에 걸렸으나 진행이 정지된 상태라고 한다.

자전거로 전국을 누비던 분이…. 과유불급이나 물리학의 질량불변의 법칙이 인간사에도 같이 적용되는구나 하는 생각이 든다.

또한, 한동환 교장은 청주고 2학년 때 무단으로 가출하여 서울역 인근의 중국음식점에 취직하여 친구들과 부모들이 찾아가 데리고 왔으며 우리보다 1년 늦게 졸업하였다. 친구 중 가출 1호로 중학교 교사가 되어 학생지도에 소중한 경험이 되었을 것으로 생각된다. 퇴임 후에도 2014년 보수진영 교육감 후보 단일화 작업에도 주도적으로 참여하고 다문화가정 주부를 대상으로 한글을 가르치는 교사로도 왕성하게 활동하고 있다. 제천중학교 교사 시절 여름방학 수학 숙제로 칡뿌리를 가져오도록 하여 칡과 제천 소재 공장에서 가져온 고량주를 섞어서 만든 순도 53도의 민속주인 '한동환표' 명주의 맛은 가히 일품이었다.

정상화 사장은 박근혜 대통령과 서강대 전자공학과를 같이 다녔으며 각종 서양 춤에 대하여도 높은 식견을 갖고 있다. 정 사장은 중부고속도로가 개통될 초기에 진천에 전자공장을 지어 운영하기도 하였으며 북경에 있는 한솔전자 공장장으로도 근무하였다. 중국에 근무하면서 중국음식이 식상해 주로 라면을 먹고 생활하다가 위에 질환이 발생하여 귀국하여 수술을 받은 적이 있다.

대학 2학년 때 청주의 고려 시대 건립된 오랜 사찰인 남이면의 안심사[9]에 초등학교 동창들과 거지회 친구들이 같이 놀러 가 뒷산에 있는 소나무 한 그루씩을 끌어안고 알이 없는 선글라스를 끼고 찍은 사진은 가히 예술작품이라고 할 수 있다. 또한 지금 청남대가 있는 강[10]으로 쌀과 솟과 같은 간단한 취사도구만 가지고

9) 안심사는 775년 신라 진표율사가 지은 사찰로 국보 제297호인 영산회괘불탱이 보관되고 있는데 부처님오신 날에만 법당의 앞뜰에 내 걸리므로 이것을 보기 위해 많은 사람이 찾고 있다.

10) 청남대가 있는 금강의 상류를 주민들은 오가리강이라고 불렀으며 현암사라는 절이 있어 청남

천렵을 해 잡은 물고기로 즉석에서 만든 매운탕의 맛은 일품이었다. 초등학교 운동회가 열리던 날 왕암절에 놀러 갔다가 평소 술을 잘 마시지 못하는 낭산이 과음을 하여 혼수상태가 되어 업어서 교실 복도에 눕혀 진정시키는 동안 많은 사람들이 구경하러 모여들어 오랫동안 웃음거리가 된 적이 있었다.

3. 민족사학 '고려대학교'

1969년 2월 졸업 때까지만 해도 서울에 올라와 본 적이 없는 완전 촌놈이었다. 그 흔한 수학여행과 친척 집에 올라와 본 적도 없었다. 졸업을 앞두고 큰형님과 함께 고려대학교 인근 홍릉에 있는 출향인사의 집에 신세를 지게 되었다. 예비소집일에 맞추어 생전 처음으로 서울에 올라와 고려대학교를 가보니 건물도 석조로 된 웅장한 건물이라 기품이 있어 보이고 멋졌다. 다음날 경영학과시험을 보았으나 낙방하고 말았다. 졸업 후 진로문제 등을 종합해 볼 때 담임선생님이 경영대학이나 법과대학을 권했고 시골학생이라면 민족대학인 고려대학이 정서상 맞을 것 같다면서 추천하여 고려대에 응시하게 되었다. 또한 법대보다 경영대가 선택의 폭이 넓다고 생각되었고 커트라인도 높아 경영학과를 선택하게 되었다.

3월부터 세종문화회관 뒤편에 있는 대성학원에 등록을 한 후 수업을 받다 보니 내용이 고등학교에서 공부했던 내용을 다시 공부하는 수준이어서 흥미를 점점 잃게 되었다. 그래서 1학기만 종

대가 정면으로 내려다보여 건설 당시 보안상 문제가 제기되기도 하였으며, 대청호가 대전과 충남 · 북의 식수원이므로 그간 개발 제한으로 많은 민원이 제기되기도 하였다. 그 지역에 있었던 오래된 목조주택 일부가 문의문화재단지로 옮겨져 현재까지 보존되고 있다.

합반에서 강의를 듣고 도시락을 2개씩 싸서 국립과 시립도서관에 가 밤늦게까지 열심히 공부하였다. 방학이 시작되는 7월부터는 을지로 입구에 있었던 국립도서관에 가 공부하는 방향으로 바꾸어 노량진과 도서관을 오가는 시계추처럼 행동했다. 재수생이라는 자각심에 다른 사람들이 사람으로 취급하지 않는 듯하다는 생각이 들어 어떻게 하든 꼭 대학에 진학을 해야겠다는 생각뿐이었다. 재수생에 대한 따뜻한 말 한마디, 눈길이 얼마나 중요한가를 뼈저리게 느꼈다.

1970년 재수하여 시험을 보니 한결 마음이 놓이고 안심이 되었다. 상위권 성적으로 합격하여 안암장학생을 포함하여 150명이 함께 공부하였다. 그해 10월 김상협 총장(국무총리역임)은 취임사에서 '대학생은 굽은 것을 펴고 막힌 곳을 뚫는 기상을 가져 사회에서 빛과 소금과 같은 역할을 해야 한다'는 사회적 기능과 함께 '호랑이는 결코 죽은 고기를 먹지 않는다'는 젊은이의 패기를 강조하는 명연설을 하였다. 도서관 아래에 있는 지구를 밟고 포효하고 서 있는 호상의 당당한 모습은 학생들에게 오랫동안 기억에 남는 명소이기도 하다.

내가 다녔던 시기에 고대에는 일도 많았고 공사도 많았다. 1971년에 돌로 된 교문이 준공되었고, 6월에는 학생회관이 준공되었다. 12월에는 우석대학과 병원이 합병되어 의과대학을 갖춘 명실상부한 종합대학이 되었다. 우석대학이 통합되면서 경영학과에도 여러 명의 낯모르는 학생들이 있어서 처음에는 서먹서먹하였으나 시간이 흐르고 고연전을 치르면서 화학적으로 동화되어 갔다. 내가 3학년이었던 1972년 6월에 현대건설 등 국내 굴지의 대기업들이 건설비를 쾌척하여 경영대학이 별도의 건물을 지어 입주

하니 다른 단과대학 학생들이 질투하고 부러워하기도 하였다.

고대 졸업식장에서 어머니, 큰형님과 함께

고대하면 막걸리를 연상케 한다. '맥주는 싱거우니 신촌골로 돌려라 부어라 마셔라 막걸리…' 의 막걸리 찬가는 고대생이 자주 부르는 애창곡이다. 업소에서는 술을 덜 쉬게 하기 위하여 카바이드를 막걸리에 넣어 팔았는데 건강에 좋을 리가 없었다. 큰 양푼에 막걸리와 소주, 맥주를 섞어 만든 화합주는 더욱 건강에 좋지 않다. 값이 저렴하고 빨리 취할 수 있는 장점은 있으나. 폭탄주가 지금도 내가 기피하는 1호 술이다. 그럼에도 불구하고 신고 주라고 하여 특히 1학년 때에는 의무적으로 마셔야 했다. 요즘도 가끔 신입생 환영식에서 술과 관련된 사고가 발생하기도 한다.

1971년 10월 15일 점심시간이 지나서 위수령[11]이 발동되고 군부대가 학교에 진입하여 휴교가 몇 달간 계속되었다. 이 기간에

11) 위수령은 박정희 대통령이 1971년 10월 15일 대학생들이 군사훈련(교련)을 반대하며 교내에서 시위를 벌이자 학내질서를 회복시킨다고 하면서 공수특전단과 수도경비사령부의 군대를 서울대, 고대, 연대 등 주요 대학에 투입한 사건이다. 1천여 명의 학생들이 연행되었고 주동자들은 군대에 강제로 징집되었다.

울분을 달래기 위해 배낭을 메고 전국의 국립공원인 명산들을 무전여행으로 여행하였다. 책은 반도 배우지 못하고 종강하는 경우가 다반사였다. 나는 학생회관 안에 있는 서클 사무실에 있다가 군부대가 진입한다는 것을 미리 알고 김성수 선생 묘소를 지나 개운사 방향으로 도망을 가 연행은 면하였다. 일부 친구들은 남산의 국정원이나 경찰서에 끌려가 고초를 당하기도 하였다.

매년 9-10월 2일에 걸쳐 축구, 야구, 농구, 아이스하키, 럭비 등 5개 종목을 중심으로 동대문운동장과 장충체육관에서 벌어지는 정기 고연전은 그 의미가 스포츠를 넘어 선후배가 한자리에 모이는 우리나라 3대 불가사의(고대교우회, 전라도향우회, 해병대전우회)를 창조한 이벤트라고 할 수 있다. 1970년 10월에 있는 고연전에서 야구의 마지막 9회 2아웃에서 0:0의 순간에 이종도 선수가 홈런을 쳐 우승하는 짜릿한 맛을 보았다. 여기에서 목이 터져라 부르는 교가와 교호는 같은 교우[12]라는 동질감을 고양시키고 그간 학업에서 쌓인 스트레스를 날려버리는 효과도 있었다. 특히 경기가 끝나고 이어지는 선·후배와의 뒤풀이는 2, 3차까지 이어지고 돈이 없어도 고대생이면 이날만은 그냥 얻어 마실 수 있는 특권(?)이 주어졌다.

고려대 교가

북악산 기슭에 우뚝 솟은 집을 보라
안암의 언덕에 피어나는 빛을 보라

12) 서울대는 동창, 고려대는 교우, 연세대는 동문이라고 차별화하여 부르고 있다.

겨레의 보람이요 정성이 뭉쳐 드높이 쌓아올린 공든 탑
자유·정의·진리의 전당이 있다
(후렴)고려대학교 고려대학교 마음의 고향
고려대학교 고려대학교 영원히 빛난다

또한 4월 18일 기념일[13)]을 맞이하여 고대에서부터 수유리 4·19묘지에 이르는 구간에 차량을 부분적으로 통제한 채 진행되는 마라톤대회에 참가하여 달리니 그 멋은 이루 말할 수 없었다. 방학이 시작하자마자 구리시 수택동에 있는 연수시설에서 대학생 리더십 트레이닝이 있으므로 다른 과 친구가 같이 가자고 권유하여 가보니 통일교 계통의 수련회라는 것을 뒤늦게 알고 밤에 도주한 적도 있었다. 세계화 시대에 대비하기 위하여 타임스 반에 들어가 영어공부도 빠지지 않고 하였다.

나의 지도교수는 나와 이름이 같은 마케팅을 전공하신 김동기 교수님[14)]이었다. 첫 수업시간에 다른 사람은 이름을 다 부르는데 나를 부르지 않아 말씀을 드리니 이름이 같아 유심히 챙겨보았다는 말씀하셨다. 하버드대학에서 공부를 마치시고 교수로 오신 지 얼마 되지 않은 시기였다. 대학생이라면 전공은 물론 철학, 음악 등 광범한 분야를 폭넓게 섭렵하고 세계화에 대비하여 영어를 모국어 수준으로 구사할 수 있는 정도를 요구하였다. 또한 리더는 선천적으로 태어나기도 하지만 만들어지기도 한다면서 끊임없는 교육과 훈련을 강조하였다. 내가 보은군수로 부임하여 교수님을

13) 1960년 4월 18일 고려대생 3,000여 명이 대규모 시위를 벌여 이것이 4•19의거의 도화선이 되었다. 그 기념탑이 고대 구내에 있다.
14) 김동기 교수는 경북 안동 출신으로 경영대학장과 경영대학원장을 역임하셨고, 현재 학술원 회장이다. 리더로서 교육을 통한 필요한 스포츠맨십과 젠틀맨십의 함양을 강조하였다.

초청하여 직원들에게 특강을 부탁하여 모신 적이 있다.

당시 동국대생이었던 낭산은 지금의 고속버스터미널 근처에서 자취를 하고 있었다. 대학 1학년 때 낭산을 찾아갔더니 '우리 등록하지 말고 등록금으로 인근의 땅을 살까?' 하는 제안을 하였다. 대학에 등록을 하는 대신에 그 돈으로 땅에 투기하자는 것이었다. 그러나 어렵게 서울에 올라와 공부하고 있는데 어머님에 대한 예의가 아니라면서 거절한 적이 있다. 그때 경부고속도로가 개통이 될 당시로 주위에는 뽕나무밭과 채소밭이 대부분이었으며 한남동에서 건너편 쪽으로 가려면 배를 이용해야만 갈 수 있었던 시기였다. 그 당시 우리가 입장을 바꾸어 등록하지 않고 투기를 했으면 현재 우리는 어떠한 모습일까 자문해 본다.

3학년 2학기가 되어 고교와 경영대학 선배인 윤진식 선배(산자부장관역임, 국회의원)가 12회 행정고시에 합격하였고 김영룡 친구(국방부 차관역임)가 15회에 수석을 차지하였다. 나도 행정고시를 해야 되겠다는 생각이 들어 3학년 2학기부터 학교 앞에 하숙집을 정하고 중앙도서관 5층에 있는 탑마정에 들어가 공부하기 시작하였다. 방향을 이쪽으로 잡다 보니 경영학과 과목에 재미가 시들해졌고 시험과목 위주로 공부하게 되었다. 이때에 독도가 일본과의 관계에서 사회문제가 되어 국사과목[15)]이 국가의 각종 고시에 논문 형태의 2차 필수과목이 되어 새로이 공부하게 되었고 국사에 대한 인식을 새롭게 하는 계기가 되었다.

한편 3학년에 경영대학의 대표가 되어 학생과 대학, 선후배의 가교 역할을 하고 공인회계사 등 국가고시를 준비하는 장소인

15) 2013년에도 일본이 독도 영유권을 주장하고 있고 위안부에 대한 일본인들의 망언이 이어지면서 국사 과목이 필수과목이 되고 각종 고시에도 필수 시험과목이 되었다. 김진명 작가의 '무궁화 꽃이 피었습니다'는 독도를 다룬 픽션과 논픽션이 어우러진 작품이다.

'탁마정'을 경영대학에 마련하였다. 또한, 2000년에는 홈커밍데이(Homecoming Day)로 입학 30년을 맞이하여 대학을 방문하고 대학 본관 앞에서 성대한 행사를 개최하였다. 2010년에도 입학 40주년을 맞이하여 '함께한 40년, 함께 할 40년'이라는 주제로 시내 호텔에서 앞으로 40년도 같이 건강하게 교우로 살아 가자고 다짐하였다.

인천 행정부시장 시절인 2006년 6월 송도에 고대가 캠퍼스를 건설하는 문제를 협의하기 위하여 고대를 방문하여 어윤대 총장을 비롯한 주요 보직교수 50여 명을 모아놓고 송도 등의 경제자유구역과 인천종합개발계획을 보고하였다. 그 이후 송도에의 캠퍼스 건설 사업은 이루어지지 않았으며 대신 연세대가 송도에 제3의 캠퍼스를 지었다. 프레젠테이션을 준비하는 사이에 주요건물과 캠퍼스를 보고 놀랐다. 학생들이 RFID가 부착된 카드를 부착하고 아무 건물에나 들어가 쉽게 시설을 이용할 수 있었으며 특히 대운동장 부지의 지하에는 주차장과 열람실 및 각종 편의시설이 입주해 있었다. 운동장 부지에 조성된 잔디광장은 시원함을 주었고, 국내 대학 중 최초로 지상에 자동차가 없는 쾌적한 캠퍼스가 조성되었다.

제3절
길을 제시한 좌우명

1. 생활에 있어서의 신조

옛날부터 공직생활에 있어서 뿐만 아니라 사회생활을 하면서 신언서판(身言書判)이라는 말이 있다. 즉, 개인이 갖고 있는 외모와 말투와 솜씨, 글씨 그리고 판단력이 중요하다고 하였다. 평생을 살아오면서 소신이나 생활의 지표는 건강, 근면, 성실이다. 첫째, 건강은 가장 중요한 자산이다. 중·고등학교를 다니면서 자전거통학을 하여 다리에 힘을 길렀고 대학에 다닐 때에도 매일 새벽 운동장을 30분 이상을 달리는 것으로 몸을 단련하였다. 공직생활을 하면서도 테니스를 하여 내무부 테니스회의 회장을 맡아 지방에 원정경기도 다니고 부처 대항 테니스대회에도 출전한 적이 있다. 근무처를 옮기는 경우 근처에 등산할 수 있는 산이 있는지를 우선적으로 살펴보았고 매일 아침 일어나 등산으로 체력을 단련하였다. 이제는 습관이 되어 비나 눈이 와도 우산을 받치고 매일 새벽 산에 가는 것이 습관이 되었다. 골프는 보기플레이 수준이나 운동이라기보다는 친구들과 어울려 담소하면서 즐기는 것이 1차적 기능이라고 생각된다. 골프를 하면 보통 4km 걸을 수 있으나 카트를 타고 이동하는 경우가 대부분이어서 운동으로서는 테니스에 비하면 운동량이 많이 부족한 것 같다.

나는 주례사에서도 제일 먼저 강조하는 표현이 있다. 즉, '돈을 잃으면 조금 잃고, 명예를 잃으면 많이 잃고, 건강을 잃으면 모든 것을 잃는다'는 점을 강조한다. 건강을 잃으면 인생에 있어서 무슨 의미가 있을까? 또한 건강을 위하여 어렵게 할 것이 아니라 매일 1선(善) 10소(笑) 100필(筆) 1,000독(讀) 10,000보(步)를 하도록 각종 모임에서 강조하였다. 즉, 매일 한 가지 이상 좋은 일을 하고, 10번 이상 웃고, 100자를 일기나 메모 형태로 쓰고, 1,000자를 신문이나 책을 통해 읽고, 10,000보 이상을 도보로 걸어야 한다는 것이다. 가까운 거리는 교통수단보다는 걷는 것이 건강에도 좋고 경제적으로도 좋아 일석이조가 아닌가 한다. 나는 요즘에도 아침 6시 광주에 있는 백마산에 오르면서 하루 일과를 시작한다.

둘째는 근면이다. 부지런해야 한다. 하루는 24시간으로 누구나 공평하게 주어져 있다. 24시간을 어떻게 활용하느냐가 인생의 성공 여부를 좌우하는 중요한 전략이다. 하루 24시간은 일을 하는데 8시간, 잠을 자는데 8시간, 나머지 8시간을 사용한다. 일하는 것도 밀도 있게 하여야 하고, 잠도 8시간은 자야 건강에 좋다고 한다. 많이 자도 건강에 해롭고 너무 적게 자도 건강에 좋지 않다고 한다. 잔여 시간을 어떻게 생산적으로 활용하느냐가 인생에 있어서 매우 중요하다. 공부하거나 책을 보면서 지식을 확충할 수도 있고 여가활동을 즐길 수도 있다.

영국의 속담에 '부지런한 새가 무엇을 얻을 수 있다'(Early bird

can take something)는 이야기가 있다. 아침에 일찍 일어나 활동을 해야 먹을 것도 많이 있고 좋은 것을 가질 수도 있다는 말이다. 그러나 머리에 들은 것이 없는 지도자가 부지런하면 오히려 지도자와 직원들이 모두 피로하고 성과는 별로 이룩하지 못하는 경우가 생길 수 있다. 따라서 연찬을 통하여 실력을 연마하면서 부지런해야 성공을 거둘 수가 있다.

셋째, 성실(seniority)이다. 요령을 피우기보다 맡은 바 일을 내실 있게 마무리할 수 있어야 한다. 막스 베버는 지도자의 유형으로 구성원이 토론을 하여 결정하는 민주형, 자신이 직접 결정하는 권위형, 구성원이 결정하도록 위임하는 자유방임형의 3가지를 제시하고 있다. 현실적으로 민주형이 가장 바람직하다고 여기고 있으나 일단 결정을 하면 과감하게 추진하는 추진력이 있을 때 진정한 리더가 아닌가 한다. 수시로 메모하는 습관이 중요하다. 사람의 인지능력과 기억능력에는 한계가 있으므로 차를 타고 이동 중이거나 잠자리에 들기 전후에 멋진 아이디어가 생각날 때 중요한 사항을 메모하는 것은 좋은 습관이 될 것 같다.

유학에서도 충(忠)이란 업무를 처리함에 있어서 마음의 중심을 잡고 국가와 국민의 이익을 도모할 것을 강조한다. 정관정요에서도 '배는 군주에 비유되고 물은 배를 띄울 수 있지만 또 뒤집을 수도 있다'고 갈파하였다. 충(忠)이란 거시적으로 국가와 국민을 위하여 책무를 다하는 충성심뿐만 아니라, 미시적으로도 부모, 형제, 부부, 친구를 대함에 있어서도 자기의 성심을 다하는 것(盡己)이라고 갈파하였다. 그로 보면 막스 베버가 강조한 면보다 더 포괄적이고 깊이 있는 개념임을 알 수 있다.

2. 공직에 있어서의 자세

첫째, 행정인은 조직의 구성원이므로 위로는 상사, 아래로는 부하, 옆으로는 동료와 물이 흐르듯 부담 없이 자연스럽고 원활하게 소통이 이루어져야 한다. 더 나아가 국가적으로 국민, 지역적으로는 주민, 개인적으로는 가족 구성원과 대화를 하고 소통이 이루어져야 한다. 그래야 모든 문제가 원만하게 잘 해결될 수 있다. 세계 2위의 행복 국가인 스웨덴의 '국민의 아버지'라고 칭송하는 타게 에를란데르(Tage Erlander)[16)]는 23년 동안 총리로 재임하면서 별장인 하르프순드(Harpsund)에 주로 목요일(그래서 '목요클럽'이라고도 함)에 노사 대표, 정치인 등을 수시로 초청해 소위 스웨덴식의 민주주의인 협의민주주의 즉 대화·상생·협상의 정치를 펼쳤다고 한다. 이와 같은 노력으로 스웨덴이 세계에서 가장 부유한 나라이면서도 분배 체계가 잘 구축된 나라로 발전하였다.

하버드대학교의 마이클 샌델 교수는 '정의란 무엇인가'라는 저서에서 정의는 풍요로움, 개인의 자유와 권리 존중, 좋은 삶으로 규정하고 공해 규제와 같은 규제적 정의, 사회보장과 같은 배분적정의, 기회제공과 같은 기회적 정의로 분류하였다. 그는 이어 '돈으로 살 수 없는 것들'에서 자본주의사회에서 세상에 돈으로 살 수 없는 것들이 많이 남아 있지 않지만 건강, 교육, 공공안전, 환경, 임신과 출산 등과 같은 공공성이 강한 재화와 서비스는 계속해서 행정이 공급해야 한다는 점을 강조하였다.

16) 타게 에를란데르 총리는 45세에 총리가 되어 68세 자진하여 하야할 때까지 23년 동안 재임하면서 모든 사람이 골고루 잘사는 사회, 반목과 질시가 없는 강한 사회(Strong Society)가 그의 통치 철학이었다. 그는 생활도 청렴하여 총리 사임 후 거주할 집 한 채가 없게 되자 집권당인 사민당이 연수원 부지에 별장을 지어 생활하게 하였다.

둘째, 역지사지(易地思之)의 자세이다. 공무원을 만나면 부담스럽고 친구들과 같이 자연스럽지 못하다고 한다. 공직을 그만두고 후배 공무원들을 만나면 이야기하는 말이 있다. 즉, 민원인의 입장에서 10%만이라도 생각해주면 여러 가지 대안이 나올 수 있고 민원인이 매우 고마워할 것이라는 점을 강조하였다. 현직을 그만두고(갑) 민원인의 입장(을)에서 행정을 객관적으로 보게 되니 갑과 을의 관계를 더욱 생생하게 객관적으로 볼 수 있게 되었다. 교사, 경찰, 단속 공무원이 같이 식사를 하는 경우 돈을 내는 사람은 식사한 사람이 아닌 결국에는 음식점 주인이 음식값을 낸다는 시중의 우스갯소리가 있다.

공직자는 선택된 사람이다. 따라서 노블레스 오블리주의 자세가 요구된다. 이는 프랑스말로 사회적 신분에 상응하는 도덕적 의무를 뜻한다. 즉, 공무원법상의 의무이기도 하지만 공무원은 국민 전체에 대한 봉사자이기 때문이다. 또한 참을성이 있어야 한다. 이는 프랑스에서 16세기 르네상스 시대부터 발달한 똘레랑스(tolerance)의 개념으로 개인의 자유와 창의는 최대한 존중하되 인내하는 자세가 필요하다. 특히 민원을 처리하는 공무원에게 있어서는 제1 덕목이 되어야 할 것이다.

셋째, 개혁과 경장(更張) 정신이다. 조선 시대 선각자인 율곡은 시무론(時務論)에서 역사는 창업, 수성, 경장의 과정을 거친다고 하면서 특히 경장을 강조하였다. 경장이 있을 때 발전이 있을 수 있다는 이야기이다. 1894년 조선은 국정 전반에 걸쳐 갑오개혁을 단행하였으나 그것은 자율에 의한 것이 아니라 일본에 의한 타율에 의한 것이었다. 이를 통하여 조선은 비로소 근대적인 국가로서의 기본적인 틀을 갖추게 되었다. 200년 전 프랑스 작가 쥘 베

른은 '해저 2만 리'라는 문학작품을 발표하여 세상을 놀라게 하였다. 당시만 해도 잠수함이라는 용어도 없던 때였다. 그 정체불명의 괴물이 태평양을 돌아 인도양, 홍해, 지중해를 거쳐 남극과 대서양까지 전 해양을 탐험하는 노틸러스호의 이야기는 바로 개혁을 희망하는 인간 정신의 발현이라고 하겠다.

오늘날에는 중동의 아랍에미리트의 두바이에 가면 연중 40도를 오르내리는 열사의 나라에서 실내스키장을 만들어 전천후 겨울스포츠인 스키를 즐길 수 있게 되었으며 세계에서 제일 높은 건물이 있고, 호텔 부지 안에 인공으로 해수를 끌어들여 운하를 만들어 선장이 샹송을 부르며 고객을 즐겁게 해주고 있다. 세계에서 제일 높은 호텔 옥상에서 세계 최고의 골퍼인 타이거 우즈가 홍해 바다를 향해 골프를 치게 하는 장면을 연출하였다. 또한 두바이 앞바다에 인위적으로 오대양 육대주를 형상화한 세계(world), 수성, 목성, 금성 등 우주(universe)를 형상화한 섬을 바다에 인위적으로 만들어 세계의 부호들에게 비싼 값에 판매하고 있다. 중동이 석유를 팔아 넘치는 돈으로 기상천외한 아이디어를 창안하여 실천에 옮기고 많은 부작용을 낳는 각종 개발사업을 펴고 있다는 일부의 반론이 있지만 세계적인 연구소를 설립하고 3,000여 명의 학자들을 채용하여 미래에 대한 여러 가지 연구[17]를 활발히 전개하고 있다.

독일의 Die Welt 지는 지난 1,000년간 위대한 인물로 금속활자를 발명한 구텐베르크(독일), 아메리카를 발견한 콜럼버스(이탈

17) 미래학(future studies)이란 과거와 현재의 모습에 근거하여 여러 각도에서 미래사회의 모습을 예측하고 그 모형을 제시하는 학문이다. 우리나라는 주로 단기적으로 경제와 사회 등 특정 분야에 대하여 전술(tactics) 위주로 연구가 이루어지고 있고, 중 · 장기적으로 국가가 나가야 할 비전과 미션 그리고 전략(strategies) 등의 제시는 미흡한 실정이다. 100년 이상 멀리 내다보고 통일 등 국가적 생존을 위한 연구가 절실히 필요한 시점이다.

리아), 종교개혁을 주창한 마르틴 루터(독일), 천동설을 주장한 갈릴레이(이탈리아), 희곡을 만든 셰익스피어(영국), 만유인력을 발견한 뉴턴(영국), 진화론을 주창한 다윈(영국), 종교학자인 아퀴나스(이탈리아), 예술가인 다빈치(이탈리아), 교향곡을 작곡한 베토벤(독일) 10명을 들었다. 인터넷 Edge는 지난 2000년에 걸쳐 최고의 발명품으로 인쇄술, 시계, 상·하수도, 건초, 피임약, 원자폭탄, 고전음악, 지우개, 컴퓨터, 뜨개질의 10개를 열거했다. 앞으로 전개될 미래 사회의 흐름을 알 수 있어 시사하는 바가 크다.

가장 감명이 깊었던 멋진 시가 고등학교 국어 교과서에 수록된 프로스트[18]의 '가지 않은 길(The Road Not Taken)'이다. 이 시는 나에게 인생의 갈림길에서 선택의 방향키를 제시해준 멋진 시이다. 이 길이 다른 사람이 가지 않더라도 더 나은 미래를 위하여 내가 가야만 하는 길이기 때문이다.

가지 않은 길

프로스트

노란 숲속에 길이 두 갈래로 났었습니다.
나는 두 길을 다 가지 못하는 것을 안타깝게 생각하면서
오랫동안 서서 한 길이 굽어 꺾여 내려간 데까지
바라다볼 수 있는 데까지 멀리 바라다보았습니다.

그리고 똑같이 아름다운 다른 길을 택했습니다.
그 길에는 풀이 더 있고 사람이 걸은 자취가 적어,
아마 더 걸어야 될 길이라고 나는 생각했었던 게지요

18) 로버트 프로스트(Robert Frost)는 미국인이 가장 사랑하는 시인이며 소박한 농민과 자연을 노래한 순수한 고전적 시인으로 퓰리처상을 4차례나 수상하였다.

그 길을 걸으므로, 그 길도 거의 같아질 것이지만

그 날 아침 두 갈래는
낙엽을 밟은 자취는 없었습니다.
아, 나는 다음 날을 위하여 한 길은 남겨 두었습니다.
길은 길에 연하여 끝없음으로
내가 다시 돌아올 것을 의심하면서…

훗날에 훗날에 나는 어디선가
한숨을 쉬며 이야기할 것입니다.
숲속에 두 갈래 길이 있었다고

나는 사람이 적게 간 길을 택하였다고
그리고 그것 때문에 모든 것이 달라졌다고

공직에 대한 확고한 신념과 선공후사의 자세로 열심히 국가와 지역발전을 위해 달려온 34년. 이에 대한 치하의 뜻으로 정부로부터 1995년 행정자치부 재정경제과장으로 재직할 당시 물가안정과 지역경제 활성화에 기여한 공로로 녹조근정훈장을, 2006년 연말 종무식장에서 인천광역시 행정부시장으로 재직하며 경제자유구역개발 등 지역발전에 기여한 공로로 황조근정훈장을 받았다. 이것이 공직에 대한 보람이요 영광이라고 할 수 있다.

2006년 정부로부터 받은 황조근정훈장

제4장

국가경영에의 길

제1절
청운의 큰 뜻을 품고

1. 1락 2당 행정고시

3학년 2학기가 되면서 내가 졸업 후 무엇을 할 것인가를 심각하게 고민을 하게 되었다. 금융기관이나 사기업에 취직하여 평범한 샐러리맨으로 생활할 것인가 아니면 다른 바람직한 길을 선택할 것인가? 이때 고등학교 선배이면서 경영학과 안암장학생으로 탑마정에서 공부하던 윤진식 선배[1)]가 12회에 합격한 후 후배들에게 여러 가지 조언을 해주었다. 남자라면 행정고시를 준비하여 관계에 나가는 것도 한번 해 볼 만하다는 것이었다. 나는 즉시 중앙도서관 5층에 있는 고시 준비생을 위한 '탑마정'에 신청하였다. 학교에서 사법고시나 행정고시를 준비하는 학생들에게 공부할 수 있도록 별도의 공간을 제공한 곳이었다.

이때 생각난 것이 논어의 위정편에 나오는 '15세에는 학문에 뜻

1) 윤진식 선배는 청와대 금융비서관 재직시절 1998년 우리나라가 IMF 위기가 올 것에 대비하여 대책을 강구할 것을 건의하였으며 산업자원부장관, 청와대 정책실장을 역임하고 충주에서 2선 국회의원을 역임하였고, 2014년 충북도지사 선거에서 근소한 표 차로 친구인 이시종 후보에게 패하였다.

을 두었고(志于學), 30세에는 자립하였고(而立), 40세에는 사물의 도리를 판단함에 혼란을 일으키지 않았으며(不惑), 50세에는 천명을 알았고(知天命), 60살에는 귀로 듣는 대로 모든 것을 이해하게 되었고(耳順), 70세에는 마음이 내키는 대로 하여도 법도를 넘어서지 않았다(不踰矩)'이다. 공자가 일생을 보는 시각에서 나의 현주소를 음미하게 되는 계기가 되었다. 15세에 학문을 하기 위해 고려대학교에 진학을 하였고 그럼 지금부터는 어떻게 자립할 것인가? 많은 친구가 경영학과의 특성상 은행이나 기업에 취직을 택했고 나와 김영룡과 김원택 등 몇몇 친구가 행정고시의 길을 택하였다. 이때 고등학교 교과서에 나오는 프로스트의 '가지 않은 길'이 나에게 미래를 향한 길을 제시하여 주었다.

4학년이 되어 16회에 응시를 하였으나 1차 객관식 시험은 무난하게 통과하였으나 2차에는 불합격이었다. 내용을 알아보니 선택과목인 경영학과 회계학의 성적이 좋지 않았다. 선택과목에 대해 깊이 고민한 끝에 성적이 비교적 좋고 모든 학문과 행정에 필수라고 할 수 있는 조사방법론과 평소 관심이 많았던 정치학으로 바꾸었다. 큰 정치 큰 행정을 하는 데 도움이 될 수 있지 않을까 하는 생각도 들었다. 정치학이 재미있고 머리에 쏙쏙 들어왔다. 문제는 또 다른 곳에 있었다. 일본이 독도가 자기네 영토라고 주장하고 중국이 동북공정을 구체화하면서 국사에 대한 국민적 관심이 증폭되면서 국사가 2차 필수과목이 되어 부담이 더 커졌다. 그러나 이를 계기로 국사에 대한 이해를 새롭게 하게 되었고 역사를 보는 시야도 커지지 않았나 생각된다. 단순히 암기하는 것이 아니라 역사 인식을 가지고 역사적 사실을 보고 해석하는 안목을 갖게 되었다.

4학년 2학기 15회에서 같은 과 친구인 김영룡(후에 국방부 차관)이 전체 수석을 차지하는 영광을 안게 되었다. 그것도 행정학과가 아닌 경영학과 출신이 차지했으니 탑마정에서 칭찬이 대단하였다. 16회에서는 같은 과의 김원택 친구가 합격하여 나도 더 열심히 공부해서 다음 기수인 17회에 합격해야겠다는 결심을 더욱 굳건히 다지게 되었다.

1974년 2월 25일 졸업식 날. 다른 친구들은 어느 은행, 어느 기업에 취직했다면서 옷을 잘 차려입고 졸업식에 참석하였는데 나는 취직은커녕 아직도 공부를 하고 있으니 어머니와 형님 보기에도 볼 면목이 없게 되었다. 큰형님이 졸업식에 와서 '나도 결혼을 하고 아기가 생겼으니 더 이상 경제적 지원을 하기가 어렵다'는 최후통첩을 하는 것이었다. 나는 더 이상 하숙이 불가능함을 간파하고 오늘날 고시촌에 해당되는 독서실을 찾아보았다. 학교 가까이에 있는 홍릉독서실로 정하고 짐을 옮겼다. 독서실에서 운영하는 큰 방에 5~6명이 잠만 자고 식사는 인근 식당에서 해결하고 공부는 독서실에서 하는 형태였다.

그러나 3월 어느 날 숙소에 놓아둔 거의 모든 책을 도난당하였다. 돈은 별로 없었지만 손때가 묻고 줄 긋고 그간의 나의 정성이 깃든 책을 도난당했으니 그 상심은 보통이 아니었다. 시험을 포기하여야 하나 생각도 하고 갈피를 잡을 수가 없었다. 왜 나에게 이와 같은 시련이 올까? 별생각이 다 들었다. 새로 책을 구입하여 손에 익히고 준비를 하려고 하니 새로 공부를 시작하는 것과 같은 분위기가 되었다. 책을 가져간 것으로 보아 공부하는 학생이 가져갔든가 또는 돈이 없자 화가 나 책을 훔쳐 간 것이 아닌가 하는 생각이 들었다. 이때 홍릉독서실에서 고시 동기인 문원경(소방방재청장 역임)을 만나 서로 정보도 교환하고 여러 가지 이야기도 나누었다.

5월 연건동에 있는 건국대학교에서 치른 제17회 2차 시험에서 좋은 성적으로 합격하였다. 선택과목으로 선택한 정치학도 좋은 성적을 받았고, 조사방법론은 81.77점으로 최고 점수를 받았다. 이때까지 조사방법론은 국내에 2권의 책이 출간되었으나 시험에 대비하는 수험생에게는 체계화가 시급한 과제였다. 경험담을 고시계에 실었더니 대왕사로부터 조사방법론을 문제 중심으로 출간하는 것이 어떻겠냐는 제안이 들어왔다. 7월부터 2개월간에 걸쳐서 노트를 중심으로 책의 저술에 매달렸다. 그런데 더운 날씨에 시험에 대한 피로도 아직 가시지 않은 상태에서 무리를 했는지 치질이 발생하여 그 후 많은 고생을 하였다.

조사방법론은 과학적인 이론[2)]을 정립하기 위하여 뿐만 아니라 행정을 체계적으로 수행하기 위하여도 필요한 분야이다. 합목적적인 행정을 수행하기 위하여 사회현상에 대한 체계적인 분석과 접근이 필요하고 공무원에게는 지속적인 교육과 훈련을 통한 과학적인 마인드의 확산이 필요하다. 행정에서 요구되는 단순한 정책연구와는 달리 과학적인 연구와 행정을 수행하기 위하여 최소한의 절차와 과정이 요청된다. 즉 문제의 정립(formulation of problems), 가설의 설정(setting of hypotheses), 조사설계(research design), 자료수집(data collection), 자료 분석(data analysis), 설명·해석, 조사보고서(reporting)의 작성이 필요하다.

이때 출판사에서 받은 인세로 카메라를 구입하여 전국의 유명산을 답사하고 사진촬영에 취미를 붙이는 계기가 되었다. 이 책

2) 법칙수준으로까지 발견하여 일반화된 이론을 패러다임(paradigm)이라고 한다. 만유인력의 법칙, 상대성원리 등 과학에서 발견된 일반적인 법칙이 이에 해당한다.

의 출간을 계기로 서울 종로에 있는 고시학원에 출강하여 부수입을 올리기도 하였다. 마을의 동네 입구에는 주민 명의로 된 플래카드를 걸고 나의 합격을 축하해주었다. 어머니와 형님은 기뻐하였고 마을 주민에게 술과 돼지고기로 마을잔치를 열어 감사하는 마음을 전하였다. 어느 날 서울의 시내버스를 탔는데 나하고 나이차이가 거의 나지 않는 젊은 사람이 자리를 양보하여 '나를 어떻게 아느냐'고 물어보았더니 학원에서 나에게 강의를 들었다고 말하면서 인사를 건네는 것이었다. 세상은 좁고 죄를 짓고서 못 산다는 말이 실감 나기도 하였다.

2. 중원군 실무수습

2005년 9월 12일 자로 중원군(지금은 충주시로 통합)에 발령을 받고 대전 유성구에 있는 중앙공무원교육원(지금은 과천으로 이전)에 3개월간 입교하여 교육을 받았다. 이때 적용된 인사원칙은 조선 시대부터 내려온 상피제도였다. 즉, 자기 출신 지역으로 배치하는 경우에는 업무를 추진하는 과정에서 친인척 관계로 인하여 여러 가지 문제가 생길 수 있으므로 그 지역을 피하여 인근에 있는 지역으로 배치하는 방식이다. 그래서 충북에는 청원군청에 노부호(후 강원지방환경청장), 음성군청에는 손정수(후 농촌진흥청장), 제천군청에는 김성동(후 중앙교육평가원장), 단양군청에는 윤대희(후 청와대 경제수석) 5명이 발령을 받았다.

1975년에 실시된 교육에는 91명이 입교하여 교육을 받았는데 주중에는 시내에 나가 술을 마시고 주말에는 서울에 올라가 미팅을 하고 데이트하기에 바쁜 시간을 보냈다. 10월 초 사건이 터졌다. 대전 소재 통신학교에 1주간 군사훈련을 받기 위해 입교를 한다는 것이었다. 나는 연병장에서 제일 먼저 일어나서 '우리가 공무원으로 근무하기 위하여 어려운 시험을 보고 교육을 받고 있는 것이지 군인이 되기 위하여 온 사람이 아니다'라면서 열변을 토하자 모두 박수를 치면서 동조하였다. 지도교수의 간곡한 설득으로 가까스로 마무리되었지만 서슬이 퍼런 유신 시대에 나의 용기는 대단했었다. 이때부터 나는 내무부로 가 시장과 군수를 해보는 것이 좋겠구나 하는 생각이 들었다.

제17회 합격자 중 50년생과 51년생이 제일 많아 15명이 호토회라는 동갑내기 모임을 만들어 지금까지 주기적으로 만나고 있다. 또한 골프도 1~2팀 정도 만들어 80세까지 노익장을 과시하면서 체력을 단련하자고 약속했다. 호토회 회원으로는 국제조세센터 소장을 지낸 강정영 회장이 장기집권하고 있으면서 서울대 오연천 총장, 김용민 조달청장, 박재홍 인천세관장, 해양수산부 출신으로 이갑숙, 정이기, 박원경 그리고 건교부 출신으로 밀양에서 국회의원까지 출마하고 대한토지신탁 사장을 하고 있는 박성표, 이헌만 경찰청 차장, 이형주 보건복지부 실장, 진영욱 정책금융공사 사장, 정태언 중부지방국세청장, 허선 공정거래위 부위원장, 노부호 환경부 국장 등 근무했던 부처도 다양하였다.

옛 중원군청사가 있었던 충주 관아공원

12월 연수를 끝내고 중원군에 근무하기 위하여 신고를 하였더니 김윤회 군수와 권창식 부군수께서 실·과장들이 읍·면 별로 책임제를 실시하고 있는데 가장 오지인 앙성면을 맡아보는 것이 어떻겠냐는 제안을 하였다. 또한 새마을과를 맡아 새마을운동을 추진해보라는 것이었다. 이 당시에는 모든 지방행정이 새마을운동으로 귀결되는 상황이었다. 지금은 앙성면이 온천이 개발되고 도로가 포장되어 교통이 좋아졌지만 당시에는 충주로부터 36km에 이르는 먼 거리에다가 비포장도로였으므로 오지 중의 오지로 통했다. 아침에 출장을 가면 늦게 돌아오던가 또는 현지에서 하룻밤을 더 자야 하는 경우도 다반사였다. 부군수께서 새마을 마크가 새겨진 지프를 전용으로 사용할 수 있도록 배려해 주었다.

1976년 2월 하순 방위소집을 위해 휴직을 하고 증평에 있는 37사단에서 3주간 교육을 받고 남일면 예비군 중대에 배치를 받았다. 여기에서 예비군 교육자원의 관리를 맡으면서 강서에 있는 3대대와 유기적으로 연계하여 1년 2개월간 방위소집을 마쳤다. 이 기간에 시골에서 출퇴근을 하면서 고향에 있는 선후배들과 좋은 유대관계를 맺을 수 있었다. 예비군중대장과 대대에서도 다소간 편의를 봐주어 쉽게 군 생활을 마무리할 수 있었다.

1977년 4월 다시 중원군에 복귀하여 당시 정종택 충북도지사로부터 수안보종합개발계획을 수립해보라는 별도의 지시를 받았다. 나는 이때부터 수안보에 대한 심층적 연구를 하였고 국내외의 관광개발에 관한 자료를 수집하였다. 수안보가 온천수 온도가 53도로 국내에서는 가장 높고 유일하게 행정기관에서 온천수를 채취하고 공급하는 믿을 수 있는 관광지 이나 수안보에 온천자원 하나만 가지고 개발에 한계가 있다고 판단하였다. 따라서 스키장, 승마장, 골프장 등 각종 레저시설과 함께 월악산, 문경새재와 연계된 종합레저단지로 개발할 것을 스케치한 도면과 함께 도지사에게 제안하였다.

이 시기에 김덕영 군수(후 충북도지사)께서 내무부 행정관리담당관에서 영전하여 부임했다. 김 군수는 김치열 내무부 장관의 매제로서 고향에 금의환향하여 부임한 것이었다. 김 장관은 당시 박정희 대통령의 심복으로 법무부 장관과 국정원 2차장까지 역임한 '날아가는 새도 떨어뜨린다'는 실세 중의 실세로 통했다. 그의 백그라운드로 인하여 중앙에서부터 지방에 이르기까지 또한 관내 경찰과 검찰, 군부대까지 협조가 잘 이루어져 각종 수상을 도맡아 오기도 하여 행정을 수행함에 있어서 공식적, 비공식적인 인간관계가 얼마나 중요한가를 실감하게 되었다.

이때 5급 승진시험을 준비해야 하는 민방위과장이 서울에서 학원에 다니기가 어려운 실정이었으므로 매일 밤 과장 집에 가 6개월 이상 가정교사로 가르쳐주었다. 첫 번에 바로 합격하여 군수와 함께 오골계로 대접을 잘 받았다. 이를 계기로 하여 직원들의 요청이 있어 승진시험이나 도청에 전입하기 위한 시험에 대비하기 위해 행정학과 행정법 그리고 지역사회개발론을 근무시간 후에 원하는 사람에게 무료로 강당에 모아 강의해주었다. 그 결과 중앙과 충북도에서 실시한 각종 시험에 내가 가르친 내용 중에서 그대로 출제되어 중원군 출신 공무원이 모두 우수한 성적을 거두게 되자 조직적인 부정이 있었던 것은 아닌가 하고 충북도에서 별도로 조사를 했다는 후문도 들었다.

3. 첫 근무처 '문화공보부'

1977년 11월 초 문화공보부 총무과에서 전화가 왔다. 이미 11월 1일 정부 발령이 이미 났는데 왜 근무를 하러 오지 않고 있느냐는 것이었다. 발령이 난 사실도 모르고 중원군청에서 계속 근무를 하고 있었던 것이었다. 김덕영 군수께서 내무부에 이야기를 잘해서 내무부로 발령이 날 수 있도록 하겠다는 말만 믿고 그대로 있었던 것이 화근이 되었다. 우선 혼자 먼저 올라와 근무하고 있다가 이모님과 외숙이 살고 계시는 노량진으로 전셋집을 구하여 이사를 했다.

이때까지만 해도 본인이 가고 싶은 부처를 신청하면 1차로 그것을 고려하여 발령하는 형태였다고 한다. 그러나 우리 기부터는 1등부터 중앙부처 순으로 지그재그 형태로 배치했다는 설명도 들었다. 그런데 국가의 인재 배치를 어떻게 무작위로 배치할 수 있을까 하는 의문이 들기도 하였다. 복권당첨도 아니고. 그렇게 되니 거의 모든 합격자가 다시 부처를 옮겨 근무하게 되었다. 부처 배치가 얼마나 중요한가를 실감할 수 있었다. 나는 1차로 내무부를, 2차로 상공부를 신청하였으나 첫 발령지가 문화공보부가 되니 부처를 옮겨야겠다는 생각을 심각하게 고민하였다.

나는 부랴부랴 서울에 올라와 문화공보부 감사관실에서 근무하게 되었다. 선임은 박문석 선배(후 문화관광부 차관)였다. 자체회의를 통해 문화재관리국과 KBS[3] 등 산하기관에 대한 체계적인 감사를 통해 일선 기관의 근무 기강을 바로 잡아나가자는 대로 의견을 모았다. 그래서 나는 주로 고궁 등 궁궐과 수도권 이외

3) KBS는 당시만 해도 행정기관의 외국(外局)처럼 문화공보부에서 직접 감사를 하였으며, 문화재관리국도 외청이 아닌 국으로 본부에서 감사를 하였다.

의 지역의 박물관과 왕릉 등의 관리 실태와 KBS의 근무 실태를 주로 점검하였다.

이 시기에 세종대왕릉, 동구릉, 금산 칠백의총 등의 문화재의 실태를 두루 살펴볼 수 있었으며, 출장을 가 일을 일찍 마무리하고 그 지역의 문화유적을 돌아보고 그 지역에서 가장 싸면서 맛있는 음식을 맛보기도 하였다. 그 맛집들이 요즘에는 인터넷에 잘 올라와 있지만 이 당시만 해도 행정기관이 주로 이용하는 곳이 제일 좋았던 것 같다. 이때 우리나라의 가장 오래된 목조건물이 부석사 무량수전이 아닌 안동에 있는 봉정사의 극락전임을 안 것도 큰 수확이었다.

이 당시의 문화공보부는 정부대변인으로 정부의 입장을 수시로 발표하는 일이 주된 기능이었다. 이 당시에 만난 분이 부산국제영화제 위원장을 오랫동안 하고 계시는 김동호 공보국장(후 문화공보부 차관)이었다. 그분은 공보국장을 오랫동안 하시면서 모든 실무를 통달하여 사실상 문화공보부를 이끌고 계셨다. 당시 문화국과 예술국이 있었으나 그 기능은 매우 미약한 실정이었다. 해외공보관과 문화재관리국이 외국(外局)으로 있었으나 그 중요도가 많이 떨어졌다.

그러나 한편 정부의 업적 홍보 등 공보(inform)에 너무 치중한 나머지 일방적이고 정부의 입장에서 필요한 것에 대하여만 알리는 형태에 치중한다는 문제의식도 가지고 제기하였다. 국민이 생활에 꼭 필요로 하는 것을 전하지 못하는 아쉬운 점을 느꼈다. 국민 편에서 정부에 바라는 상향식의 정책건의도 활성화하는 방향도 건의하였으나 권위적인 시대의 한계로 그 당시 크게 어필하지 못한 것 같다.

또한 문화국과 예술국이 첫째와 두 번째의 중요한 국이었음에도 불구하고 예총과 같은 관변단체(?)의 지원이나 지방자치단체의 문화예술제 지원과 같은 일에 치중하여 지금도 아쉬운 점이 많이 있다. 요즘 유행하는 한류의 확산과 같은 정책적 지원이나 발굴을 그 당시부터 집중적으로 하였다면 더 빨리 한류가 확산되는 것을 촉진할 수 있었지 않았을까 하는 생각도 해본다.

반면, 1975년부터 1979년까지 문화재의 발굴이나 보전에 많은 투자가 이루어졌음을 알 수 있다. 박정희 대통령이 역사의식을 갖고 문화재 복원 특히 전적지의 정비에 많은 관심을 가져 특히 경주와 강화나 충무, 여수 등 전적지와 관련한 지역들에 대하여는 안보교육 차원에서 문화재 복원에 많은 예산 투자가 이루어져 지금까지 주요 관광시설 등이 잘 보존되고 있다.

제2절

국가정책의 큰 틀 마련

1. 공직기강과 정부 인사

1993년 7월 내무부 지방행정연수원에서 시장·군수반 교육을 받으면서 여름휴가 기간을 맞이하여 쉬고 있는데 대통령비서실에서 근무하고 있는 남효채 과장으로부터 전화가 왔다. 청와대에 근무할 의향이 있느냐는 것이었다. 그러나 교육생의 신분이고 내무행정비서관실이 아닌 사정1비서관실에 근무하는 것이어서 처음에는 망설였으나 최고의 권부인 청와대에 근무해보는 것도 공직자로서 큰 보람일 것으로 생각되어 7월 26일부터 1994년 10월 25일까지 1년 3개월간 근무하였다.

나를 추천한 것은 음성 출신 이충범 사정1비서관이었음을 나중에 알게 되었다. 지역별로 볼 때 충청도 출신이 행정관 중 한 명도 없어 지역적인 대표성에 문제가 있음을 제기한 것이었다. 그는 약관 38세에의 젊은 변호사로 김영삼 대통령에 의해 발탁되어 우리나라의 사정 기능을 총괄하고 있었다. 얼마 후 김혁규 비서관

(후 경남지사)으로 교체되고 이어 김무성 비서관[4]으로 이어져 오면서 100만 공직자의 기강을 바로잡는 컨트롤 타워가 되었다. 공직기강비서관실은 업무의 특성상 감사원 별관에서 별도로 근무를 하고 있어서 근무여건은 좋은 편이었다.

김무성 • 김길환비서관의 국회의원 당선을 축하하면서

나는 중앙부처로는 행정자치부와 보건복지부, 환경부, 정무장관실을 맡았으며, 지역으로는 호남지역을 맡았다. 각 부처 2급 이상의 고위공직자를 중심으로 학력과 경력은 물론이고 근무태도와 여론 동향을 수시로 점검하고, 장·차관 등 고위인사자료(소위 '존안카드'라 함)를 업데이트하여 인사 시에 활용함은 물론 비위사실을 포착하여 인사 조치를 건의하는 것이 주된 기능이었다. 조선 시대의 이조 정랑[5]과 암행어사의 기능이 합해진 기능이라고

4) 김무성 비서관은 김영삼 대통령에 의하여 정치에 입문하여 청와대 민정·사정1비서관, 행정자치부 차관, 5선 국회의원, 새누리당 사무총장, 원내대표를 거쳐 대표최고위원에 선출되었다.

5) 이조 정랑은 공무원의 인사를 담당하던 자리로 주요 인사를 천거하였으며 이와 관련하여 사색당쟁이 시작되었다.

할 수 있다.

김영삼 대통령께서는 기회가 있을 때마다 '인사는 만사다'라는 말을 자주하였다. 이는 국정운영에 있어서 인사가 중요함을 강조한 말이다. 결국 일은 사람이 하는 것이다. 2014년 4월 세월호 사건으로 책임을 지고 정홍원 국무총리가 사의를 표명한 이후 2명의 지명자[6]가 잇달아 중도에 사퇴하고 다시 유임시키는 국내외적으로 초유의 인사사태가 벌어졌다.

새 정부에 들어서 중앙부처의 국장 이상 간부 그리고 산하 공단과 공사 등 공기업의 이사장과 감사뿐만 아니라 총무과장 등 주요과장과 공기업인 공단과 공사의 이사까지 청와대의 승인을 받는다고 한다. 또한 공사와 공단 등 공기업의 후임자 인사가 적기에 이루어지지 않아 임기가 지났음에도 1년 이상 자리를 차지하고 봉급을 타면서 허송세월하는 기현상까지 벌어지고 있다고 한다. 그들이 무슨 소명의식이 있고 일을 과연 제대로 수행하겠는가? 또한 현대의 사회적 흐름이 통치(government)와 집권화로부터 협치(governance)와 분권화로 가는 방향과 정반대로 가고 있어 매우 안타까운 실정이다.

정치는 정당과 국회 등 정치인들의 중심이 되어 사회의 공론화 과정을 거쳐 정책을 결정하고, 이들 정책을 현실적으로 구체화하여 집행하는 것은 행정의 영역이고 직업공무원이 담당한다. 선진외국의 경우에도 정실주의가 많은 병폐가 있었으므로 19세기부터 직업공무원제를 확립하였다. 오늘날 한국의 경제발전을 가져온 것은 이와 같은 직업공무원제의 결실이라고 할 수 있다. 또한

6) 정홍원 국무총리가 사의를 표명하였으나 안대희 지명자와 문창극 지명자가 연이어 부정적 여론으로 중도에 포기함에 따라 다시 유임하였다. 사회부총리 겸 교육부장관도 논문 표절 의혹으로 중도하차하였다. 그만큼 인사 검증이 어렵다는 말이다.

고시 등 공개경쟁시험과 같은 객관적인 제도에 의해 인재를 채용하였기 때문에 가능하였다. 과거제도는 중국의 수나라 문제에 시작되어 당나라 시대부터 정기적으로 시행하였으며, 한국에서는 고려 광종 9년(958년)부터 1,000년 이상 유지되어온 제도이다. 음서와 같은 특별채용이나 혈연·학연·지연과 같은 연고주의를 극복하고 시정하기 위한 제도이었다.

이때 국무총리를 비롯한 장·차관에 대한 개각이 이루어지는 경우에 대비하여 평소 인사자료를 준비함은 물론 시기를 저울질하면서 몇 주를 심야에 이르기까지 보완작업을 하면서 행정관 사이에 비판적인 시각에서 난상토론을 하기도 하고 인물에 대한 적합성을 검증하기도 하였다. 행정자치부의 주민등록 전출입, 부동산과 은행권의 예금, 국세청의 납세 자료 등을 수집하고 주위로부터 객관적인 인물평을 듣고, 재산을 검증하기도 하고, 2~3배수로 건의하면 거의 적중하였으며, 인사에 따른 후유증이나 뒷이야기가 거의 없이 이루어졌다. 그만큼 객관적으로 인사가 잘 이루어졌음을 알 수 있다.

김영삼 대통령은 1993년 2월 취임하면서 사회적 부조리를 근절하고 공직자의 부정부패를 방지하기 위하여 금융실명제 실시와 함께 공직자 재산등록을 전격적으로 발표하였다. 금융실명제가 경제계에 큰 충격을 주었다면, 재산등록은 공직사회에 큰 소용돌이를 몰고 왔다. 이때 국정원, 경찰, 국세청, 감사원 등이 참석한 사정기관대책회의를 개최하여 사정방향을 정립하고 구체적인 일은 국무조정실의 예방심의관실과 행정자치부, 시·도가 추진하였다.

공직자의 재산등록대상은 일반공무원은 4급 이상, 경찰은 경감 이상, 세무·관세공무원은 6급 이상으로 하고, 배우자와 직계존비

속까지 포함하였으며, 재산형성과정에 대하여 본인이 소명하도록 하였다. 또한 1급 이상의 고위직에 대하여는 재산보유상황을 공개토록하여 그 내용이 언론에 연일 보도되면서 그 사회적 파장이 매우 컸다. 그 제도가 오늘날까지 이어져 오고 있다.

재산등록 대상자 가운데 일반공무원은 10억 이상, 경찰·세무·관세공무원은 5억 이상인 2,700명에 대하여는 행정자치부, 국세청, 법원의 전산자료를 넘겨받아 세밀하게 검토하고 비밀리에 현장실사까지 실시하였다. 그 중 연고 지역이 아닌 특히 강원, 제주 등 개발이 활발하게 이루어지고 있는 지역에 3건 이상의 부동산을 보유하고 있는 경우 투기를 한 것으로 보고 그중 문제가 있는 800명 정도를 자진 사표형식으로 받아 연말까지 정리하였다.

꽃이 피는 봄철에는 경치가 수려하고 내부에는 탁구대도 있어서 근무시간 후 탁구를 즐기기도 하고 감사원의 테니스 코트를 이용하여 체력을 단련하기도 하였다. 또한 성균관대학교 후문을 돌아 성북동 방향으로 산책을 하면 1시간 정도 등산을 즐길 수도 있었다. 그래서 일찍 출근을 한 후 또는 일과 후 운동화를 신고 산책하는 것을 빠뜨리지 않고 하였으니 건강에 매우 좋았다. 곳곳에 군부대가 있어 자연과 성곽이 거의 훼손되지 않고 잘 보존되어 있다. 때로는 멧돼지가 출현하여 성균관대와 종묘로 내려오기까지 하는 곳이다.

김무성 비서관 시절에는 육·해·공에서 각종 사고가 연달아 터지면서 각종 시설물에 대한 점검과 시설을 마련하는 일도 사회안전 차원에서 총괄하게 되었다. 즉, 육지에서는 삼풍백화점과 성수대교가 붕괴되었으며, 바다에서는 전북 부안에서 서해 훼리여객선이 전복되었고, 하늘에서는 아시아나 여객기가 목포에서 산에 충돌하는 사고가 발생하였다. 이에 대한 대책으로 시설물에 대한 정기적인 점검을 제도화하였고, 여객선의 정원규제와 함께 걸어 다니며 점검할 수 있도록 교량 아래에 부교 설치를 제도화하여 모든 교량과 고가교 형태의 모든 시설물에 설치되었다. 또한 공사장이 눈과 비로 인하여 철근이 녹스는 것을 방지하여 시설물을 완벽하게 시공하기 위하여 철근의 윗부분을 비닐로 덧씌워 각종 공사장의 현장 관리를 대폭적으로 강화하도록 건설교통부에 특별지시를 내렸다.

당시 민정수석비서관실에서 근무했던 비서관과 행정관들로 '북악회'라는 모임을 결성하여 김영수 前 문화체육부 장관을 모시고 30여 명이 격월로 강남에서 모이고 있다. 또한 공직기강비서관실에서 근무하였던 비서관과 행정관들이 별도로 '청민회'라는 모임을 만들어 분기 1회, 연말에는 부부동반으로 만나고 있다. 박명현 서울시상수도사업본부장이 회장이 되어 김종민 前 문화체육부장관, 유승우 국회의원, 이종배 국회의원, 최양식 경주 시장 등 20여 명이 모이고 있다. 여러 중앙부처 출신들이 모였으므로 소내각이라고 할 수 있었다.

2. 새마을운동과 제2건국운동

우리나라는 역사적으로 10년을 주기로하여 정치적 목적으로 대통령이 바뀔 때마다 국면 전환을 위하여 범국민적인 운동을 정책적으로 추진하였다. 1960년대에는 박정희 대통령이 유달영 교수를 중심으로 단합·재건을 이념으로 하는 재건국민운동을, 1970년대에는 근면·자조·협동의 새마을정신을 바탕으로 하는 새마을운동[7]을 국정의 최우선과제에 두고 김준 새마을지도자연수원장을 주축으로 하여 역점적으로 추진하였다. 1980년대에는 전두환 대통령이 정직·질서·창조를 이념으로 하는 사회정화운동을 이춘구 위원장이 중심이 되어 추진하였다. 1990년대에는 김대중 대통령이 자유·정의·효율을 이념으로 하는 제2 건국운동을 김상근 목사를 위원장으로 임명하여 추진하였다. 이 과정에서 내무부(행정안전부의 전신)가 중심이 되어 전국의 지방행정기관을 참여시켜 행정적으로 뒷받침을 하였다.

나는 김원석 비서실장의 추천으로 서정화 내무부 차관이 직접 주관한 면접시험을 거쳐 1979년 6월부터 박영순(구리시장, 외무고시 출신)과 함께 내무부 새마을기획과 교육·홍보계에 근무하게 되었다. 이때 계장은 이만의 계장(후 환경부 장관)으로 혼자 일을 담당하고 있었다. 이 당시만 해도 시·도에서 내무부로 바로 들어오지를 못하고 시·도의 파견 형태로 일정 기간 근무한 후 내무부에 정식으로 발령받는 것이 관례였다. 그만큼 내무부가 외부 사람에 대한 텃세가 매우 심했던 시절이었다. 나는 경기도청 소속으로 주로 새마을교육과 국내 홍보를, 박영순 구리시장은 충남도청 소속으로 주로 외국인 홍보를 담당하였다.

새마을운동은 1970년 4월 22일 박정희 前 대통령이 제창한 한국형의 지역사회개발운동이다. 근면·자조·협동의 새마을정신으로 무장된 마을 단위의 남·여 새마을지도자들이 중심이 되어 추진한 잘 살기운동이다. 초기에 농촌 마을당 철근 1톤과 시멘트

7) 새마을운동은 1970년 4월 22일 박정희 대통령이 제창한 범국민적인 지역사회개발운동이다. 마을별로 선출된 남 · 녀의 새마을지도자는 무보수로 헌신적으로 기여를 하였으며, 연말 새마을지도자대회를 개최하여 대통령이 직접 포상도 하고 격려하였다. 또한 발전된 정도에 따라 마을을 기초, 자조, 자립으로 구분하여 발전할 수 있도록 동기부여를 하였다. 2014년 박근혜 대통령도 제2의 새마을운동의 추진을 천명하였다.

333 포대씩을 지원하여 구체적인 계획도 없이 주민총회에 의하여 사업을 선정하여 추진하였다. 그리하여 마을 안길 포장, 소교량 건설, 지붕 개량 등 가시적인 환경개선사업부터 시작하여 비닐하우스사용 등을 통한 소득증대사업 그리고 정신개혁사업에 이르는 단계적 접근 전략을 추구하였다. 이것이 도시와 공장 등 각계각층으로 확산되었다. 이를 위하여 청와대에는 새마을비서관, 내무부에 새마을담당관[8]을 두고 시·도와 시·군·구에는 새마을과를 설치하여 최우선적인 국정과제로 추진하였다. 초기에는 새마을사업에 대하여 감사원 감사까지 면제해 주었다.

나도 새마을운동을 이해하기 위하여 자원하여 외국인, 새마을 지도자와 함께 수원에 있는 새마을지도자연수원에 1주간 입소교육을 받았다. 역시 교육의 하이라이트는 저녁에 있는 새마을지도자들의 성공사례발표였다. 외국의 기자나 공무원들이 방문하면 광화문 청사 5층에 마련된 새마을상황실에서 영어나 일어로 된 슬라이드를 보여주고 질의응답을 한 후 시간적인 제약으로 경기도 고양군(지금은 시) 벽제면 관산3리와 화성군(지금은 시) 동탄면 동탄3리로 안내하는 것이 일반적인 코스였다. 마을 안길이 잘 포장되고 주택도 개량된 모범부락이었다.

또한 나는 35개에 달하는 새마을교육기관에 새마을교육에 관한 공통교재를 발간하여 각 기관에 배포하는 일을 담당하였다. 교재에는 그 해 추진할 새마을운동에 관한 기본적인 추진 방향과 여러 가지 필요한 각종 제도에 관한 것이 포함되었다. 새마을운동 관련 교수나 전문가에게 원고를 의뢰하여 그것을 받아 교재

8) 1980년대까지만 해도 정부 서울청사 5층에 있었던 새마을 상황실에는 박정희 대통령이 만년필로 종이에 쓴 새마을운동에 대한 개념적 정의 그리고 발전 방향을 쓴 내용과 붓글씨로 쓴 새마을운동과 근면 · 자조 · 협동의 새마을정신이 전시되어 있었다.

형태로 20만 권을 발간하여 연초부터 새마을교육에 활용할 수 있도록 배포하였다. 제일 바쁜 시간이 연말 정초로 원고 교정을 하면서 밤을 출판사에서 지새우기도 하였다.

특히 기억에 남는 것은 미국 내셔널 지오그래픽사의 편집국장으로 재직하고 있던 에드워드 김[9]과 계약하여 새마을운동을 주제로 10년간의 역사를 사진으로 정리한 영문판 'Decade of Success'와 한글판 '민주복지의 길'을 1980년 10월 발간한 것이었다. 그는 세계적인 사진작가로 알려졌으며 당시 이상배 내무부 차관보와는 경기고 동창으로 알려졌다. 나는 계약을 체결하는 것과 지방자치단체와 협조하여 현지 안내와 촬영 협조를 맡아 하면서 그와 많은 애증이 교차되기도 하였다. 이를 추진하는 과정에서 강화도를 비롯한 전국의 많은 사찰과 명소를 답사하고 사진에 대한 지식을 갖추는 계기가 마련되었다.

에드워드 김이 만든 책자

9) 에드워드 김(한국명 김희중)은 경기고를 졸업하고 연세대를 중퇴하고 미국으로 건너가 신문학 학사와 석사를 마치고 월간지인 내셔널 지오그래픽사의 편집국장으로 재직하면서 'Korea: Beyond the Hills'를 발간하고 많은 수상을 하기도 하였다. 또한 1970년대 서울과 평양을 방문하여 평양과 서울에 관한 특집을 내셔널 지오그래픽지에 각각 게재한 바가 있다.

또한 인도네시아 내무부의 초청으로 1980년 11월 인도네시아를 방문하였다. 수도인 자카르타에서 가까운 마을을 방문하였는데 우리나라의 새마을방식을 그대로 적용하여 마을을 가꾸고 있어서 깜짝 놀랐다. 마을을 기초, 자조, 자립의 3단계로 구분하는 마을 분류방식과 남·여 마을지도자를 선출하는 방식 그리고 대통령이 전국마을지도자대회를 주재하면서 훈장을 수여하고 축사하는 방식 등이 우리나라의 새마을방식을 그대로 원용한 것이었다. 해외출장 중 12·12사건이 터졌다는 외신보도를 현지에서 접하고 내가 귀국을 과연 하여야 하는가 하는 생각도 들었다.

이 당시에 새마을운동을 통한 국제협력[10]의 필요성을 강조하였다. 1961년 발족한 미국의 평화봉사단(Peace Corps)과 1974년 창설한 일본의 청년해외협력대와 같이 상대국가에 거부감을 주지않고 제3세계에 진출하기 위하여 새로운 형태의 원조를 할 수도 있고 자연스럽게 우리나라의 상품을 수출하는 데에도 기여할 수 있는 방법이 있음을 청와대에 여러 번 건의하였다. 그 이후 1991년 한국국제협력단(KOICA)[11]이 발족되어 개발도상국의 청소년들을 국내에 초청하여 연수하거나 청소년들을 제3세계에 파견하여 활동 중이며 그 성과는 매우 크다.

2002년 8월 7일 청주시 부시장으로 근무하다가 제2 건국위원회 운영국장으로 자리를 옮겼다. 제2 건국운동은 '신한국창조'라는 캐치프레이즈 아래 행정에는 제도개혁을, 국민에게는 생활개

10) 동남아뿐만 아니라 아프리카와 중남미의 여러 나라에서도 새마을운동을 벤치마킹하기 위하여 공무원과 언론인들이 성남에 있는 새마을지도자연수원과 구미에 있는 새마을 역사관을 방문하고 있다.

11) 한국국제협력단은 1991년 정부가 출연하여 설립한 기관으로 우리나라와 개발도상국과의 우호협력관계 및 상호교류를 증진하고 이들 국가의 경제 · 사회 발전을 지원함으로써 국제개발협력을 증진하는 기관이다.

혁을 강조하였다. 그러나 국민들의 생활과는 거리가 먼 정치구호에 그쳤으며 국민운동으로는 한계가 있었다. 각 분야에서 새로운 아이디어로 성과를 올리고 있는 사람들을 신한국인으로 발굴하여 지원을 해주는 정도였다. 신한국인을 주제로 국립서울과학관에서 전시회를 열어 신한국인이 만든 여러 가지 제품을 소개하고, 사상의학(태양인, 태음인, 소양인, 소음인) 체험을 할 수 있는 코너도 마련하였다.

3. 민방위와 주민신고

1981년 드디어 내무부에 입성하여 민방위본부의 편성운영과의 주무계장으로 근무하게 되어 나의 꿈이 하나하나 영글어가는 계기가 마련되었다. 민방위는 1975년 월남이 패망하고 라오스·캄보디아 등이 공산화되고, 도시화와 산업화에 따라 증가하고 있는 각종 재난에 대비하기 위하여 조직되었다. 따라서 국가적으로 꼭 필요한 방위 조직이지만 국민에게는 경제적으로 부담을 줄 수 있다. 어떻게 하면 국민에게 주는 부담은 최소한으로 줄이면서 유사시에 대비하기 위해 필요한 조직으로 민간인을 어떻게 조직화 하느냐가 관건이었다.

민방위대의 편성 연령을 50세에서 45세(지금은 40세로 단축)로 낮추고, 직장민방위대의 경우 대장을 회장이나 사장에서 임원급으로 낮추어 기업경영에 있어서의 부담을 대폭적으로 낮추었다. 직장에서는 편성 연령을 초과하는 경우에도 직장 방호차원에서 자발적으로 참여할 수 있도록 배려하였다. 또한 기술지원대를 조직하여 토목, 화학 등 특수한 분야의 전력 보강에도 심혈을 기울였다. 또한 통일안보 위주의 교육훈련에서 실생활과 밀접한 가정에서 응급 처치 요령, 가스·전기 안전 사용법, 효과적인 재난대비 등 생활민방위 위주로 점차 바꾸었다.

1982년 3월 18일 부산 미문화원 방화사건이 발생하였다. 부산지역 대학생들이 광주민주화운동에 대한 군부의 유혈진압을 미국이 방관했다는 이유로 부산 미문화원을 방화한 사건으로 투쟁의 성격이 격렬하여 국민들에게 엄청난 충격을 주었다. 더욱 우리의 우방인 미국 문화원이 한국 제2의 도시인 부산에서 학생들이 시설을 점령하고 방화한 사건이었으니 그 정치적인 의미가 더욱 컸다. 시설의 점령 기간이 길어지고 사태수습이 늦어져 사태가 더욱 심각해졌다. 나는 사건이 발생하자마자 심재홍 민방위본부장(후 인천광역시장)을 모시고 현지에 출장을 가 사태의 심각성을 목도하였다.

이제까지 간첩과 간첩선은 국정원, 각종 범죄는 경찰관서, 화재는 소방관서 등 신고하는 장소가 다양하고 홍보도 기관마다 제각각 하고 있어서 국민들이 사고 발생 시 어디로 신고하여야 하는지 혼란을 겪는 경우가 많았다. 따라서 지역과 직장을 중심으로 주민신고망을 일제히 정비하고 요구르트와 우유 배달원, 우편집배원 등을 신고요원으로 위촉하여 유사시 신고토록 하였다. 신고도 간첩선과 간첩 그리고 각종 범죄는 112, 화재나 재난신고는 119로 신고하되 기관 간 서로 연결이 되도록 시스템을 연결하도록 조치하였다. 교육과 홍보도 내무부와 시·도와 시·군·구 등 일반행정기관이 중심이 되어 팸플릿을 제작하여 배포하였으며 각종 교육기회를 활용하여 범국민적인 교육을 실시하였다.

자연재난은 민방위국 기획과가, 화재는 소방국의 방호과가 중심이 되어 재난을 수습하였다. 이것이 다시 2004년 6월 1일 소방방재청이 발족하여 통합하였으나 주로 화재와 장마, 태풍과 같은 자연재해에 치중하고 있는 실정이다. 2014년 4월에 발생한 세월호와 같은 인위재난에 대하여는 각 부처의 고유 업무가 있으므로 직원 몇 명이 일시적으로 정부 합동재난본부에 파견되어 연락관과 같은 역할을 수행하는 초보적인 역할을 수행하였다. 세월호 사고를 계기로 해양경찰청과 소방방재청이 해체되고 미국의 재난관리청[12]과 같은 국민재난처가 국무총리실 산하로 일원화되었다. 그 이후 여러 가지 문제가 제기되어 2017년 7월 재난안전관리업무는 행정안전부로, 소방업무는 소방청으로, 해양경찰업무는 해양수산부 산하 해양경찰청으로 다시 분리되었다.

프랑스의 문명비평가인 기 소르망이 세월호 침몰사고를 보고 한국은 짧은 기간에 경제성장을 이룩하였지만 야만적인(brutal) 사회가 되었다고 혹평하였다. 우리나라는 자원부족의 한계를 극복하고 국가를 빠른 기간에 발전시키기 위하여 경제중심의 불균형성장 전략을 채택해 경제를 발전시켰다. 그 과정에서 많은 문제점이 돌출되었고 그것이 각종 사고[13]로 이어졌다. 물리학의 질량불변의 법칙이 사회발전에도 그대로 적용된다. 우리나라가 선진국으로 발전하려면 국정 전반에 걸쳐서 국가개조차원에서 국가시스템을 재점검하여 양과 형식 위주에서 질과 내실 위주로 전환해야 한다.

---

12) 미국 연방재난관리청(FEMA)는 1978년 6월에 설립된 국토안보부 산하의 연방기관으로 정부·주·지방의 능력만으로 대처하기 힘든 대형·고난도의 재난과 응급상황을 담당한다. 재난을 수습하기 위해 현장·전문가·구호지원과 함께 복구 지원을 하며 복구와 관련된 모금도 한다. 2012년 현재 예산이 109억 달러, 직원이 7,474명이다.

13) 2014년 7월까지만 해도 경주연수시설 붕괴사고, 소방헬기 추락사고, 세월호 침몰사고, 성남 환풍기 붕괴 사고, 7건의 철도사고 등 수많은 사고가 이어졌다.

제3절

자치제도의 기틀 구축

1. 내무부의 명칭 변경과 위상 재정립

1985년 미국 유학을 끝내고 귀국 후 기획관리실 기획계장으로 부임한 이후인 1987년 1월 14일 박종철고문치사 사건[14)]이 발생하면서 1월에 고교 선배인 김종호 장관이 책임을 지고 물러났다. 그 후임인 정호용 장관도 광주사태에 대한 책임을 지고 부임한 지 4개월 만에 물러나고 이어서 고건 장관 2개월, 정관용 장관 2개월 등 한 해에 장관이 4명이 바뀌면서 장관과 국회 업무 보고로 눈코뜰 새 없는 세월을 보내야 했다. 집에 며칠씩 들어가지 못하면서 업무 보고 준비로 여관에서 밤샘하는 것이 다반사였다. 이 당시 경찰은 치안본부 시절로 모든 국회 관련 기능을 내무부 기획관리실로 떠넘기는 소극적인 자세로 일관하였다. 집사람이 내의를 여관에 가져다주는 상황까지 벌어졌다. 이때 과로로 허파에 바람이 들어가는 기흉이라는 질병이 발생하여 일생에 처음으로

14) 박종철 군은 당시 서울대의 학생으로 남영동에 있던 치안본부 대공분실에 연행되어 경찰의 고문으로 숨졌으며 6월 항쟁의 불씨가 되었다.

병원에 입원하여 치료를 받게 되었다.

또한, 내무부의 주무계장으로 지방선거를 앞두고 지방화 시대에 대비하여 내무부의 명칭[15)]도 바꾸고 위상도 집중적으로 검토에 들어갔다. 내무부가 대외적으로 권부로써 권력적으로 자치단체를 통제하고 감독하는 상징적 조직으로 잘못 인식되어온 면도 있었다. 따라서 내무부의 명칭도 내무자치부, 자치부, 지방부, 지방자치부 등 여러 가지를 놓고 검토하였다. 그 이후 내무부는 총무처와 합쳐져서 행정자치부로 다시 안전행정부가 되었다가 2014년 세월호 사고를 계기로 안전기능이 국무총리실로 이관되었다가 2017년 환원되어 다시 행정안전부가 되었다.

1991년 지방의회가 구성되어 지방의회가 예산승인권과 조례제정권을 수행하면서 내무부의 기능이 폐지되고, 1995년 지방자치단체장의 선출로 지방공무원에 대한 인사권, 조직과 정원관리권이 축소되지 않을 수 없었다. 그러나 지방자치의 정착을 위한 자치제도를 발전시키고, 늘어나고 있는 중앙과 지방간 그리고 지역간 갈등을 조정하고 국정과의 통합성을 유지하며, 중앙부처에 대하여 자치단체의 이익을 대변하고 후원하는 역할은 더욱 늘어나므로 이에 대한 기능을 보강할 것을 주장하였다. 따라서 내무부는 중앙부처와 자치단체 간, 자치단체와 자치단체 간 갈등의 종합조정자, 중앙부처에 대해 자치단체 권익의 대변자와 후원자, 자치제도의 연구, 재정 및 시책지원을 통한 자치발전의 촉진자, 재난으로부터 국민을 지키는 국민생활안전 보호자로서의 역할을 강화할 것을 건의하였다.

---

15) 일본도 1947년 연합군의 점령 정책의 일환으로 내무성을 해체하였으나, 정부 내 자치단체의 입장을 대변할 필요성이 제기되어 1960년 자치성을 설치하였다가, 2001년 중앙행정기구 개편으로 총무성과 자치성이 통합하여 총무성으로 개편하였다.

광화문에 있는 정부서울청사

지방자치제 실시와 관련하여 중요한 것이 부단체장의 위상과 역할이다. 현재의 제도는 자치단체장은 선거에 의하여 선출되는 정무직 공무원이고 부단체장은 직업공무원으로 일반 공무원이다. 앞으로 지방자치제의 발전을 위하여 부단체장의 위상과 역할에 대한 문제가 제기된다. 부(vice)란 어디까지나 자치단체의 장의 보조에 불과하고 운신의 폭이 제한되어 행정적으로 뒷받침을 하면서 각종 감사 시에는 행정적인 책임을 지게 된다. 명칭을 교육감과 함께 행정감으로 변경하는 안도 검토하였다. 부단체장의 명칭 변경과 함께 자치단체장은 정치적 책임을, 부단체장은 행정적 책임을 지는 분업체계의 확립이 필요하다. 또한 부단체장을 그 지역 출신이 아닌 외부공무원으로 충원[16]하는 것이 필요하다.

교육자치와 관련하여 외국의 경향은 미국과 같이 일부 국가가 별도의 교육 관련 특별자치단체인 교육구(school district)를 설

16) 일본의 경우 부단체장은 총무성 등 중앙부처나 상급 자치단체인 도도부현(都道府県)의 부장 등 간부가 이동하여 근무하며, 거기에서 일정 기간 경력을 쌓아 그 지역의 자치단체장으로 출마하는 것이 일반적인 코스가 되었다.

치하여 운용하는 경우가 있고, 대부분의 나라는 일반자치단체로 일원화하여 운영하고 있다. 지방자치의 가장 중요한 부분이 교육이기 때문이다. 한국에서는 교육계에서 일반행정에 대한 피해의식이 있어 별도로 설치하여 운용하고 있다. 한국에서도 5·16 이전에도 일반 행정기관인 시·도청의 학무국형태로 운영되었다.

지방교육재정을 살펴보면 시·도 단위 교육특별회계의 77.2%를 국가가, 18.2%를 지방자치단체[17)]가 부담하고 있는 재정구조하에서 교육자치는 의미가 약하다. 교육감이 진보와 보수로 나누어져 교육계의 혼란이 가중되고 있으며 교육내용의 정치적 중립성이 요구된다. 따라서 교육자치를 시·군 기초자치단체의 책무로 하고 교육이 실제로 이루어지는 최일선인 학교 단위로 교육자치가 이루어져야 한다.

각 중앙부처가 경쟁적으로 지방에 자신의 수족이라고 할 수 있는 특별지방행정기관을 경쟁적으로 설치하여 운영하고 있다. 모든 중앙부처가 4,626개 기관을 설치하여 전체 공무원의 34%인 20만 명의 공무원이 일선기관에서 근무하고 있다. 시·도의 일반행정 기능과 중복되고 있어 민원인이 동일한 민원을 처리하기 위하여 시·도와 특별지방행정기관을 모두 다녀야 하는 불편과 비능률이 초래되고 있어 지방자치시대에 맞지 않는 행정시스템이다. 따라서 제주특별자치도처럼 국토관리, 중소기업, 해양수산, 보훈, 환경, 노동 등 적어도 6개 분야는 시·도청의 국·과 형태로 통합하여 일선 현장의 집행력을 대폭적으로 보강하여야 한다.

청원군 현도면과 충남 연기군이 통합하여 2012년 7월 1일 세종

17) 지방자치단체에서는 지방교육세 전액, 특별·광역시 담배 소비세액의 45%, 시·도세 총액의 3.6~10%, 학교용지 부담금, 공공도서관 운영비 등을 부담하고 있다.

특별자치시가 우여곡절 끝에 탄생되었다. 제천출신인 홍순영 前 외교부 장관께서 '나도 충북 출신이지만 통일에 대비하고 중국의 동북공정을 생각할 때 세종시를 설치하는 것은 바람직하지 않다'고 하면서 통일에 대비하여 필요하다면 일시적으로 김포시나 강화군에 설치하는 것이 바람직할 것 같다는 사적인 의견을 제시하였다. 나는 인천 도시축전위원장으로 모시고자 특사자격으로 뵌 적이 있다. 결국 우리나라도 브라질과 같이 세종시에 최소한 입법부인 국회까지 모두 옮겨가 행정수도로서 기능을 수행하도록 하고 서울은 경제수도로서의 기능을 수행토록 해야 할 것이다.

재정경제과장 재직시절에는 국가적 과제의 하나가 원자력발전소에서 나오는 저준위 폐기물을 보관할 시설을 옹진군의 굴업도에 설치하는 것이었다. 이 계획이 매스컴에 보도되면서 매일 인천과 굴업도의 현지에서 반대 시위가 계속 이어졌다. 이것을 해결하기 위한 대책으로 주민의 숙원사업을 해결할 수 있는 재정지원대책을 강구하는 방향으로 의견을 모으고 내가 행정자치부의 위원으로 매주 2회씩 강남의 호텔에서 있었던 조찬대책회의에 참석했다. 결국 지층의 문제로 인하여 굴업도 설치는 무산되고 전북 부안군으로, 다시 자치단체의 신청제로 제도가 바뀌면서 경주로 시설이 결정되는 우여곡절을 겪게 되었다.

우리나라와 일본은 내무행정의 시스템이 유사한 점이 많으므로 1991년부터 한·일내정관계자 세미나를 매년 양국을 오가며 교차하여 개최하였다. 양국의 차관이 단장이 되고 관련 국장이 참여하여 현안 과제에 대하여 발표하고 토의하는 자리였다. 1995년 2월 20일부터 24일까지 일본 자치성의 대표단이 서울을 방문하여 일본의 지방분권, 정치개혁, 지방소비세창설 등을, 한국은 지방행정구역의 광역화 등에 대하여 발표하였다. 다음 해인 1996년 2월 5일부터 9일까지 일본 동경에서 있었던 제5회 세미나에서 나는 지방재정국장을 대신하여 우리나라의 지방재정과제에 대하여 발표하였다. 이때 일본 근대화를 가져온 메이지유신의 산실인 가고시마와 나가사키도 방문하였다.

2. 지방조직과 정원의 자율관리로 개편

내가 지방기획과 조직관리계장으로 부임하여 기존자료를 살펴보니 지방자치단체로부터 조직을 보강하고 인력을 증원해달라는 신청이 들어오면 그것을 모아서 1달 또는 2달에 1번 정도 종합적으로 검토하여 장·차관께 보고하여 자치단체에 승인해주는 것이 일상적인 일과였다. 지방의 신청에 의하여 소극적으로 조직과 인력을 관리하는 전근대적인 조직관리 방식이었다. 물론 정책적으로 전국적으로 기능을 보강하고 인력을 보강할 필요성이 제기되는 경우에는 일률적으로 검토하여 전국적으로 시행하였다.

지방자치시대에는 자주조직권이 지방자치권의 핵심적인 사항이므로 이 권한을 지방자치단체에 넘기되, 기구와 인력의 증원에 따른 지방재정의 추가부담이 우려되므로 인구와 면적, 재정규모, 읍면동사무소의 수를 종속변수로 하여 정원을 도출하는 합리적인 방법, 즉 표준정원제의 도입을 건의하였다. 이를 위하여 지방행정연구원과 긴밀하게 협의하여 여러 번의 검증을 거쳐 산식을 개발하였다. 따라서 그 범위 내에서는 자치단체가 자율적으로 인력을 보강하되 그 이상 증가되는 경우에 한해서만 행정자치부의 승인을 받도록 하였다. 이는 지방자치단체에 자주조직권과 인사권을 이양하는 중요한 조치였다.

지방기구에 대하여도 인구 규모에 따라 차별화하여 인구를 기준으로 하여 국·과를 설치할 수 있는 기준을 마련하였다. 생산적인 행정조직으로 개편하기 위하여 1국은 4개 과 이상, 1과는 4개 담당 이상으로 대국·대과주의를 실시하였으며, 계제를 폐지하고 팀제를 도입하였다. 또한 인구 50만 명 이상의 중규모 도시에 대해서는 행정구[18]를 설치하여 집행력을 집중적으로 보강토록 하였다. 또한 5천 명 이하의 소규모 동사무소를 통합하여 대동제(大洞制)를 도입함으로써 예산 절감과 함께 행정의 집행력을 도모하였다. 행정의 전산화와 민원서류의 감축으로 민원인이 일선기관을 방문하는 기회가 대폭 줄어들고 있음을 감안하여 대동제로의 개편을 유도하였다.

또한 1994년과 1995년에는 2회에 걸쳐서 41개의 시와 39개 군을 통합하여 40개의 시로 지방행정체제를 대폭적으로 개편하였다. 통합시당 연간 110억 원의 예산절감과 인력 절감을 유도하였다. 이를 뒷받침하기 위하여 통합한 시에는 종전과 같이 국가 예산을 지원할 것을 약속하였다. 이때 충북에서는 충주시와 중원군, 제천시와 제원군이 통합되었다. 그러나 정작 나의 고향인 청주시와 청원군은 당시 충북도지사의 묵시적 반대와 시장·군수와 의장 그리고 사회단체장 등이 자신의 위상이 약화될 것을 우려하고 직능이기주의가 작용하여 1994년 4월과 2005년 9월 그리고 2010년 2월 등 3번에 걸쳐 청주시와 청원군의 통합을 추진하였으나 실패하고 2012년 6월 27일 주민투표로 통합하기로 결정하고 드디어 2014년 7월 1일에 통합이 이루어졌다.

18) 행정구(行政區)란 자치구와 달리 자치권이 없으며 시장이 임명하는 구청장이 시장의 지시를 받아서 행정을 수행하며 별도의 지방의회는 구성되지 않는다.

(표 4-1) 조선 시대와 현재의 중앙관직 비교

구분		보직		현재의 직급
		의정부 • 육조(내직)	지방(외직)	
당상관(堂上官)	정1품	領議政, 左 • 右議政(국무총리)		국무총리
	종1품	議政府 左 • 右贊成, 義禁府 判事		장관
	정2품	判書(장관), 左 • 右參贊, 漢城判尹(서울시장)		〃
	종2품	參判(차관), 留守(중앙직속기관), 司憲府 大司憲	觀察使(지사) 府尹(광역시장)	차관
	정3품	參議(1급), 都承旨(비서실장) 司諫院 大司諫	大都護府使(시장), 牧使(시장)	1급
당하관(堂下官)	종3품	司諫院 司諫	都護府使(시장)	2-3급
	정4품	弘文館 應敎(교수), 議政府 舍人		〃
	종4품		郡守(군수)	〃
	정5품	正郎(국장)		〃
	종5품		縣令(군수)	4급
	정6품	佐郎(과장)		〃
	종6품	科擧 壯元	縣監(군수)	5급
참외(參外)	정7품	科擧 2-3等		〃
	종7품	算士, 明律		6-9급
	정8품			〃
	종8품	計士, 審律		〃
	정9품	訓導		〃
	종9품	會士, 檢律		〃

조선 시대의 관료제도를 오늘날의 제도와 비교해 보았다. 고려 광종 9년(958년)에 처음 시행된 과거제도는 3년에 한 번씩 주기적으로 시행되었으며 문과, 이과, 잡과로 구분되어 시행되었다. 조선 시대의 관직과 오늘날의 관직을 비교해보면 (표 4-1)과 같다. 과거에 장원급제를 하면 종6품을 수여하되, 2~3등을 하면 정7품을 부여하여 시험성적에 따라 차별화하였다.

또한 지방관직은 도와 하급 지방행정단위의 여러계층으로 구성되었으니 오늘날과 달리 이루어져 있음을 알 수 있다. 관찰사는 종2품을 임명하는 것을 원칙으로 하되 지역의 중요성을 감안하여 예외로 경기도, 평안도, 함경도는 정2품으로 임명하였다. 임기는 관찰사는 2년이며 수령은 3년으로 되어 있으며 관찰사는 초기에는 가족 동반을 금지하다가 감영을 설치하면서 사실상 동반하게 되었으며, 수령은 제한이 없었고 동반 여부에 따라 임기에 차이가 있었다.

(표 4-2) 하급지방행정단위

구 분	품위	관직수	비 고
府尹	종2품	4	평양, 함흥, 경주, 전주
大都護府使	정3품	5	영변, 영흥, 강릉, 안동, 창원
牧使	정3품	20	능주, 황주, 해주, 길주, 안주, 정주, 여주, 파주, 양주, 원주, 청주, 충주, 공주, 홍주, 상주, 성주, 진주, 광주, 나주, 제주
都護府使	종3품	75	
郡守	종4품	77	
縣令	종5품	26	인구, 경지면적 등 고려
縣監	종6품	122	-

*부윤 중 관찰사 소재지인 평양, 함흥은 관찰사가 겸임함

관직에 따라 부인의 호칭까지도 달랐으니 관료 중심의 조선 시대의 사회적 특성을 짐작할 수 있다. 또한 종친 및 문무관의 정2품 이상의 관료에게는 3대에 걸쳐 사후에 관직을 추증하였으니 부모는 본인에 준하는 관직을, 사망한 처에게는 본인의 관직을 주고, 조부모에게는 1등급을 낮추어 추증하고, 증조부모에게도 2등급을 낮추어 추증하였다. 후대에 내려가서는 정2품이 아닌 자의 유명한 학자, 의절을 지킨 신하, 왕실의 친족과 고관의 부모, 외국에 출정하여 사망한 사람에게도 직위를 추증하기도 하였다.

(표4-3)관직에 따른 부인칭호

계 급	왕종친의 처	문무관의 처	계 급	왕종친의 처	문무관의 처
정1품	府夫人	貞敬夫人	정5품, 종5품	溫人	恭人
종1품	郡夫人	貞敬夫人	정6품, 종6품	順人	宜人
정2품,종2품	縣夫人	貞夫人	정7품, 종7품		安人
정3품	夫人	淑夫人	정8품, 종8품		서인
종3품	人	淑人	정9품, 종9품		孺人
정4품,종4품	惠人	令人			

3. 지방재정의 일대개혁

1995년 청와대에 근무하다가 나와서 행정자치부의 지역경제과장으로 부임했으나 6개월 후 다시 재정과와 지역경제과가 통합되면서 지방재정국의 주무과장인 재정경제과장으로 부임하게 되었다. 본격적인 지방자치시대에 지방채발행 승인제도가 맞지 않는다고 판단하고 이를 심층적으로 검토하였다. 지방채발행에 일정한 공식을 도입하여 그 범위 내에서는 지방의회의 승인을 얻어 지방채를 발행하되 그 범위를 초과하는 일정한 경우에 한하여 행정자치부의 승인을 받도록 제도화하였다. 채무상환비율과 예산대비 채무비율을 기준으로 전전 연도 예산의 10% 이하에서 지방채를 발행할 수 있도록 4개의 그룹으로 유형화하였다.

이 시기에 미국에서는 코네티컷주 브리지포트시가 파산신청을 하고, 캘리포니아주의 오렌지카운티가 파산하고, 잘 나가던 캘리포니아주가 경제가 어려워지고 심각한 재정적자를 겪고 있었다. 일본에서도 부동산 침체로 법인세 등 세수 감소로 지방자치단체의 재정위기[19]가 심각해지고 있었다. 따라서 나는 매년 지방재정

19) 유바리시와 인근 탄광 지역의 5개 자치단체가 2006년 이후 파산위기를 맞이하여 홋카이도 도청이 채무를 상환하고 각 자치단체는 0.5%의 금리로 18년간 도청에 상환하기로 하였다. 유바리시는 인구 1만 1,012명으로 65세 이상 인구가 43% 이나 무리한 관광시설에의 투자로 지방

을분석하고 재정운용에 문제가 있는 지방자치단체에 대하여는 재정진단을 실시하는 지방재정진단제도를 도입하였다. 진단결과 문제가 있는 자치단체에 대하여는 조직개편, 채무상환, 세입증대, 신규사업 제한과 같은 재정건전화계획을 수립하도록 의무화하였다. 이때 미국의 제도를 참고하여 지방재정파산제도[20]의 도입도 검토하였으나 정치권의 부정적 반응으로 유보하였다. 2014년 정부와 새누리당에서는 지방자치단체에 대한 파산제도를 도입하겠다고 발표하였다.

제2 건국위원회의 운영국장으로 있는 어느 날 행정자치부의 대폭적인 인사요인이 생겼다. 2003년 3월경 청주 강외면 출신인 조흥연 선배(중국 조남기 장군의 조카)를 만나게 되었다. 이분을 통하여 TK 출신의 정권 실세인 이강철 특보를 강남에 있는 호텔에서 만나 저녁 식사를 함께 한 적이 있었다. 내가 공직자로서 걸어온 길과 지방재정에 관한 책까지 저술했으므로 나를 장관에게 추천해 줄 것을 부탁했다. 그 이후 김두관 장관과 연결이 되어 서로 가고 싶어 하는 참여정부의 지방재정경제국장에 2003년 4월 1일 부임하였다. 나는 또한 국가균형발전위원회 회의에 정부위원으로 산업자원부의 이현재 선배(국회의원)와 함께 주기적으로 참석하였다.

나는 지방재정국장으로 실질적 지방분권이 될 수 있도록 참여정부의 국정원리인 분권·자율·투명에 맞추어 국가재원을 지방으로 대폭 이전하고 지방재정제도도 전면적으로 개편을 추진하였

채가 353억 엔으로 늘어나 2007년에 파산했다. 공무원 수를 270명에서 70명으로 대폭 줄이고 직원과 의원 급여를 줄이고 7개 초등학교와 6개 중학교를 각각 1개로 통폐합하였다.

20) 미국 연방파산법 제9장은 1934년에 신설된 조항으로 파산 조건은 ①지방자치단체가 ②채무자로 주법에서 인정해야 하고 ③지급불능이어야 하며 ④채무정리계획을 실행할 의욕이 있어야 하며 ⑤신청 전에 채무자와 성실하게 교섭에 임해야 한다.

다. 앞으로 이루어야 할 재정분권의 지표까지 만들어 주기적으로 점검이 이루어질 수 있도록 종합적인 지방재정분권을 위한 시스템을 만들었다.

(표4-4)재정분권의 발전지표

구분	2003년 현재	5년 후
국가 : 지방 재정규모 (총사용액 기준)	51 : 49	47 : 53(8조 원 지방 이전) *일본 37 : 63
국세 : 지방세 비중	80 : 20	78 : 22
자율 투자사업비	17%	25%
예산편성방식	지침준수	기준범위 내 자율편성
국고보조방식	단위사업별	포괄지원
지방채 발행	개별사업 승인	일정범위 내 자율발행
투자사업 관리	투입위주	사후관리(성과위주)
지방재정 정보화	개별 정보시스템 구축	통합지방재정 정보시스템 구축
통합재정 분석	일반 • 특별회계 • 기금 개별관리	전 자치단체 통합재정분석
자치단체 회계방식	단식부기	복식부기

이와 같은 발전지표를 달성하기 위하여 지방교부세의 법정율을 15%에서 17.6%로 인상하고, 국세인 부가가치세의 일정비율을 이양하여 지방소비세를 신설하고, 지방소득세의 신설도 추진하였다. 또한 지방양여금제도는 폐지하되 국가균형발전특별회계를 설치하여 국가균형발전전략을 3차원적으로 지원하여 지역특성사업과 지역 SOC 확충을 위한 재원으로 뒷받침되도록 체계화하였다. 국고보조금사업도 지방자치단체가 개별적으로 중앙정부에 신청하는 방식을 지양하여 행정자치부로 일괄하여 신청하면 중앙부처로 온라인으로 연결할 수 있도록 행정절차를 대폭 단순화하였으며, 자치단체별로 포괄적으로 지원하는 영·미식의 포괄보조금제도(block grants)를 도입하였다.

국가재원의 지방 이전에 따라 지방재정운영의 개선을 위해 지방자치단체예산편성지침을 폐지하고 대신 편람을 만들어 필요한 부분에 대하여 자치단체에 매년 제시하였다. 지방채발행도 개별적으로 승인하는 제도를 폐지하고 지방조달 권한도 대폭적으로 지방에 이양하였다. 지방재정의 책임성·효율성을 강화하기 위하여 성과주의 예산제도를 도입하고, 중기지방재정계획과 투융자심사제도를 연계시키며, 재정분석결과를 지방의회에 보고토록 하고, 세외수입의 확대와 함께 과표현실화와 탄력세율을 적극적으로 도입하였다. 또한 지방재정의 참여와 투명성을 강화하기 위하여 지방재정운영에 주민참여를 활성화하며 지방재정정보시스템을 구축하여 재정정보를 주민에게 공개하고 회계제도도 현금주의와 단식부기에서 기업이 채택하고 있는 발생주의와 복식부기로 전환을 추진하였다.

지방양여금제도[21]는 1991년 지방자치제 실시에 따라 지방재정을 확충하고 교통 혼잡에 따른 물류비용을 감소하기 위하여 주세 100%, 교통세 14.2%, 농특세 23/150을 재원으로 하여 지방도로사업, 농어촌지역개발사업, 수질오염방지사업, 청소년육성사업, 지역개발사업을 추진하는 재원이었다. 나는 지방양여금제도를 폐지하고 국가균형발전특별회계[22]를 신설하는 제도개편에 처음에는 반대하였다. 지방도로가 선진국처럼 전국적으로 정비되는 성과를 거두었으므로 폐지보다 일본[23]처럼 개편할 것을 건의

21) 성경륭 교수가 국가균형발전위원장으로 취임하여 지방양여금을 폐지하고 그 재원을 중심으로 국가균형발전특별회계를 만들었다. 지방양여금재원 중 도로정비와 지역개발사업재원(2조 6,696억 원)은 지방교부세로, 수질오염방지사업재원(1조 3,419억 원)은 국고보조금으로, 농어촌지역개발사업, 청소년육성사업재원(3,857억 원)은 국가균형발전특별회계로 이관되었다.

22) 국가균형발전특별회계는 2004년 제정 당시에는 4년 한시적인 제도로 운영하기로 하고 시행하였으나 계속해서 연장되고 있다.

23) 일본은 주로 환경기초시설에 투자하고 있다.

하였고 전국 지방공무원을 대상으로 존치해야 할 당위성을 기회가 있을 때마다 강조하였다. 이 때문에 왜 주무국장이 국가정책에 반대하느냐면서 감사원으로부터 조사를 받기도 하였다. 그러나 2003년 노무현 대통령 재직 시 청와대 집무실에서 있었던 관계부처 장관과 위원장[24)]이 참석한 가운데 정부방침으로 확정된 후에는 나도 이에 적극적으로 순응하였다.

2004년 참여정부는 1~3급 공무원을 하나로 묶어서 미국식의 고위공무원단을 만들어서 중앙부처의 국장급 공무원을 대상으로 중앙부처 간 교류를 처음으로 시도하였다. 행정자치부 지방재정국장과 기획재정부의 예산관리국장을 서로 교류하기로 계획되었다. 당시 예산실장이 고시 동기이고 선임자가 가게 되면 서로 불편할 것 같아서 나는 지방으로 가기로 손을 들었고 그래서 나는 인천광역시 행정부시장으로 자리를 옮기게 되었다. 내 후임으로 기획재정부 배국환 국장이 왔다가 나중에 기획재정부 2차관과 감사위원을 역임하였다. 다른 입장에서 업무를 객관적으로 보고 정책 결정을 할 수 있는 장점이 있으나 중앙부처 간 할거주의로 조직의 벽을 어떻게 허무느냐가 관건으로 지속적으로 실시해야 효과를 거둘 수 있는 과제이다. 참여정부 때 한 번 시행되었다가 그 이후로 중단된 제도이다.

4. 지방공기업 발전과 지역개발의 촉진

1986년 재정과 공기업1계장으로 부임하여 아시아개발은행

24) 집무실회의에는 노무현 대통령과 경제부총리, 산업자원부장관, 행정자치부장관, 비서실장, 정부혁신위원장, 국가균형발전위원장, 그리고 국장 중에는 유일하게 내가 참석하였다.

(ADB)으로부터 장기저리의 융자를 받아 지방 중·소도시의 상수도를 확충하는 사업을 마무리하였다. 단양, 황간 등 군지역의 중소도시가 오염된 생활하수를 취수원으로 하여 상수도를 공급하고 있어 주민의 건강을 위협하고 있었다. 재원이 부족한 군지역에 광역상수도 형태의 상수도를 공급함으로써 수질이 날로 악화되어가는 중소도시에 깨끗한 상수도를 공급하여 생활의 질을 높이는 사업이었다. 이 사업은 지방상수도의 생산능력을 확대하여 여름철 급수문제를 완전히 해결하였으며, 생산방법도 오존처리를 하고 누수탐사장비를 도입하여 유수율을 높이는 등 우리나라 상수도행정을 선진화시키는데 크게 기여하였다.

1995년 재정경제과장으로 부임하자 물가가 매년 8%씩 상승하여 물가안정이 정부의 최대 현안 과제 중의 하나가 되었다. 물가상승이 서민생활을 위협하는 수준으로 이루어지자 정권에까지 부담이 되어 범정부차원에서 집중적인 관리가 요구되었다. 그래서 나는 물가대책상황실을 과장실에 설치하고 자장면, 이·미용료 등 지방자치단체가 관리할 수 있는 42개 품목을 집중관리대상으로 지정하여 지방자치단체에 1주일에 한 번씩 시·도의 부시장과 부지사에게 직접 전화를 하여 관리를 독려하였다. 그 결과 4%대로 지방물가를 크게 안정시켰으며 그 공로로 정부로부터 녹조근정훈장을 수여받았다.

2003년 지방재정국장으로 부임하여 지방공기업 중 지방의료원이 매년 의료적자를 보이면서 경영이 매우 어려워지고 있었다. 그러나 지방의료원은 기초생활수급자 등 취약계층에게는 매우 중요한 지역거점 의료기관이므로 경영을 흑자로 전환하기 위하여 특별교부세에서 지방의료원에 장례식장을 건립할 수 있는 특별예산을 지원하였다. 이를 계기로 청주와 충주, 홍성 등 여러 지방의료원이 경영상 흑자로 전환되는 계기가 마련되었다. 또한 지방의료원장이 자체 워크숍을 개최하여 서로 간의 경영 노하우를 공유하고 경영개선을 도모하도록 특별한 관심을 표명하였다.

또한 인구 1만 명 이하의 소도읍이 더 이상 낙후되지 않고 지역민에게 정주의욕을 고취할 수 있도록 지방 거버넌스[25]차원에서 194개 소도읍을 성장거점으로 지정하여 재정적으로 지원하였다. 전국 70개 시·군에 대하여도 신활력 지역사업으로 자치단체별로 20-30억씩 지원하여 자립할 수 있는 정주여건을 마련하였다. 또한 오지와 도서지역과 접경지역의 종합개발을 위한 계획을 수립하여 재정적으로 지원하여 전 국토가 골고루 발전할 수 있는 자생능력을 고양하는데 역점을 두었다.

또한 지역발전을 위하여 지방도로의 확충이 절대적으로 중요하다고 판단하였다. 지금까지 추진해오던 세계은행차관사업으로 추진하던 지방도로개설사업을 조기에 마무리하고 지방도시에 위치한 국도에 통과 차량이 집중돼 교통사고를 유발하므로 대체 우회도로사업을 중점적으로 추진하였다. 그래서 1일 통과 차량이 1만대 이상인 도로를 우선적으로 지원하기로 하고 지역을 선정하여 추진하였다. 또한 부지는 지방자치단체가 구입하고 공사비는 국가가 부담하는 국가지원 지방도사업도 지속적으로 펴 오늘날의 지방도로가 선진국의 어디에 내놓아도 손색없는 전국적인 도로체계를 갖추게 되었다.

전국에 온천이 있으나 일부 지역은 지하수를 데워서 온천수로

25) 거버넌스(governance)란 협치로 비권력적 관계이며, 이와 반대로 통치(government)는 권력적 관계를 말한다. 오늘날 비정부기구(NGO)의 발달로 협치가 지방자치시대에 강조되고 있다.

공급하는가 하면 또 어떤 곳은 일반 지하수에 일본에서 수입한 유황을 섞은 후 유황온천수라고 과대홍보를 하는 등 온천수 관리에 문제가 제기되었다. 법상으로는 섭씨 25도만 되면 온천수로 간주하므로 굴착기술의 발달로 지하로 깊이 파고 내려가 취수하면 온도는 문제가 되지 않았다. 그래서 특수한 성분을 함유한 보양온천개념을 도입하였다. 알칼리성, 유황 등 특수한 성분을 함유한 온천을 전국적으로 개발하여 호텔 등 숙박시설에 게시토록 하여 이용자가 쉽게 구분하여 이용할 할 수 있도록 하였다.

자동차의 보급으로 도로명주소제를 이 시기부터 준비하였다. 도로를 기준으로 하여 왼쪽은 홀수, 오른쪽은 짝수로 하여 번호를 부여하였다. 2014년부터 전국적으로 동시에 실시하고 있으나 10년 이상의 준비와 단계적 시행을 해오고 있는 시책이다. 이것이 시행되기 위하여 우편업무도 같이 연계되어야 효과가 있음을 강조하였다. 또한 자동차의 보급에 따라 자동차에 부착하는 GPS도 일제히 정비토록 유도하였으나 민간부문의 영역이므로 어느 정도의 시행기간이 필요할 것으로 본다. 일제가 갑오개혁의 일환으로 추진한 지번 중심의 토지조사사업도 100년 이상의 역사가 소요된 사업이었다.

다음은 간판과 광고물 정비이다. 무질서한 홍보물을 정비하기 위하여 행정기관이 광고물 게시대를 시·군비로 지원하여 주요 도로변에 설치하고 관리는 광고물협회에서 자율적으로 관리하도록 조치하였다. 그럼에도 불구하고 주말을 전후하여 플래카드가 주요 도로변에 넘치고 있어 이를 근원적으로 해결하기 위하여 광고주와 게시자의 양벌규정을 신설하였다. 또한 품위 있고 개성 있는 간판으로 도시의 미관을 향상시키기 위하여 간판은 3층 이내로 제한하고 그것도 건물에 부착하는 형태로 개선하였다. 최근 간판이 많이 개선되었으나 선진외국처럼 수준 높은 간판을 기대하기 위하여 시민들의 의식 수준이 동시에 향상되어야 한다.

제5장

목민관이 되어

제1절
낙후지역 "보은(報恩)"개발

1. '살기 좋은 보은' 건설

1991년 12월 중순 이동호 충북도 도지사로부터 보은군이 쓰레기장 건설 관계로 민원이 끊이지 않고 있으니 보은군수로 부임하여 민원을 해결해보는 것이 어떻겠느냐면서 나의 의향을 타진하였다. 보은은 내가 출생한 지역일 뿐만 아니라 도청의 지역경제국장으로 근무하면서 충북관광개발계획을 수립하였으므로 속리산관광개발을 현장에서 보다 구체화할 수 있는 절호의 기회라고 생각하고 수락하였다. 역시 내무공무원의 꽃은 군수라고 할 수 있다. 민선이 실시되기 전까지만 해도 나이 많은 어르신들은 군수를 '영감님' 하면서 최대한 예의를 표시하면서 맞이하는 것이 오래된 보편적인 관행이었다.

보은군은 속리산을 경계로 하여 경북 상주에 인접한 산악형 오지농촌 지역으로 공장도 거의 없고 교통도 불편하여 인구도 점점 줄어들고 있는 실정이었다. 또한 재정자립도[1]도 10% 정도로 충

1) 재정자립도란 자주재원(지방세+지방세외수입)/ 총세입(자주재원+의존재원(지방교부세+국고보조금)의 비율로 세입측면에서 어느 정도 지역에서 수입을 걷을 수 있는 지의 지표로 제3공화국 헌

북에서 최하위이고 전국적으로도 10번째 이내의 하위 군에 속한다. 따라서 지방세와 세외수입을 합해도 직원들의 월급을 못 주는 정도로 지방재정이 매우 취약한 자치단체이다. 또한 청주에서는 당시 보은군 사람이 아니면 청주교도소가 텅 빌 정도로 범죄가 많다는 말까지 있을 정도로 보은군을 바라보는 시선도 곱지 않은 상황이었다.

나는 1991년 12월 30일 도지사로부터 사령장을 받고 제일 먼저 충혼탑에 가 참배를 마친 후 오후에 취임식을 갖고 이어 군정 전반에 관한 총괄적인 업무와 당면과제인 광역(?)쓰레기장 건립 추진상황에 대한 보고를 늦게까지 받았다. 다음날은 종무식이 있는 날이므로 직원들이 연초에 편히 쉴 수 있도록 각 실·과별 세부적인 사업보고는 서면으로 대체하였다. 신년 초 연휴 기간에 관사에서 업무보고 자료를 검토하고 의문이 생기는 부분에 대하여 별도로 사후에 확인하는 등 업무보고를 대폭적으로 간소화하였다.

충북 보은군청 청사 전경

나는 취임 후 보은 군정의 캐치프레이즈와 비전을 "살기 좋은 보은군"으로 정하고, 이를 달성하기 위한 전략으로 "지역화합, 소득증대, 균형개발"에 두었다. 보은군이 발전하기 위하여 가장 먼저 해야 할 일은 현재와 같은 여건을 타파하는 길이라고 생각하

법의 부칙에서 지방자치제 실시의 조건으로 명시된 중요인 재정지표이다.

였다. 쓰레기장 조성으로 민심이 뒤숭숭하고 일부 출향인사와의 갈등도 심각한 실정이었다. 또한 1914년 지방행정조직의 개편[2]에 따라 보은현과 회인현이 합해져 보은군이 되었다. 그래서 특히 피해 의식이 있는 회인에 대하여는 지역 숙원사업을 해결하기 위한 여러 가지 정책적인 배려를 하였다. 또한 지방의회가 복원된 후 2년 차가 되는 지방자치제가 실시된 초기 해 이므로 도의원과 군의원과의 관계에도 배려를 많이 했다. 경찰서, 교육청, 농협지부 등 공적인 관계기관뿐만 아니라 문화원, 노인회 등 지역의 유관기관·단체와의 접촉도 강화하였다. 이때 노인회장이 나의 호를 맑은 샘과 같이 군정을 깨끗하게 잘 펴달라는 뜻으로 석천(石泉)으로 지어주어 지금까지 사용하고 있다.

관사 뒤쪽에 위치한 삼산초등학교의 테니스장에도 매일 새벽에 나가 회원들로부터 시중의 생생한 여론동향을 듣기도 하였다. 아침에는 모닝커피로 주말에는 아침 해장국 조찬을 하면서 여러 가지 정보도 듣고 다양한 지역유지들을 접할 수 있는 좋은 기회였다. 경찰서장을 회장으로 하고 교육장, 농협 지부장을 테니스클럽의 고문으로 위촉하여 자연스럽게 매일 아침 업무에 관한 관계기관 간 비공식적 협의도 하고 아침 운동도 하면서 체력을 단련하는 일석이조의 효과를 거두었다. 이를 계기로 많은 지역의 기관장들과 유지들이 테니스회에 가입하였다.

1992년 10월경 청주에 소재한 지역신문인 동양일보사가 창간하여 시·군을 순회하면서 축하리셉션을 개최하고 있었다. 나는 이미 도의원 두 분을 초청하여 다음 해 충북도 예산에 보은군 관련 예산을 확보하기 위하여 만찬을 모시는 자리를 오래전에 마련

2) 정부는 1914년 부 · 군 · 면 등 세분화되어 있는 지방행정조직을 2개의 현을 1개 군으로 통합하는 개편을 하였으며, 이때 청주도 청주현과 문의현을 통합하여 청주군을 설치하였다.

했으므로 조금 늦겠다고 사전에 양해를 구하였다. 그러나 신문사의 행사에 최우선적으로 군수가 참석해야지 더 중요한 것이 무엇이 있느냐는 식이었다. 이를 계기로 보은 주재 기자를 1명에서 5명으로 늘려 상주시켜 취재를 하는 등 군정을 마비시키겠다는 전략으로 나왔다. 기삿거리가 없자 막 결혼한 젊은 기자들이 밤늦게 술을 먹고 관사까지 찾아와 만나자고 하기에 내일 낮 사무실에서 술이 깬 상태에서 만나자며 거절하였다. 그러자 기자 중 한 명이 담을 넘어오자 관사에서 키우던 몸집이 큰 일본 진돗개가 달려들어 놀라서 황급히 줄행랑치는 상황까지 벌어졌다.

도시화와 산업화추세에 따라 군지역의 인구가 계속 감소하는 현상은 세계적인 추세로 산업단지의 조성도 중요하지만, 군지역에는 공무원이 제일 선망하는 직업이므로 최소한 군청의 공무원만이라도 주민등록을 옮겨 우리 지역에서 살자고 제안하였다. 그래서 나는 일차적으로 초등학교 5학년인 둘째 딸 유정을 관사 뒤에 있는 삼산초등학교로 옮겼다. 이것이 지역신문인 보은신문에 대서특필된 바가 있다. 다른 사람들은 자녀교육을 위하여 도시로 그리고 더 큰 대도시로 유학시키는 상황인데….

이때만 해도 속리산국립공원관리공단이 속리산국립공원 입장료[3)]를 거두어가면서 군에서는 쓰레기 청소, 산림 병충해 방제 등 환경보호를 위해 궂은일을 맡아 하고 있었으나, 지역의 개발 방향에 대하여는 현지 실정을 고려하지 않은 채 공단사업만을 고집하여 국립공원이 소재한 자치단체와 협조가 원만하지 못한 경우가 많았다. 민원인의 입장에서도 동일 민원으로 군과 관리공단을 오가야 하는 불편이 있으므로 그 기능과 인력을 군으로 이관시켜

3) 지금은 국립공원 입장료는 폐지되었고, 문화재 관람료 형태로 사찰에서 징수하고 있다.

줄 것을 중앙정부와 도에 지속적으로 건의하기도 하였다.

2. 속리산 관광개발의 역점 추진

보은하면 속세를 떠난다고 하는 해발 1,057m의 속리산[4]과 충북지역 교구의 본사인 법주사를 연상하게 된다. 보은에는 이 지역에 팔상전, 쌍사자석등, 석연지 등 3점의 국보와 12점의 보물, 정이품송과 망개나무 등 동식물이 서식하고 있어 전국의 시·군 중에서 5번째로 문화재가 많은 지역이다. 특히 천황봉에서 한남 금북정맥이 분기하므로 빗방울이 상주 쪽으로 떨어지면 낙동강으로, 보은 쪽으로 떨어지면 금강으로, 괴산 쪽으로 떨어지면 달천강을 지나 한강으로 흘러가게 된다. 이와 같은 곳은 거의 없어 천황봉이라는 명칭을 갖게 되었다. 살아서 문장대를 3번 오르면 극락세계에 간다는 이야기도 있으며 이 근처에서 생산되는 풀인 명아주로 만든 지팡이는 가볍고 단단하여 매년 정부에서는 장수를 기념하는 대통령의 하사품으로 100세 되는 노인들에게 선물하고 있다.

충북지역을 관할하는 교구본사인 법주사

4) 속리산에는 천연기념물인 정이품송과 망개나무 등 672점의 식물과 까막딱따구리, 하늘다람쥐 등 희귀동물을 포함하여 344종의 동물들이 서식하고 있다.

정이품송은 천연기념물 제103호로 세조가 신병치료를 위하여 속리산에 가던 중 가마에 소나무의 나뭇가지가 걸릴 것 같아 '연 걸린다'라고 소리치자 늘어졌던 가지가 올라가 무사히 가마가 통과하게 되었고 그 이후 '정이품'이라는 벼슬을 얻었다고 한다. 최근에 낙뢰로 인하여 가지가 부러지고 외과수술을 받는 등 형상이 매우 초라해졌다. 그러나 4km 남쪽 서원계곡에 있는 정이품의 배필이라고 일컬어지는 정부인소나무는 수령이 다 같이 600년이 된 노거수로 밑에서부터 나무가 두 갈래로 나뉘어져 암소나무라고도 하며 수세가 매우 양호하다. 속리산으로 가는 길목인 서원계곡에 있어 많은 사람이 찾고 있다. 인근의 농경지를 사서 정비하고 주차장까지 만들었다.

천황봉에서 삼가저수지에 이르는 4km 계곡을 만수계곡이라고 한다. 안응모 前 내무부 장관이 특별교부세로 5억 원을 지원하여 이 도로를 말끔하게 포장한 이후 계곡의 깨끗한 모습이 TV에 방영이 된 이후 여름 휴가철에 차량이 몰려 교통이 마비될 정도여서 입구에서부터 교통을 통제하기도 하였다. 황해도 해주 출신인 안 장관은 이곳에 피난을 내려와 나무를 베어 차떼기로 대전의 시장에 팔다가 상감에게 적발되어 혼이 난 적이 있었다고 한다. 이를 계기로 시험을 보아 경찰에 투신한 이후 치안본부장과 장관까지 된 분이다. 이때 만났던 상감과 장관이 아직도 1년 한 번씩 만나 정담을 나누고 있다고 한다. 또한 장관을 그만두고 현지를 방문하여 주민들이 토종꿀을 장관께 대접하여 혼수상태에까지 갔다가 회복했다는 일화도 전해지고 있다.

천황봉에서 발원한 물은 삼가저수지에서 머물다가 서원 소나무 옆을 지나면서 군부대 장병들의 여름 휴양지가 될 정도로 제법 큰 소(沼)를 이루고 장안면사무소 앞에 당도한다. 이 계곡을 서원계곡이라고 한다. 이 계곡에 우리나라에서 소수서원 다음에 창건되고 충청도에서 처음으로 임금이 내린 사액된 서원인 상현서원(象賢書院)이 있다. 김정, 성운, 성제원, 조헌, 송시열 5분을 모시고 있으며 1871년 대원군의 서원철폐령에 의하여 철폐되었다. 바로 인접한 곳에 이 당시 고시학원이 생겨 원생들을 대상으로 내가 특강을 한 바 있다. 아래쪽에 있는 선병국 고가에는 여기에 입사하지 못한 고시생들이 기숙하면서 고시에 대한 꿈을 갖고 면학을 하고 있다.

서원계곡 끝자락인 장안면 장내리는 1893년 3월 10일부터 20일간 동학교주인 최시형과 대접주인 손병희, 손천민 등 지도부와 신도 5만 명이 모여 "척왜양창의(斥倭洋倡義)"를 외치면서 보은집회를 했던 곳으로 동학혁명의 단초가 되었던 곳이다. 이때 조정에서 보은 출신 호조참판 어윤중을 선무사로 파견하는 등 회유한 결과 자진해서 집회를 해산하였으나, 관군이 해산하여 귀가하던 신도 5천여 명을 보은읍 종곡리 골짜기에서 생매장하였다고 한다. 당시 인근 촌로들이 '종곡골짜기에서 나는 진달래꽃을 따먹거나 술을 담그지 말라' 는 이야기를 듣고 나는 큰 충격을 받았다. 나는 이와 같은 이야기를 듣고 이 지역을 사적지로 조성할 필요성이 있다고 판단하고 충북대 임동철 교수(후 총장)에게 학술조사를 의뢰하였다. 처가가 신도로 다녔던 천도교 본부와 협의하여 정부예산의 지원 없이 자체 예산으로 사적 공원을 조성하기로 합의까지 하였으나 현재는 다른 곳에 지방예산을 투입하여 기념공원이 조성되어 있다.

바로 이 지역에 1919년부터 3년간 지은 99칸의 중요 민속자료인 선병국 고가[5)]가 있다. 전남 보성 출신으로 백여 명의 식솔을 거느리고 이곳 오지에 정착하게 된 배경에 대하여는 아직도 수수께끼이다. 안채, 사랑채, 사당 세 개의 공간으로 이루어져 있는 이 고가에는 곳곳에 추사 김정희의 글씨와 오래된 편액이 걸려있었으나 도둑이 들어 도난을 많이 당했다고 한다. 후손들이 현재 이 집에 살고 있으며 500년이나 된 종갓집 간장이 1통에 500만 원의 높은 가격으로 판매되는 것이 보도되어 세인의 관심을 집중시킨 적이 있다. 집 주위에는 오래된 아름드리 소나무들이 숲을 이루어 인근의 초등학교 학생들이 소풍을 오기도 한다. 하천물이 범람하여 담이 헐리고 솟을대문이 부서져 군에서 예산을 지원하여 보수하기도 하였다.

법주사 앞 상가와 숙박시설이 있는 집단시설지구는 1970년대 초기에 지어진 시설로 낙후되어 있고, 토지의 93% 이상이 법주사의 소유[6)]이므로 개발이 이루어지지 않고 있다. 시설을 다양화하기 위하여 마을에서부터 문장대까지 케이블카 설치를 추진하였으나 아직도 검토 중이다. 신정지구에는 스키장과 눈썰매장을, 중간지역의 구릉지에는 36홀 규모의 골프장 등 다양한 시설을 설치할 것을 검토하였다. 또한 상판리 일원에 5,142평의 부지에 레저타운을 조성하여 회의실, 캠프파이어장, 테니스장, 민속 저잣거리 등을 갖춘 시설을 계획하였으나 민자 조달의 어려움으로 지금까지 그대로 방치되어있어 지나갈 때마다 안타깝기 그지없다.

삼가저수지의 핵심적인 관광거점이라고 할 수 있는 지역에

5) 같은 마을에 오래된 전통 한옥 고가로 선 씨 형제의 집이 3채가 있으며, 선병국 고가는 고시생 숙소로, 일부는 한정식 식당으로 운영되고 있다.

6) 조선 시대 세조께서 치료차 속리산에 행차하였을 때 스님들이 법주사에도 토지를 달라고 간청하자 “스님들이 돌을 끌고 갈 수 있는 곳까지 가져가면 그곳까지 사찰소유의 땅으로 인정해주겠다”고 하자 당시 스님들이 끌고 갔던 큰 돌이 지금도 속리산 입구의 모통이공원에 세워져 있다.

KBS 기자를 포함한 여러 명의 소유자가 돈을 쉽게 벌 수 있는 모텔을 지으려한다는 이야기를 듣고 아연실색하였다. 1973년 건설부의 고시에 따라 당초 3개소 9천8백 평의 부지에 수영장, 연회실 등을 갖춘 주변 경관과 조화된 가족호텔을 계획하였다. 나는 이 지역을 무분별하게 개발할 경우 최상류지역으로 수려한 자연환경을 파괴할 뿐만 아니라 앞으로 보은읍의 광역 상수도의 수원을 이곳으로 이전해야 하기 때문에 상수원으로 수질오염이 우려되므로 군의회와 협의하여 1992년 8월 26일 본회의에서 반대결의를 하여 개발을 막았다. 그것이 계기가 되어 그 기자가 도지사에게 말을 하여 다음 해 보은군수에서 이임하는 계기가 되었다.

정이품송 인근 지역에 황해도 출신의 민속학자인 조좌룡 박사가 지인 중심으로 폐쇄적으로 운영하던 민속박물관(굿당)인 에밀레박물관을 대폭 보완하여 정식 박물관으로 확충하여 일반에게 공개토록 하였으며, 매일유업이 가족별장으로 쓰고 있는 곳에 여러 종류의 곰을 테마로 하는 동물원을 조성하기로 협의까지 하였으나 아직까지도 추진되지 못하고 있다. 박상호 도의회부의장이 추진하던 마로면 임곡리의 28만 평의 부지에 954명이 동시에 숙박할 수 있는 서당골관광농원을 서둘러 개장하였다. 여기에는 국내 최대의 사설천문대, 교육관, 야영장, 농산물판매장이 있어서 이 당시로써는 새로운 형태의 선도적인 시설로 알려져 전국적으로 대표적인 관광농원이라는 평가를 받았다.

보은군은 속리산과 대청댐을 끼고 있어 앞으로 자연친화형인 관광개발이 필요하다. 2000년부터 이탈리아에서 시작된 치타슬로 즉, 슬로시티의 개념을 도입한 힐링형의 관광개발을 적극적으로 도입할 필요가 있다. 보은군의 모든 면이 치타슬로[7)]의 요건인 인구 5만 명 이하, 전통산업의 존속, 전국적 특산물 및 생태문화 보유, 문화유산 및 마을 경관의 보존, 유기농법 및 슬로푸드 확보, 친환경에너지 정책, 도시 간 루트 형성 가능성, 홍보계획 및 주민 주도의 지역개발 의지 등의 여러 가지 요건을 두루 갖추었다. 따라서 청주와 대전 등 도시지역의 시민들을 대상으로 한 치타슬로 컨셉을 도입한 다양한 프로그램과 관광상품을 적극적으로 개발할 필요가 있다.

3. 매립시설의 완공과 정부표창

쓰레기매립장은 생활에 꼭 필요한 기반시설이나 사회적으로는 기피되는 NIMBY(Not In My Back Yard)현상[8)]의 대표적인 시설이다. 보은읍 용암리 산 37에 위치한 쓰레기장은 23억 원을 투입하여 8,470평 규모의 부지에 13만 톤을 매립할 수 있는 시설로 보은읍과 인근 지역에서 나오는 생활 쓰레기를 처리하고 매립하는 시설이다. 또한 1일 10톤을 소각할 수 있는 소각시설과 1일 35톤의 침출수를 처리할 수 있는 시설로 당시로써는 최첨단의 장비까지 갖춘 매립시설이었다.

이와 같은 계획이 주민에게 알려지면서 환경 피해로 기형아를

7) 치타슬로(Cittaslow)란 느림의 철학을 바탕으로 지역이 갖고 있는 고유한 자연환경과 전통을 지키면서 지역주민이 주체가 되는 지역 살리기 운동이다. 2000년 이탈리아 그레베 시장이었던 파울로 사투르기니가 제안한 새로운 개발방식으로 2013년 6월 현재 27개국 174개 도시가 가입되었으며, 국내에도 전남 신안군 증도면, 완도군 청산면, 장흥군 유치면, 담양군 창평면, 경남 하동군, 충남 예산군, 경기 군안면, 전주 한옥마을 등 10개 지역이 선정되었다.

8) NIMBY 시설은 주민 등 이해관계인이 서로 기피하는 시설로 쓰레기장, 공원묘지, 하수처리장 등을 말하며, 이와 반대로 PIMFY(Please In My Front Yard) 시설은 운동장, 체육관, 문화회관 등 서로 유치하려고 노력하는 시설을 말한다.

출산하고 마을에서 나오는 모든 농산물은 아무도 구입하지 않을 것이라는 유언비어까지 확산되고, 일부 출향인사가 제작비까지 지원하여 제작한 비디오가 지역에서 방영됨으로써 인근 지역주민까지 동조하고 나섰다. 읍내와 군청 앞에서 5회에 걸쳐 과격한 시위가 벌어지고 급기야는 진압과정에서 부상자가 15명이 발생하고 1명이 구속되었다. 군청 간부 공무원이 마을을 방문하였다가 다음날 새벽 3시에 풀려나는 사태까지 벌어졌다.

나는 측량설계반을 구성하여 측량을 단기간에 마무리하고 마을숙원사업과 소득사업 등 11건을 신속히 지원하여 주민들에게 가시적인 성과를 우선적으로 보여주었다. 또한 쓰레기장을 가장 현대적인 시설로 환경피해가 발생하지 않도록 설치할 것을 주민들에게 약속하고 수시로 현지출장을 가서 확인하였다. 그러나 지역주민에게 현금을 나누어주는 식의 일회적이고 소비적인 지원은 절대로 불가함을 끝까지 관철하였다.

당시 보은군 출신으로 환경부 공보관으로 재직하고 있던 이정주 국장으로부터 전화가 왔다. 쓰레기장 님비현상으로 전국이 몸살을 앓고 있는 시기여서 이를 성공적으로 극복한 보은군 사례를 TV를 통해 전국에 소개하는 것이 좋겠다는 의사 타진이 왔다. 이어서 KBS 본사에서 서울 본사에 올라와 9시 뉴스 시간에 출연해 달라는 요청이 왔다. 그러나 해결하여야 할 현안사항이 많으므로 사전 양해를 구하고 청주방송국에서 중개하는 형태로 황금 시간대인 저녁 9시 뉴스 시간에 5분 정도 사업의 개요와 민원을 극복한 전 과정을 소상하게 그림과 사진으로 설명하였으며 그 반응도 매우 좋아 주민들의 자세도 점차 바뀌어 갔다.

이와 같은 사실이 알려지면서 1992년 6월 5일 세종문화회관에서 있은 제1회 환경의 날 기념식에서 기관 중에서 유일하게 지역 이기주의를 극복한 대표적인 수범 사례로 대통령기관표창을 노태우 대통령으로부터 직접 수여받았다. 그 이후로 전국의 각 자치단체로부터 님비현상을 극복한 대표적인 사례로 벤치마킹대상이 되어 담당 공무원뿐만 아니라 지역주민들까지 속리산까지 다녀가는 단골 관광코스가 되었다. 이 시설은 내가 떠난 1993년 6월에 사용되기 시작하였다. 이때 민원을 해결하기 위해 고생했던 김수백 환경보호과장은 부군수를 거쳐 민선 보은군수에 출마하기도 하였다.

지역발전을 위하여 도로가 가장 중요한 기반시설이라고 생각하고 보은읍에서 회인을 거쳐 피반령에 이르는 국도의 포장과 보은읍 이평리에서 상주로 가는 통일탑 삼거리까지 국도의 확장을 건설교통부와 충북도에 수시로 건의하였다. 또한, 유사시에 대비하여 속리산으로 연결되는 도로를 다양화하기 위하여 장안면을 거쳐 서원계곡에 이르는 도로와 상판리에서 장갑리를 거쳐 산외면으로 가는 지방도로의 개설을 충북도에 건의하여 이루어냈다. 이 과정에서 당시 실세였던 박준병 민주공화당 사무총장의 힘이 컸고 그분이 맡은 주례를 내가 대신하여 선 적이 많다.

그간 대청댐건설로 교통이 불편하고 피해가 컸던 회남면과 회인면을 행정자치부의 오지개발사업에 그리고 삼승면을 정주권 개발사업에 포함하여 면 소재지의 도로포장과 상·하수도시설, 농산물 집하시설 등 주민들이 요청하는 숙원사업을 집중적으로 지원하였다. 또한 마로면 임곡리와 산외면 대원리가 경북 상주시와 경계를 하고 있으므로 충북도와 협의하여 도계마을 개발사업으로 마을 안길 포장 등 환경개선과 집하장과 비닐하우스 건설 등

소득증대사업을 지원하였다.

보은군에는 주민들이 각종 모임이나 강연을 들을 수 있는 곳이 없어 불편을 겪고 있었으므로 군청 근처에 문화공간으로 예술문화회관을 건립하였으며, 보은읍사무소도 신축하였다. 또한 1993년에 보은과 옥천, 영동의 남부 3개 군에서 분산 개최한 도민체육대회를 위하여 공설운동장을 건설하였으며, 식목일을 맞이하여 개나리를 외부 인력과 예산을 들이지 않고 전 직원이 참여하여 운동장 외곽에 심어 꽃동산을 만들었다. 운동장 한편에는 지역유지가 집 현관에서 키우던 큰 등나무를 옮겨심어 그늘 쉼터를 만들어 여름철 이용객들이 편히 쉴 수 있게 하였다.

당시 청주 남이에서 보은을 거쳐 상주로 이어지는 남이-상주간 중부내륙 고속도로를 정부가 계획하고 있어 보은군에 회인면, 보은읍, 마로면 등 3곳에 IC를 건설해줄 것을 건의하여 그 후 그대로 추진되어 개설되었다.

4. 지역경제 활성화

정부의 국가산업단지로 지정되어 인천에서 내북면 창리로 이전해 온 한국화학 보은공장은 내가 부임한 해에 1단계가 완공되었다. 이곳이 외가가 있는 곳이고 국가공단이므로 공장을 방문하여 지역 소재의 유일한 대기업으로서 지역경제 활성화를 위해 적극적으로 협조해줄 것을 공장장에게 요청하였다. 직원들 중 기술직은 어렵겠지만 노무직과 하위의 단순관리직은 보은군민을 우선적으로 고용해주도록 요청하고 식당에서 쓰는 농산물도 보은의 특산물을 이용해줄 것을 요청하였다. 또한 직원들의 숙소도 보은에 건립하여 인구증가는 물론 지역경제의 활성화에 도움이 되도록 하였다. 보은에서 개최된 축제의 개막식에 공장에서 자부담하여 3천여 발의 축포를 쏘아 축하 분위기를 고조시켜 주기도 하였다.

이미 보은읍에 조성되어 운용하고 있는 금굴지방산업단지를 보다 활성화하도록 도로와 상·하수도 등 각종 기반시설을 확충해 주었으며, 삼승지방산업단지의 조성에도 박차를 가하였다. 좁은 농로를 화물차량들이 이용하므로 지역주민들과 갈등이 생겨 마을 안길을 직선화하고 확장하여 민원 발생을 최소화하였다. 행정적 절차를 간소화하고 신속하게 공장을 설립할 수 있도록 대책반을 구성하여 민원을 원스톱으로 해결했으며 각종 기반시설도 지원하고 공장 가동에도 불편함이 없도록 조치하였다.

그런데 금굴지방산업단지에 있는 김치공장에서 생산되어 일본에 수출된 김치에서 사고가 발생하였다. 동경에 있는 백화점에서 판매 중인 김치에서 작은 행주가 나와 수입상으로부터 손해배상은 물론 모든 거래를 단절하겠다는 연락이 왔다. 그 뒤 사장이 급히 일본을 방문하여 사건을 조기에 수습하였다. 그러나 이와 같은 일이 계속 일어나고 다른 공장으로까지 확산되는 경우 사회적인 문제로 비화하겠다는 생각이 들어 경찰서장과 긴급대책회의를 가졌다. 경찰서장이 사장과 노조 대표를 직접 불러 엄중하게 경고하고 사후 재발 시에는 철저하게 수사하여 처벌하겠다고 발표하는 것으로 마무리를 지었다.

산악지역인 보은군의 여건상 특산물의 다변화가 시급하다고 보고 우선 농촌지도소로 하여금 토양분석을 실시하여 토양특성에 알맞은 특산물을 재배하도록 유도하였다. 나는 사과와 배, 인삼, 산채, 버섯, 그리고 대추 등 경제성이 있는 소득작목을 심도록 지도하였으며 특히 대추에 대하여는 비 가림 시설을 설치할 수 있도록 예산에서 지원을 하였다. 삼가지역의 대추는 조선 시대 임금님에게 진상하던 인기 있는 특산품목이었다. 이때 대추 나뭇잎이 말라 나무까지 고사하는 빗자루병이 번져 대추나무 하나하나에 주사를 놓는 방식을 개발하여 예방적 차원에서 지원하여 적극적으로 초기에 대처함으로써 효과를 보았다.

도봉구청에서 도농간 자매결연을 맺고

생산도 중요하지만 유통이 매우 중요하므로 농특산물 유통에도 앞장섰다. 1992년 6월 11일 군의회의장, 농협지부장과 함께 도봉구청을 함께 방문하여 자매결연을 체결하고 보은군에서 생산되는 농산물에 대한 안정적이고 체계적인 판매망을 구축하게 되었다. 내가 살았던 서초 현대아파트와 장안면 만수리가 자매결연을 체결하여 꿀과 각종 버섯과 산채, 감자 등을 염가로 판매하고, 여름철에는 주민들이 여기로 내려가서 휴가를 즐길 수 있도록 각종 편의를 제공하였다. 이와 같은 노력으로 도농 자매결연사업과 특산물판매로 충북도에서 1위를 차지하는 영광을 안게 되었다.

자유중국의 대남현(臺南縣)과 보은군이 1983년 자매결연을 체결한 이후 군수가 방문하는 등 형식적인 교류가 있었을 뿐이고, 지난 4년간 교류가 거의 이루어지지 않아 대남현으로부터 오해를 사기도 하였다. 나는 군의회의장과 기업인을 대동하고 1992년 7월 29일부터 6일간 대남현을 방문하였다. 대남현은 대만의 2번째 큰 도시인 고웅(高雄)시를 둘러싼 인구 1백만 명이 넘는 큰 자치단체로 재정자립도가 55%가 되는 부유한 자치단체이다. 현장과 의장에게 우리 농산물인 사과와 배를 선물한 이후 배가 대만에 수출되는 계기가 마련되었다. 그러나 대남현을 다녀온 지 1주일 지나 중국과의 국교 관계가 수립되면서 자유중국과의 관계도 자동적으로 단절되고 대남현과의 교류도 막을 내렸다. 국제사회의 냉엄한 현실을 보는 순간이었다. 지금은 다소 교류가 재개되었다고 하나 과거처럼 활성화되지 않고 있다고 한다.

제2절

한반도의 중심도시 "충주" 건설[9)]

1. 한반도의 중심도시 '충주'

국내에 있는 유일한 고구려비

충주(忠=中+心)는 한반도의 중심지역에 위치하여 삼국시대에는 삼국의 각축장으로 제일 먼저 백제가 차지하였다. 이어서 고구려가 장수왕 때 신라와 가야에 진출하기 위한 전략적인 교두보를 마련하기 위하여 충주에 국원성을 설치하고 남한강이 내려다보이는 중앙탑면에 장미산성을 쌓고 중원고구려비[10)]를 세웠다. 이 비는 국내에 있는 유일한 고구려비로 만주에 있는 광개토대왕비와 유사한 모습을 하고 있다. 이어서 신라가 국원성을 빼앗

9) 충주 부시장으로 재직하면서 추진한 각종 사업들은 충주시장 3회, 국회의원 2선, 충북도지사 3회를 역임하고 있는 이시종 도지사와 함께 한 기간이며, 내무부 등 중앙부처의 근무 경험을 살려 충주 관련 각종 지역개발계획을 국가계획에 반영하여 추진하였다.

10) 고구려비는 장수왕이 군사 3만 명을 거느리고 백제에 침공하여 국도인 한성을 함락시키고 개로왕을 살해하였으며 남한강 유역의 여러 성을 공략하여 개척한 후 세운 기념비이다. 이 비는 1979년 충주에 있는 예성동호회에 의하여 발견되어 단국대박물관(관장 정영호 박사)이 학술조사를 실시한 결과 고구려비임이 확인되었으며 1981년에 국보로 지정되었다.

아 국원소경을 설치하고 경주에 이어 제2의 도시로 만들었다. 통일 신라 시대에는 8주 5소경의 중심 소경인 중원경을 설치하고 충주댐의 보조댐 인근인 중앙탑면 탑평리에 중앙탑을 세웠다.

고려 시대에는 8목 중 하나인 충주목이 설치되었다. 조선 초기에는 충청도의 도청이라고 할 수 있는 감영이 설치되었고, 1896년(고종 33년)에는 13도의 지방제도가 확립되면서 충청북도의 수부도시(首府都市)가 되었다가 경부선 철도의 개통으로 교통이 불편하다는 이유로 도청 소재지가 된 지 14년 만인 1908년 도청이 청주로 이전하여 인구가 줄어들고 시세가 위축되었다. 이어 1956년 중원군이 충주시로부터 분리하였다가 지방자치제의 부활에 맞추어 1995년에는 다시 충주시와 중원군이 통합하여 서울의 1.6배에 달하는 넓은 면적에 21만 명의 인구를 가진 중규모의 충주시가 발족하였다.

충주지역은 고구려, 백제, 신라의 삼국 문화가 융합된 우리나라 7대 문화권의 하나인 중원문화권의 중심지역이다. 충주에는 중앙탑(6호), 고구려비(205호), 보각국사 정혜원융탑(197호)[11] 3점의 국보와 8점의 보물 등 54점의 문화재가 산재해 있어 가히 문화재 도시라고 할 수 있다. 곳곳에 문화재가 있고 산자수려한 산과 강이 있으며 2개의 고속도로가 관통하고 있어 최근에는 새로운 살기 좋은 지역으로 각광을 받고 있다.

백두대간의 고갯길인 하늘재[12]는 수안보면 미륵리와 문경시 관음리를 잇는 지역으로 하늘을 닿을 정도로 높은 재라고 하여

11) 보각국사 정혜원융탑은 이태조의 스승인 보각국사의 묘탑으로 일종의 부도비이며 높이가 2.63m로 소태면 오량리 산 32에 있다.

12) 하늘재는 월악산국립공원입구에 있으며 계립령, 지릅재라고도 하며 우리나라 유일의 북향의 사원인 미륵리사지와 석불입상이 있다. 신라 경순왕의 아들인 마의태자가 망국의 한을 품고 금강산에 입산하러 가는 도중에 이곳에 들려 만들었다고 구전되어 오고 있다.

하늘재 또는 새가 넘는 것처럼 쉽게 넘을 수 있다고 하여 새재라고 하였다. 고려 시대 계속되는 왜구의 침입과 약탈로 남해와 서해를 돌아 경창으로 이어지는 수운이 어려워지자 육운수송이 발달하면서 하늘재를 활용하게 되었으며 1925년 일제에 의하여 이화령에 신작로가 개설될 때까지 600여 년간 영남 지역에서 생산되는 쌀, 보리 등 세곡을 경창으로 보내고, 소금과 옷 등 생활필수품을 영남으로 보내는 중요한 길목이 되었다. 고려와 조선의 2왕조가 재정적으로 안정될 수 있도록 뒷받침을 한 중요한 전략적 요충지이다.

오대산에서 발원한 남한강과 속리산에서 발원한 달천강[13]이 탄금대에서 합수되어 큰 강을 이룬다. 하늘재를 통하여 육운으로 온 영남지역의 세곡이 그 하류에 있는 관의 창고인 가흥창에 보관되었다가 한강의 물길을 이용하여 경창으로 수송하였다. 가흥창[14]에는 20척의 배가 배치되고 수부가 500명이 근무할 정도로 규모가 전국에서 가장 컸다. 따라서 이 시대에 가흥창은 국가재정의 중추적인 조창으로서의 역할을 수행하였다. 그 너머 목계에는 배가 정박하기가 쉬워 사(私)무역 형태인 장터가 크게 형성되어 있었다. 뱃길이 무사하고 장사가 잘되기를 비는 부흥당 고사, 목계[15] 별신굿이 벌어지기도 하였다. 또한 목계강변의 모래사장에서는 볏단으로 만든 대형밧줄을 이용한 줄다리기가 최근까지

13) 임진왜란 당시 명나라 장수인 이여송이 이곳을 지나다가 물을 마시고는 '이 물이 중국 여산의 수렴약수보다 낫다'는 말을 했다고 해서 '물의 맛이 달은 냇물'이라는 뜻에서 '단 냇물'이 되고 '달냇물'로 변음되었다가 '달래강(달천)이 되었다고 한다.

14) 가흥창은 창고의 규모가 119칸으로 충청 북부 전체와 경상도의 세곡 모두가 모였으며 1900년대 초에 폐지되었다.

15) 목계는 충주와 한양으로 통하는 수운의 요충지로 1750년대부터 1900년대 초까지 번성한 내륙의 상업항구로, 강원도와 충청도 지역의 곡물과 목재와 서해의 소금과 해산물, 일용잡화 등이 교환되었던 장소로 신경림 시인의 목계 장터의 배경이 된 곳이기도 하다.

수백 년간을 이어져 왔다.

충주에는 박달재와 연결되는 최고봉인 천등산(807m)과 삼탄 유원지로 가는 길목에 있는 인등산 그리고 충주댐이 있는 곳에 지등산이 있다. 한 지역에 주역에서 말하는 천지인(天地人)을 상징하는 산들이 한곳에 모여 있는 곳은 충주뿐이다. 매년 정초 천등산 정상에서 기관 · 단체와 산악회가 각종 제사를 지내기도 하고, 충주에서 치러지는 체전 등 큰 행사가 있을 때에는 천등산에서 채화하기도 한다. 이 지역에는 소나무가 많아 최근 자치단체에서 휴양림과 힐링캠프를 여름철에 운영하고 있다.

하늘재 또는 새재는 영남의 선비들이 과거를 보기 위하여 주로 사용하던 옛길이기도 하다. 대중가요인 '울고 넘는 박달재'에 나오는 대구사람인 박달 도령도 한양으로 과거를 보러 가다가 밤이 어두워져 천등산으로 잘못 넘어가 제천시 백운면에 머물다가 금봉아씨를 만나 연애를 하다가 과거에 실패한다. 이듬해 다시 현지를 찾았으나 금봉이는 박달의 과거급제를 기도하다가 상사병에 걸려 죽어 상여가 나가고 박달이도 절벽에서 떨어져 죽게 된다. 박달재 정상에는 박달과 금봉의 조각과 금봉이가 기도하던 서낭당이 있어 지나가는 여행객의 발길을 잡는다.

충주는 호국의 도시이기도 하다. 1592년(선조 25년) 탄금대는 임진왜란이 발발하자 신립장군[16]이 고니시 유키나가(小西行長)의 대군을 맞이하여 8천의 군졸을 거느리고 싸우다가 패하여 강물에 몸을 던져 순국한 전적지이다. 탄금대 뒤편 남한강 쪽에 열

16) 신립 장군이 천혜의 요새인 조령을 지키지 않고 평야 지대인 탄금대에서 전투를 한 배경에 대하여 여러 가지 설이 있다. 한양의 방호를 맡았을 때 만난 여인이 꿈에 나타나 탄금대에서 싸우라고 현몽했다는 설과 기마 부대 출신으로 조령은 길이 험하고 좁아 말달리면서 활쏘기가 불편하므로 평야지를 선택했다는 설, 7천 명의 적의 병력과 새로운 무기인 조총에 대하여 몰랐다는 설 등이 있다.

두 대가 있어 그 지형이 부여의 낙화암과 매우 유사한 지형적 구조를 가지고 있다. 사적 공원으로 지정은 되어있으나 사유지이고 열두 대 근처에 안동김씨의 묘소가 있어 묘의 조속한 이전과 함께 성역화가 아쉽다. 여기에 충주지역의 민족시인인 권태응의 동시인 '감자꽃'[17] 노래비가 돌에 조각되어 애국심을 고취시킨다.

감자꽃

권태응

자주 꽃 핀 건 자주 감자
파보나마나 자주 감자
하얀 꽃 핀 건 하얀 감자
파보나마나 하얀 감자

몽골은 고려가 조공을 거부하고 사신인 저고여가 피살되자 이에 대한 보복으로 8차에 거쳐 침입하여 전국을 유린하였다. 몽골군이 1253년(고종 40년) 5차 침입하여 남하하자 처인성(용인)에서 몽골군의 장수 살리타를 사살한 김윤후가 충주산성의 방호별감으로 재직하면서 백정, 노비, 천민 등과 함께 힘을 합쳐 70여 일간 항전하여 몽골군을 격퇴하였으며, 1255년에는 몽골군이 남쪽을 석권하고 다시 하늘재를 넘어 북쪽으로 돌아가는 몽골군을 다인철소(지금의 대소원면)의 사람들이 몽골군을 물리쳤다는 기록이 있다.

1950년 6·25사변이 발발한 이후 우리 국군이 최초로 승리한 전투가 신니면 일원에서 벌어진 동락 전투이다. 북한군이 파죽지

17) 권태흥 시인은 충주 출신으로 일본강점기 경기고와 와세다대학에서 수학하였다. 이 시에 나오는 자주는 일본을, 하얀은 한국을 각각 상징하고 있다.

세로 남하하여 동락초등학교 운동장에서 야영을 하면서 쉬고 있을 때 수업이 끝나고 귀가하던 이 학교 김재옥 여교사[18]가 국군에게 북한군의 숫자와 배치상황을 상세히 보고하여 전멸케 하였으니 이승복기념관에 버금가는 유일한 성인들의 반공교육장이다. 내가 신니면을 초도순시할 때 신니초등학교 교장 선생님으로부터 이 시설의 중요성과 보존실태에 대하여 상세히 보고를 받고 고교 선배인 이원우 교육부 차관에게 직접 부탁하여 2억 원의 교육특별교부금을 지원받아 최신 시청각자료로 전면 교체하였다.

그리고 충주에는 왜구 등 외침과 화재, 누수 등 불의의 사고에 대비하기 위하여 춘추관 사고 이외에 성주, 전주와 함께 조선전기 4대 사고(史庫)[19]가 있었던 곳이다. 충주사고는 고려 말부터 임진왜란까지 오랫동안 존속되었으며, 여기에는 고려 실록 이외에도 풍수지리, 의서 및 음악 등에 관한 중요 서적도 보관해 왔다.

2. 세계무술축제 개최 등 관광활성화

이미 2번에 걸쳐 충주에서 개최된 세계무술축제는 국내행사로 12개 국내 무술 단체가 봄에 소규모로 개최하여 크게 주목을 끌지 못하였다. 그러나 나는 이왕 개최할 바에는 명칭 그대로 세계대회로 격상시켜 개최할 것을 주문하고 부임하면서부터 내가 추진위원회 부위원장이 되어 계획을 하나하나 점검하였다. 그러나 국제대

18) 김재옥 교사는 1966년 한국영화계의 거장 임권택이 감독한 영화 '전쟁과 여교사'의 주인공으로 당시 김종수 대대장이 자기 부하인 중대장을 중매하여 결혼하였으며 남편이 전방으로 배치를 받아 생활하다가 고재봉의 도끼 살인사건으로 사망하여 사회적인 이슈가 되었던 사건이다. 리모델링을 마친 후 가진 준공식에서 나는 교육청으로부터 감사패를 받았으며, 이때 김 교사의 아들인 이훈 씨도 참석하였다.

19) 우리나라는 삼국시대부터 역사를 편찬하였고, 고려 시대 이후 임금마다 그 사적을 실록으로 만들어 실록각 또는 사고라 부르는 특별한 건물에 소중하게 보관하였다.

회를 지방 중소도시에서 개최하다 보니 통역과 의전을 비롯하여 모든 면에서 문제가 많았으며, 대회를 10일 앞둔 4월 10일에는 충주에서 구제역이 발생하여 대회를 무기한 연기할 수밖에 없었다.

그러나 다시 계획을 하나하나 다듬어 2000년 9월 28일부터 10월 3일까지 6일간 충주체육관을 주 행사장으로 하고 수안보 물탕공원과 앙성온천을 부대행사장으로 하여 '오천 년 민족혼과 세계무술의 만남'이라는 주제로 제3회 세계무술축제를 개최하였다. 여기에는 중국의 소림무술을 비롯하여 태국 무에타이, 브라질 까뽀에라 등 전 세계 25개국 45개 무술 단체가 참여하여 명실공히 세계적인 대회가 되었으며 영어로 진행하였다. 관람객이 옛날 무과시험을 직접 체험할 수 있도록 체험기회도 제공하고 특히 무파별 무술시연과 433점의 무기를 전시한 전통무기특별전이 인기가 높았다.

명실상부한 제3회 세계무술축제

54만 명의 국내외 관람객이 관람하고, 84억 원의 경제적 파급효과를 올려 국내에서 개최된 세계축제 중에서 가장 성공한 축제로 문화공보부가 지정한 평가기관인 배재대 관광이벤트연구소가 분석하였다. 이를 계기로 매년 세계무술축제가 열리고 있어 더욱 내실화되고 지역발전에 크게 기여한 것으로 평가받고 있다. 그러나 이때 참가한 네팔 등 외국의 선수들 중 일부가 심야에 집단으로 도주하여 경찰로부터 원망을 사기도 하였다. 이들이 계획적으로 선수를 가장하여 국내에 들어와 소위 코리안 드림을 실현하기 위하여 야밤에 숙소를 이탈하여 도망을 하였다.

1997년 관광특구로 지정된 수안보온천이 활성화될 수 있도록 상록호텔 인근 前 초등학교 부지 터에 29억을 투자하여 물탕공원을 조성하여 야외무대, 인공폭포, 산책로, 분수대 등을 설치하였다. 우리나라에서 유일하게 자치단체가 직접 온천수를 관리하는 곳은 수안보온천뿐이며, 안정적으로 온천수를 공급할 수 있도록 신규로 온천공을 개발하고 대형 온천목욕 시설을 새로 개장하였다. 또한 충주에서 수안보로 가는 국도의 중앙에 목욕하는 여인상과 S자 상징조형물과 대형 사과탑도 조성하였다. 새로 발견된 연수동의 충주온천[20]을 개발하기 위하여 독일의 테라바트사와 투자조인식을 갖고 투자의향서를 체결하였으며, 도시개발사업을 위한 조합창립총회를 개최하였으나 아직도 개발은 지지부진하다.

택견은 2천 년 전 고구려부터 이어져 온 우리 민족의 유일한 전통무술로 일본강점기에는 우리 고유민족문화에 대한 말살정책으로 금지되어 비밀리에 이어져 오다가 서울에서 활동하던 임호 씨에게 배운 송덕기 씨와 신한승 씨에 의하여 체계화되었고 이후 충주에서 계승하여 전개되다가 1995년 정경화 씨가 인간문화재 78호로 지정되면서 전국적으로 확산되었다. 택견을 보존·보급하

20) 충주에는 현재 수안보온천(알칼리성), 앙성온천(탄산), 문강온천(유황) 등 3개의 온천이 운영 중이며, 7개의 온천 지역이 지정되어 있다. 특히 수안보온천은 우리나라 최초 자연적으로 용출한 온천으로 약 3만 년 전부터 솟아오르는 천연온천수이다. 지하 250m에서 용출되는 수온 53도, 산도 8.3의 약알칼리성 온천이다.

기 위하여 호암동에 한국전통택견전수관을 개관하고 매년 전국 택견대회를 개최함으로써 이제는 전국적으로 널리 알려져 우리의 전통무술로 자리매김하였다.

중앙탑 인근 탄금호에는 보조댐의 주변 경관과 어울리게 120억을 투자하여 수상스키장, 유람선 선착장 등 수상스포츠시설을 설치하고 24점의 조각작품을 설치하여 조각공원을 조성하였다. 새로운 천 년을 맞이하는 기념사업으로 입구에 삼국의 화합과 비행기를 형상화한 상징물과 함께 조각품을 전국적으로 공모하여 엄정한 심사를 거쳐 선정하였다. 여기에 이를 기념하기 위하여 간부들의 이름이 각인된 표지석과 기념식수를 하였다. 이와 같은 시설을 이용하여 2012년 10월 아시아조정선수권대회와 2013년 8월 세계조정선수권대회를 성공적으로 개최할 수 있게 되었다.

임진왜란 당시 신립장군의 혼이 깃든 탄금대 일원에 축구장, 농구장, 테니스장 등 칠금체육단지를 조성하여 국제대회를 치를 수 있도록 국제규격에 맞추어 시설하였다. 이를 계기로 각종 국제대회를 유치할 수 있게 되었으며, 국내대회도 유치하였다. 또한 2000년 제39회 충북도민체전을 충주에서 개최함으로써 과거 대회보다 내실이 있고 성공적인 대회였다는 평가를 받았으며 충주시가 처음으로 종합우승하는 기록도 달성하였다.

충주에는 신라 시대에 우륵(于勒), 강수(强首), 김생(金生)의 3대 명현이 있었다. 이분들의 출생지나 활동한 곳에 문화공보부의 승인을 얻어 동상을 세우고 영정을 제작하였다. 우륵은 원래 가야국의 궁중 악사였으나 신라에 귀화하여 탄금대에서 계고에게는 가야금을, 법지에게는 노래를, 만덕에게는 춤을 가르쳤다고 한다. 강수는 당대 제일의 학자 겸 문장가로 진흥왕 때 충주로 이주

하였다. 김생은 중국의 왕희지에 버금가는 명필로 금가면 유송리 달천강변에 있는 지역이 유허지로 밝혀져 인근의 과수원을 구입하여 비를 세우고 가꾸었다.

2000년 8월 충주시와 자매결연을 맺고 있는 일본의 유가와라정의 초청을 받고 방문하여 일본 축제의 진면목을 살펴볼 수 있었다. 유가와라정은 동경으로부터 100km 떨어진 해안 지역으로 일본 100여 개의 온천 지역 중 연간 114만 명의 관광객이 찾는 28번째의 온천도시로 일본의 많은 문호들이 체류하면서 작품활동을 하였던 문화예술의 도시이기도 하다. 매년 온천수 뿌리기 축제(5월), 얏사 축제(8월), 특산품인 감귤 따기 축제(11월) 등 3대 축제를 개최하고 있다. 축제에는 대회사와 축사와 같은 형식적인 행사가 없이 바로 모든 지역주민이 주인공이 되어 별도의 축제용 복장을 입고 참여하는 즐기는 축제를 하고 있었다.

3. 구제역방제와 지역경제 활성화

2000년 3월 중순 파주에서 발생한 구제역이 4월 10일 신니면 마수리 하구용 씨가 경영하는 농장에서 키우던 소 48두 중 6두에서 혀와 잇몸, 젖꼭지에 물집이 생기고 체온상승과 식욕저하가 수반되는 구제역[21]이 발생하였다. 발생한 지역이 마수리 마제(馬蹄)부락으로 한문으로 '말발뒤꿈치'를 의미하니 이는 필연(?)이라고 하지 않을 수 없다. 나는 즉시 비상대책본부를 설치하고 본부장이되어 발생지역으로부터 500m 이내에 있는 소, 양 등 우제

21) 구제역은 1종 악성 가축전염병으로 소, 돼지, 사슴 등 우제류(발굽이 두 개로 갈라진 동물)가 감염대상이며, 당시 경기 파주 · 화성 · 용인, 강원, 충남 홍성 · 보령 등 전국적으로 60여 년 만에 발생하였다.

류 가축 131두를 당일에 모두 도살 처분하고 사료를 소각하였다. 또한 10km 이내를 오염 지역으로 지정하고 방역초소 48개소를 설치하여 공무원, 군인, 경찰 등 17천 명을 참여시켜 1개월 반 동안 24시간 지나가는 차량과 축사 부근을 방역하고 가축에 대하여 예방접종을 실시하였다. 구제역 발생으로 인한 보상금만도 137억 원이 지급되었다.

구제역을 발생케 한 원인이 중국 등에서 불어오는 황사에 의한 것이라는 설과 해외여행객과 수입건초에 의한 설 그리고 고라니 또는 철새에 의하여 전파되었다는 설 등이 있으나 아직도 확실하게 밝혀진 것은 없다. 할머니가 본인이 키우던 소를 도살처분하지 못하도록 산으로 끌고 도피하여 심야에 찾아내 매몰하기도 하고 매몰한 장소에 돌로 비석을 세워 소들의 영령을 위로하기도 하였다. 직원들이 터널식 분무기를 자체적으로 개발하여 유용하게 활용하였다. 또한 초기에 단기간에 가축을 도살처분하고 예방접종을 실시하여야 하므로 충남에서까지 인부를 데리고 와 도살처분하고 충북대 수의과 대학생까지 동원하여 가축에 대한 예방접종을 실시하였다.

21만 시민의 행정을 담당하는 충주시청

오늘날에는 '충주 하면 사과, 사과하면 충주'라는 인식이 많이 보급되었다. 과거 대구가 능금(작은 사과)의 고장이었으나 지구온난화로 인하여 재배 지역이 점차 북쪽으로 올라와 충주의 사과 재배 면적이 1,710ha로 전국의 5%, 충북의

40%에 달하고 있다. 특히 댐 주변인 동량면 등에서 나오는 사과는 높은 온도 차로 인하여 씨 주위에 노란 꿀 성분이 들어있는 꿀사과로 특히 인기가 높아 전국 최고품질의 사과가 되었다. 생산성을 높이기 위하여 사람이 서서 사과를 재배하고 딸 수 있는 키 작은(왜성) 사과나무를 공급하고, 사과엿, 사과한과, 사과국수, 사과떡 등 가공품을 개발하였다. 사과 축제와 함께 정부서울청사에서 사과가 주렁주렁 달린 사과나무를 큰 분에 담아 청사 내 안내실에 전시하고 사과를 판매하는 나들이행사를 개최하였으며 청계천에 사과나무 가로수를 조성하여 서울시민에게 홍보하였다. 이와 같은 홍보 효과로 아시아나항공의 기내식으로 충주사과가 공급되었다.

또한 청주에서 충주 시내로 들어가는 1km 도로의 양쪽에 사과나무 가로수 거리를 만들어 가을에는 사과가 탐스럽게 익어 전국적인 명소가 되었으며, 사과를 보호하기 위해 원두막을 설치하여 노인회로 하여금 지키도록 하였다. 또한 자치단체로는 처음으로 박사급 인력을 채용하여 농업기술센터 내에 사과연구소를 설치하고 동량면 대전리에 6천 평의 시험포를 조성하였다. 또한 앙성면에는 복숭아 축제를, 소태면에서는 알밤 축제를 수확기에 열어 지역명품화사업과 연계하여 비싼 값을 받고 출하하고 있다.

충주비료공장[22]은 이승만 대통령이 만들었던 우리나라 제1호 공장으로 당시에 근무했던 직원들이 오늘날 한국의 중화학공업을 일으킨 기수들이 되었다. 그러나 그 이후 고속도로가 비켜가고 접근성이 떨어져 공장이 들어오지 않고 인구가 줄어들어 정체의 위기를 맞이하고 있었다. 이를 해결하기 위하여 대소원면 일

22) 반기문 UN사무총장의 어머니도 충주비료공장에 다니면서 아들을 키워 충주고 시절 백악관을 방문하여 케네디 대통령을 예방하고 미래에 대한 꿈을 키우게 됐다고 한다.

대 81만 평의 부지에 1,466억 원을 투자하여 전자, 전기, 정보통신, 정밀기계, 신소재 등의 기업을 유치하는 첨단산업단지를 조성하는 계획을 수립하였다. 이어 유치 전담반을 꾸려 대기업을 찾아다니며 홍보한 결과 44개 업체로부터 34만 평의 입주 의향서를 받아내기도 하였다.

또한 충주 지역의 인구를 늘리면서 첨단산업단지에 기술 인력을 지속적으로 공급하기 위하여 전문대학 설립이 절실히 요구되었다. 이미 설립된 충주대와 건국대 충주캠퍼스 이외에 대소원면 만정리에 극동정보대학 충주캠퍼스(지금은 강동대학 평생교육원)가 3개 학과 320명으로 개교하였다. 이를 위하여 충주시에서는 학생들의 통학 편의를 도모하기 위하여 20억 원을 투자하여 1.2km의 진입로를 새 학기가 시작되기 전에 개설해 주었다. 또한 21세기를 이끌어갈 지역 인재를 육성하기 위하여 농촌지역학생들을 위한 기숙사로 충주학사를 시내에 건립하였다.

우리 조상들은 지명 이름[23)]을 지을 때 그 지역의 특성과 역사성을 고려하여 작명하였다. 인근 제천시에는 금성면, 백운면, 청풍면 등과 같은 풍류가 있는 멋진 지명이 많은데, 충주의 면 이름은 한글로 부를 때 생경한 부분이 많다. 산척면에 사는 사람들은 '죽은 사람도 산 척' 하고, 소태면 사람들은 설탕도 '소태처럼 쓰다' 고 주장을 한단다. 또한 금가면에 사는 사람들은 새 그릇도 '금이 갔다'고 주장하고, 동량면에 사는 사람들은 부자들도 '동량하여 먹고 살려고' 하고, 엄정면에 사는 사람들은 '엄정하게 생활하려 한다'는 우스갯소리도 있다.

23) 충주시에서는 최근 주민들의 의견을 수렴하여 이류면을 대소원면으로, 가금면을 중앙탑면으로, 상모면을 수안보면으로 변경하였다.

4. 중부내륙고속도로 개통 등 지역개발 가속화

경부선 개통으로 충청북도청 소재지가 충주에서 청주로 이전한 것에 대한 충주시민의 피해 의식이 있으므로 새로운 교통수단인 고속도로와 철도건설을 위하여 동분서주하였다. 시장과 부시장인 나는 수시로 건설교통부를 방문하여 각종 도로건설계획을 조속히 추진해줄 것을 요구하였다. 이에 따라 중부내륙고속도로 충주구간 33.5km의 건설을 앞당겨 2004년 개통할 수 있게 되었고, 안중-음성-충주-삼척을 잇는 동서고속도로의 건설도 기본설계를 착수하게 되었다. 또한 서울-충주-문경을 연결하는 중부내륙철도망이 정부의 제4차 국토종합계획에 반영되었다.

또한 충주-제천 간, 충주-수안보 간, 충주-장호원 간, 충주-원주 간 국도 4차선 전 구간이 연차적으로 완공을 목표로 추진하였다. 풍동에서 금가에 이르는 국도 대체 우회도로 건설도 추진하였다. 또한 동부우회도로 등 6개 우회도로를 개설하여 통과하는 차량이 시내에 진입하지 않고 통과케 함으로써 시내의 교통 혼잡을 줄이는데 크게 기여하였다. 군도 6개 노선과 농어촌도로 7개 노선에도 집중적으로 투자하여 모든 지역이 말끔히 포장된 도로로 연결되어 편리한 생활 정주 여건을 조성하였다.

부시장으로 부임하여 인사차 충주비행장을 방문한 자리에서 충남 출신의 비행단장(준장)이 체력단련장에 가는 별도 진입도로가 없어 이른 아침 운동하기 위해 오는 방문객이 바로 본부로 오게 되므로 안보상 문제가 발생할 수 있으니 별도의 진입도로를 개설해줄 것을 요청하였다. 나는 즉시 추경예산에 5억 원을 반영하여 남한강변으로부터 2km 진입도로를 개설하고 조경을 위하여 300주의 사과나무도 기증하였다. 이와 같은 협조 덕분으로 유사시 병력동원을 지원받을 수 있게 되었으며 매주 일요일마다 체력단련장에서 기관장회의(?)를 개최하는 등 관계기관 간의 협조가 활성화되었다.

시민이 안심하고 마실 수 있는 맑은 물을 공급받을 수 있도록 하기 위하여 충주댐 광역 상수도로부터 읍·면 지역의 수수시설사업을 추진하였다. 또한 도내 최초로 수질관리부문에 대한 ISO14001 인증을 받았으며, 지방자치단체 물관리 행정 종합평가에서 충주시가 전국 최우수기관으로 선정되었다. 또한 수안보온천에서 나오는 1일 1만 4천 톤의 오수를 처리할 수 있는 하수종말처리장을 완공함으로써 깨끗한 수질환경을 유지할 수 있었다. 이와 같은 노력을 기울인 결과 수주팔봉에 천연기념물인 수달이 서식하고 있다는 낭보도 들었다.

중부내륙고속도로의 개통에 맞추어 주덕읍과 중앙탑면 일대에 자동차테마파크 117만 평을 조성하기 위하여 민자 유치를 적극적으로 추진하였다. 여기에는 F1[24] 자동차경기장, 모터사이클 경기장, 자동차박물관, 호텔, 콘도미니엄 등의 시설을 포함하는 기본구상을 하였다. 그러나 정치적인 배려 등의 이유로 그 이후 전남무안에서 유치하여 운영하다가 중단되었다. F1 자동차경기는 올림픽, 월드컵과 함께 세계 3대 스포츠 행사로 관람객이 많을 뿐만 아니라 시청자도 많아 홍보 효과가 매우 큰 스포츠 이벤트이다.

MBC 방송사로부터 살미면 충주호변에 드라마 '상도'를 촬영할 수 있는 야외세트장을 건설해달라는 부탁을 받고 5억 원을 긴급히 지원하여 촬영장을 조성하였다. 그러나 촬영이 이루어지고 방

24) F1 자동차는 배기량이 3,000CC급으로 매년 3월부터 11월까지 2주 간격으로 유럽, 호주, 아시아, 북남미 지역의 15개국을 순회하면서 17번의 세계적인 대회가 열린다.

영되자 관람객이 한꺼번에 많이 몰리고 화재가 발생하여 드라마 세트장이 전소하는 불상사가 발생하였다. 조선 시대의 상황을 연출하여야 하므로 시골임에도 불구하고 전선을 지하로 매설하였으며, 촬영장이 충주호 안에 위치하게 됨에 따라 저수량에 문제가 발생할 수 있으므로 하상의 모래를 준설하여 상층부로 옮기는 편법까지 써가면서 지역경제를 활성화하기 위한 일념으로 촬영장을 조성하였다.

충주의 마스코트인 시화, 시조, 시목이 시대 흐름과 환경 변화에 맞지 않는다는 여론이 있어 개편작업에 착수하였다. 마스코트 개편위원회를 구성하여 시화(市花)는 충절의 고장으로 고고함과 절개를 상징하는 국화로 변경하였다. 종전의 시조(市鳥)인 까치는 충주의 특산물인 사과가 익으면 입으로 사과의 중심부에 있는 꿀을 쪼아 먹는 해조류이므로 충주호에서 발견되는 가정에서의 화목과 행복의 상징인 원앙으로 교체하였다. 또한 시목(市木)도 흔한 느티나무에서 사과나무로 교체하였다. 이때 문제가 발생하였다. 시조인 원앙을 시민들이 쉽게 볼 수 있도록 시청 앞에 별도의 우리를 지어 10여 마리를 키우고 있었는데 야생조수를 포획하여 키우는 것이 법적으로 문제가 되어 방사한 적이 있다.

제3절

깨끗한 문화도시 "청주"건설

1. 직지의 유네스코 세계기록유산 등재

오늘날의 사회를 정보사회라고 한다. 정보가 국가경영에서부터 가정생활에 이르기까지 우리의 일상생활을 지배하고 있다. 이와 같은 정보사회의 도래는 역사적으로 언어의 발명, 문자의 발명, 금속활자의 발명, 컴퓨터의 발명의 4개 정보혁명을 거쳐 이루어졌다. 그중 청주가 금속활자의 발명으로 세계사의 한복판에 우뚝 서게 되었다. 1985년 청주 운천동에서 대규모 택지를 개발하는 과정에서 흥덕사의 존재를 알리는 청동 불발과 치미, 기와 등 유물이 대량으로 발굴되었다. 바로 흥덕사에서 구리로 된 금속활자를 활용하여 세계에서 가장 오래된 책인 직지를 인쇄한 것이다.

직지는 독일의 구텐베르크가 발간한 42행 성서보다 76년 앞선 고려 우왕 3년인 1377년 7월 청주 흥덕사에서 인쇄한 세계최초의 금속활자로 발행한 서적이다. 직지(直指)란 원래 백운화상초

25) 나기정 청주시장과 함께한 기간으로 고교와 대학 선배로 충북 행정부지사와 관선과 민선 청주시장으로 재임하면서 문화시장으로 정평이 나 있고, 퇴직 후에도 사단법인 미래도시연구원을 발족하여 원장으로 왕성한 사회활동을 하였다.

록 불조직지심체요절(白雲和尙抄錄 佛祖直指心體要節)로 고려 말엽 백운 스님이 직접 쓰고 엮은 불교 서적으로 그 제자인 석찬, 달심이 간행하고 비구니 묘덕이 시주한 것으로 되어 있다. 직지란 "직지인심 견성성불" 즉 마음(心)을 바로 드러내고(直指), 본성(性)을 보여야 한다(見)는 것을 말한다. 즉, 참선하여 도를 깨달으면 자신의 마음이 곧 부처가 된다는 뜻이다. 원래 상·하 권으로 되어 있으나 현재 하권만이 존재하고 있을 뿐이다.

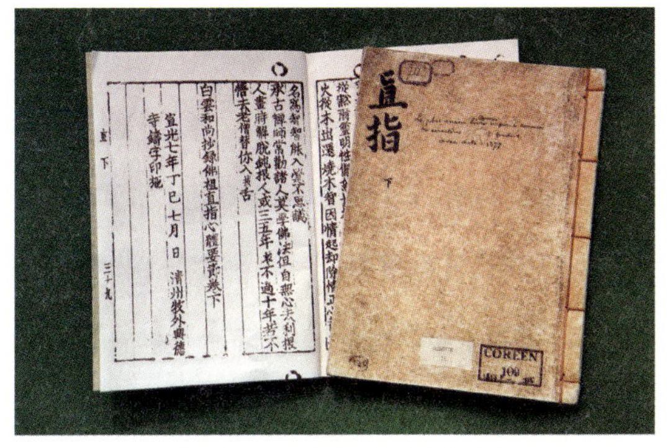

세계최초 금속활자본인 직지의 하권

이 직지는 1886년 5월 한불수호조약이 체결되고 조선 시대 말 프랑스의 초대공사로 서울에 13년간 근무하였던 빅토르 꼴랭 드 뺄랑시(Victor Collin de Plancy)가 전문가들로부터 수집하여 본국으로 가져갔던 고문서 중의 하나이다. 1972년 '세계도서의 해' 전시회에 출품되면서 지구상에서 가장 오래된 현존의 금속활자본임이 확인되었다. 또한 프랑스 파리국립도서관에서 근무하였던 박병선 박사[26)]가 우리 학계에 공개하였으며 책 말미에 청주목

26) 박병선 박사는 서울대 사학과를 졸업하고 프랑스 파리 유학을 마치고 파리국립도서관의 동양문헌실의 특별연구원으로 일하면서 원본 크기의 사진판을 직접 가지고 귀국하여 국내 서지학계에 공개함으로써 널리 알려지게 되었다. 1978년에는 프랑스국립도서관의 별관 수장고인 베르사유 궁전에서 외규장각 도서 192권을 찾아내기도 하였다. 그녀는 우리나라 인쇄문화를 알리기 위해 많은 노력을 경주하였으며 정부로부터 훈장을 받고 1999.4.15 청주시로부터 명예 시민증을 수

의 흥덕사에서 선광 7년(1377년)에 만든 것으로 되어 있다. 2001년 6월 청주에서 개최된 유네스코 세계기록유산자문위원회 제5차 회의에서 세계기록유산으로 등재할 것을 결정하였다.

이를 위하여 1998년 9월 2001년 유네스코 제5차 세계기록유산자문회의를 청주에서 개최해줄 것을 공문으로 정식신청을 하였고 이어 1999년 6월 제4차 비엔나회의에 최진섭 청주고인쇄박물관장과 허권 유네스코한국위원회 문화부장을 파견하여 재차 요청하였다. 이어서 1999년 11월 13일에는 나기정 시장이 유네스코 본부를 방문하여 확정지었다. 마침내 2001년 6월 28일 청주 예술의전당 회의실에서 개최된 제5차 유네스코 세계기록유산자문위원회[27]에서 직지가 승정원일기와 함께 세계기록유산으로 등재가 결정되었다. 처음에는 이때까지 세계 최고의 금속활자본으로 인정받았던 구텐베르크의 성서를 보유하고 있는 독일이나 직지의 실물을 소장하고 있는 프랑스의 반대를 내심으로 걱정하였다.

직지를 세계에 널리 알리기 위하여 정부의 새천년 기념사업으로 인쇄출판박람회를 신청하여 2000년 9월 22일부터 10월 22일까지 1개월간 예술의 전당과 고인쇄박물관의 시설과 부지를 활용하여 개최하였다. 비록 짧은 준비 기간이었으나 슬로건은 '직지에서 디지털까지'로, 주제는 '문자문화의 지난 천년 새천년'으로 정하고 유성종 前 교육감을 위원장으로 모시고 사무총장으로 실무를 맡아 차질 없이 준비하였다. 개막식에서 이한동 국무총리가 축사를 하였고 김대중 대통령 내외분이 축제 기간에 행사장을 찾아 격려하였다.

여받았다.

27) 이 회의에는 26개국 45명의 위원이 참석하였으며, 한국의 직지와 승정원일기, 구텐베르크의 42행 성서, 슈베르트전집, 베토벤 교향곡 9번 등 43건의 세계기록유산에 대한 등재를 심사하였다.

이 위원회 개최에 맞추어 위원들의 현장 방문에 대비하기 위해서도 직지를 발간한 흥덕사에 위치한 고인쇄박물관을 디오라마 형태로 주조와 인쇄과정을 역동적으로 보여주게 만들었다. 또한 관람객이 직접 종이에 직지를 유인해서 가져갈 수 있도록 체험의 장으로 바꾸었다. 청주에서 가까운 오송에 용광로가 있었고, 문의면 소전리에 닥종이를 만드는 곳이 있었기에 청주에서 세계최초의 금속활자로 된 인쇄물이 나올 수 있었다. 또한 고인쇄박물관 앞에 있는 청주공예관을 2001년 9월 25일 개관해 청주예술의 전당과 연계하여 문화벨트를 추진하였다. 이 건물은 지상 5층 605평 규모로 정형외과 의원이 개원해 영업하고 있었으나 원장과 긴밀하게 협의하여 조기에 보상하고 건물의 리모델링을 거쳐 예술작품의 산실로 태어났다. 청주공예관은 상설전시관과 기획전시관 그리고 아트샵으로 구성되어 있다.

청주가 예술의 도시답게 1999년부터 국제공예비엔날레를 개최하여 금속, 도자, 목칠, 섬유, 유기, 종이공예 등 다채로운 국내외 작품을 전시하고 있다. 나는 조직위원회 부위원장으로 15명으로 팀을 구성하여 제1회와 2회 행사를 성공적으로 개최하였다. 제1회는 1999년 9월 30일부터 10월 31일까지 32일간 '조화의 손'이라는 주제로 개최되었으며 국내 1,000점 그리고 해외에서 12개국 47개 작품이 출품되었고 46만 명이 관람하였다. 개막식에는 김대중 전 대통령 내외분이 참석하여 국제행사를 축하해 주었다. 제2회 행사는 2001년 10월 5일부터 10월 21일까지 17일간 '자연의 숨결'이라는 주제로 개최되었으며 26만 명이 관람하였고 국내 609점 그리고 해외에서 35개국 538점 등 1,147점이 출품되어 짧은 기간에 국제대회로 성장하였다. 중학교 3학년 사회 교과서에 우수 축제 사례로 소개되기도 하였다. 또한 격년제로 직지축제를 개최하고 있으며 유네스코 직지상을 제정하여 세계의 기록 문화 유산 발전에 공헌한 사람을 발굴하여 표창하고 있다.

2. 망선루 복원 등 문화와 예술의 진흥

신봉동 일원의 명심산에서 문화재가 도굴되고 발굴된 문화재가 도내와 충남의 여러 박물관에 분산해 보존되고 있다는 이야기를 듣고 백제유물전시관을 현지에서 가까운 구릉지에 독특한 무덤 형태로 백제유물전시관을 신축하였다. 인근의 출토지역에는 4~5세기 무렵에 조성된 것으로 보이는 3백여 기의 백제무사들의 무덤이 산재해 있으며 우리나라에서 가장 규모가 큰 백제 시대의 무덤이다. 이때부터 철을 사용하여 보다 단단한 세련된 무기, 농기구, 마구류를 만들어 철기문화를 꽃피워 여기에서 출토된 유물들이 전시되고 있어 백제 시대의 생활상을 한 곳에서 볼 수 있다.

사적 제212호인 상당산성은 둘레 4.2km, 높이 4~5m의 석성으로 삼국시대에 궁예가 쌓았으며, 견훤이 빼앗아 번성하였고, 왕건의 공격으로 황폐화된 것을 숙종 4년(1716)에 다시 쌓았다고 한다. 남문 앞에는 넓은 잔디광장을 조성하면서 생육신의 한사람인 김시습이 단종이 폐위되어 영월에 유배되자 전국을 유랑하면서 상당산성에 와 지은 시 "유산성"을 화강암과 오석으로 문인협회 청주지부와 함께 새겨 세웠다. 김시습은 세월을 한탄하면서 전국을 유랑하다가 청주 상당산성에 와 이 시를 남겼다.

유산성(遊山城)

꽃다운 풀이 해진 짚신에 파고드는데
날개이니 풍경이 청량하여라
들꽃에는 벌이 와서 꽃잎에 입 맞추고
살진 고사리에 내려 향길 더 하네
멀리 바라보니 산하는 웅장하고
높이 오르니 의기는 드높아라
사양 말고 저녁내 바라보시게
내일이면 바로 남방으로 떠나갈 것일세

상당산성 사적 공원화를 위해 10년간 387억을 투입하여 복원하는 사업계획을 수립하였다. 현재 영업 중인 음식점들을 성의 외곽 남쪽으로 이전시키고 성내에는 관아는 물론 병기고, 포루, 민가, 절(구룡사, 남악사)을 옛날 모습으로 복원하고 전통무예관, 전통놀이마당, 씨름장 등을 마련할 계획이었으나 예산 부족과 민원 발생을 우려하여 추진이 지연되고 있다.

일제가 1921년 중앙공원 안에 있었던 청주지역에서 가장 오래된 고려 시대 목조건물인 망선루를 철거하려고 하자 청주청년회의 회원들이 모금 운동을 전개하여 제일교회로 이전하였던 건물을 2000년 12월 원래의 장소로 이전하여 복원하였다. 이 건물은 고려 말 공민왕이 홍건적의 무리가 개경까지 침입하자 안동까지 피난을 갔다가 돌아오는 길에 난의 평정을 기념하는 과거를 보고 합격자 명단을 발표하던 곳이다. 이 과거에서 급제한 사람 중에 조선의 개국공신인 정도전[28)]이 있었으니 역사의 아이러니이기도 하다. 또한 중앙공원에 이율곡 선생이 36세에 청주 목사로 부임하여 시행한 것으로 알려진 서원향약[29)]을 오석 대리석에 새겨 안치하였다. 이 향약은 이황이 시행한 예안향약과 함께 조선 후기 전국각지에서 시행된 향약의 모태이었다. 이와 같은 지방자치정신을 계승하기 위하여 2001년 3월 22일 한국지방자치학회, 330개 NGO 단체와 함께 청주에서 지방자치헌장을 공포하였다.

상당산성 입구인 약수터 부근을 문화공간으로 조성한다는 장기개발계획 아래 어린이에게 꿈과 희망을 줄 수 있도록 우암 어린 이 회관을 3단계로 확대하였다. 제1 전시관은 세계화 시대에 서구문물을 배울 수 있는 각종 내용들이 들어서 있고, 제2 전시관에는 나비 생태관으로 환경의 전령사이기도 한 수천 종의 나비와 세계 각국의 탈을 전시하고 있다. 또한 제3 전시관에는 천체과학관으로 천문우주에 관한 학문과 탐구능력을 키워줄 수 있는 각종 장비와 기구들이 전시되고 있다.

문화시설을 시민들에게 제공하기 위하여 인구가 제일 많은 용암동에 108억 원을 투입하여 최신 시립정보도서관을 건립하고, 영운동에는 활용하지 않고 있는 상수도 사업소의 건물을 리모델링하여 청남 어린이 도서관을 개관하였다. 또한 오래된 서문 다리가 흉물처럼 방치되고 있어 다리 위에 아치형 구조물과 쉼터 그리고 입구에는 소공원을 조성하였다. 처음에는 예술인조차 생선뼈와 빠진 이를 형상화한 것 같다는 혹평도 있었으나 지금은

28) 정도전은 충북 단양 사람으로 호가 삼봉이고 은퇴 후 도담삼봉 근처에서 생활하였으며, 태조 이성계를 도와 조선의 법적 기초인 경국전을 편찬한 개국공신이다.

29) 서원향약은 율곡 이이가 선조 4년(1571) 청주 목사로 부임하여 제정 시행한 것으로 전통의 미풍양속을 권장하고 악한 것을 징계하는 내용이다. 이는 오늘날 시행되고 있는 지방자치의 모태라고 할 수 있다.

청주의 상징물의 하나가 되었다. 또한 구 석교동사무소 터 190평을 문화시청각실, 관람실, 사랑방으로 꾸며 문화인들의 소통장소로 활용하고 있다.

인쇄출판박람회를 앞두고 청주예술의 전당과 쌍둥이체육관 사이의 야외공간에 세계문자의 거리를 2000년 8월에 조성하였다. 이는 세계 최고의 금속활자 직지를 인쇄한 고장에 걸맞게 세계의 언어를 조형물로 만들어 전시하였다. 언어권별로 세계 13개국의 대표적인 속담, 격언 등을 다양하게 선정하여 돌에 새겨 시민들이 한자리에서 여러 국가의 문자를 접할 수 있게 하였다. 영어의 경우 "어려울 때 친구가 진실한 친구다(A friend in need is a friend indeed)"라는 구절과 그리스어는 "건강한 신체에 건전한 정신"과 같은 간략한 문장으로 우리에게도 널리 알려져 있는 친숙한 표현들을 선정하였다.

85만 시민의 행정을 담당하는 청주시청

청주에는 교향악단, 합창단, 무용단, 국악단의 4개의 시립예술단이 있다. 교향악단의 수준을 예술의 도시에 걸맞게 높이기 위하여 금난새 선생을 새 지휘자로 모시기로 하였다. 수소문한 끝에 프랑스 파리에 가 있는 지휘자와 연락이 되어 흔쾌히 승낙을 받아 냈다. 구체적인 내용에 대하여 금난새 선생과 어느 정도 합의를 했으나 단원들에 대한 심사와 보수가 문제가 되었다. 단원들의 심사에 대하여 탈락을 우려하여 시위의 움직임도 있었으나 저명인사와 함께 공연하면 발전할 수 있는 계기가 될 수 있음을 설득하여 단원들과의 합의도 이끌어냈다. 금난새 지휘자가 청주교향악단의 지휘를 맡으면서 대내외적 평가가 업그레이드되었다. 그는 지휘자로서 탁월한 능력 이외에도 다정다감한 음악 해설로 정평이 나 있어 공연이 있는 날에는 멀리 서울과 수원, 대전 등에서도 관객이 많이 몰려와 공연장이 만석이 되었다.

정보화시대에 어울리게 청주를 상징하는 CI(City Identity) 사업으로 시민들에게 가까이 다가갈 수 있고 친숙한 자모도리 캐릭터를 2001년 개발하여 널리 시정에 활용하고 있다. 자모도리는 청주를 뜻하는 한글의 자음과 모음(ㅊㅓㅇ ㅈㅜ)을 결합하여 금속활자인 직지를 모티브로 하여 아이들이 글자를 들고 웃으며 노는 장면을 연출하고 있다. 청주실내체육관 옆 대로변 소공원에 자모도리 캐릭터를 만들었다. 또한 남일면 공사 정문 앞 비행기가 얹혀있는 구조물에 2억 원을 지원하여 자모돌이 캐릭터를 형상화하여 생도 및 시민들에게 새로운 멋을 안겨주고 있다. 처음에는 국가시설과 청원군 지역에 시 예산을 투입하는 것이 적합하지 않다면서 시의회가 적극적으로 반대하였으나 홍보 효과가 크고 앞으로 청원군과의 통합에 대비하기 위해서도 대승적으로 지원함이 필요하다고 역설하여 완공시켰다.

3. 2차 우회도로 완공 등 방사형 도시개발

도시개발에 있어서 제일 중요한 것이 도로이다. '모든 도로는 로마로 통한다'는 말이 있듯이 실크로드를 통하여 동서의 문물이 교류하였다. 역사적으로 도로를 통하여 사람뿐만 아니라 물자가 소통하여 문명을 꽃피워왔다. 청주는 옛날부터 강서에서 도청에 이르는 길과 내덕동에서 육거리시장에 이르는 T자형 도로체계를 갖추고 있었다. 이와 같은 형태의 길은 청주산업단지의 조성과 경부와 중부고속도로의 개통으로 도심의 교통체증을 유발하고 도시의 발전을 저해하고 있는 실정이었다.

청주권의 인구가 80만 명이 넘어서고 각종 시설이 외곽으로 이전하면서 불필요한 통과 차량이 도심으로 진입함으로써 교통체증을 유발하고 각종 사고를 야기케 하여 우회도로의 개설이 시급하게 요청되었다. 이를 추진하기 위하여 청주시의 재정에는 한계가 있으므로 여러 가지 재원 대책을 강구하였다. 즉, 택지개발에 따른 이익에 대하여 수익자부담원칙을 적용하여 시가 우선적으로 정부의 재정자금특별회계로부터 융자를 받아 공사를 시행하고 공사 후 원리금을 개발이익을 환수하는 차원에서 공사 주체인 토지공사나 주택공사로부터 반환을 받는 투자방식을 적용하였다. 2차 우회도로사업은 총연장 28.7km에 사업비가 2,841억 원이 투자되는 대규모 토목사업이었다.

1단계로 대농에서 가경3지구 간 4.1km인 서부우회도로는 1999년 10월 개통하였고, 방서사거리에서 공항로에 이르는 10.9km 동부우회도로는 2000년 4월 24일 개통시켰다. 이어서 공항로에서부터 4공단과 대농을 잇는 6.3km는 2000년 9월 8일 그리고 가경3지구에서부터 지북동에 이르는 국도 7.4km는 2001년 1월 12일 개통하였다. 우암산과 상당산성을 연결하는 도로에는 생태통로 형태로 터널을 만들어 시민과 동물들이 안전하게 다닐 수 있게 만들었다. 청주도 다른 대도시와 같이 방사형 도로체계를 갖추게 되었다. 이어서 경부고속도로 청주IC 입구인 휴암동에서부터 남일면 효촌3구에 이르는 11.4km에 이르는 4차선 공사인 제3차 우회도로사업도 1999년 4월 착공을 보게 되었다. 또한 교통체증을 완화하기 위하여 가로수 길을 4차선에서 8차선으로 확장하고, 심한 굴곡으로 인하여 사고 위험성이 높을 뿐만 아니라 겨울철 눈으로 시내버스가 결항하는 경우가 많아 상당산성으로 가는 도로를 새로이 개설하는 계획을 수립하였다.

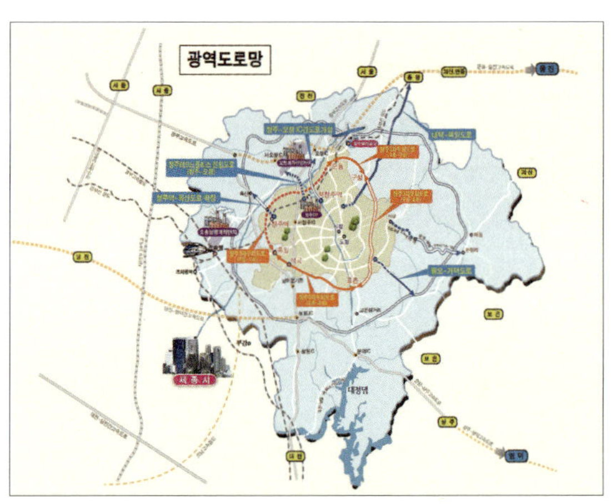

망사형의 청주광역도로망

또한 기존의 고속버스와 시외버스터미널은 청주의 도심지역에 위치하고 있어 교통체증을 유발하고 인구의 도심 집중화를 초래할 뿐만 아니라 시설이 낙후하고 용량이 부족하여 근본적인 대책이 요구되었다. 이를 위해 민자사업으로 추진하되, 청주시가 사업

부지를 매입하여 20년간 무상으로 제공하고 건설공사는 공모하여 추진하기로 방침을 정했다. 이에 따라 (주)대우가 사업시행자로 선정되어 1,967억 원을 투자하여 터미널뿐만 아니라 쇼핑몰, 전문복합상가, 업무용 빌딩 등을 갖춘 종합적인 편의시설을 갖춘 결과 청주의 제일가는 상권이 형성되고 교통의 요충지가 되었다. 공사하는 중간에 현장을 나가보니 직원들의 안목이 부족하여 남자 화장실의 소변기를 재래식 형태의 알루미늄판으로 바닥에 깔고 있어서 즉시 현대식으로 전면 교체하였다.

청주의 대표적인 달동네가 우암산자락의 수동지구로 350가구 1,350여 명이 취약한 여건에서 50여 년을 살아오고 있었다. 더구나 우암산 순환도로의 바로 아래에 위치하고 있어서 눈에도 잘 띄어 조속한 정비가 요구되었다. 현지의 여건과 거주민의 경제적 사정을 고려하여 전면적인 개량보다는 우암산의 수려한 경관을 그대로 살리면서 개발하는 방침을 정하였다. 주민과의 지속적인 대화와 설득으로 대규모 아파트단지보다는 환경친화적인 데크가 있는 저층 아파트단지로 사업을 추진하였다. 이것이 바로 개발과 보존이 조화되는 '지속가능한 개발'(sustainable development) 모델이다. 오늘날 이곳 수암골이 카인과 아벨, 제빵왕 김탁구의 드라마가 촬영되어 많은 관람객이 찾는 관광명소가 되었다.

청주시가 2000년 직지를 세계기록유산으로 등재하고 청주공예비엔날레와 청주인쇄출판박람회 등 국제회의를 성공적으로 개최하는 등의 공로로 대한국토도시학회와 경실련 도시개혁센터, 중앙일보가 공동주최하고 건설교통부가 후원한 '지속가능한 도시대상'에서 최우수상인 대통령상을 수상하였다. 또한 2001년 5월 25일부터 27일까지 청주예술의 전당에서 8개국 8개 도시에서 33

명이 참가한 가운데 청주문화 도시 국제회의를 개최하여 지속가능한 도시의 문화적 지표를 주제로 토론을 하고 '도시와 문화에 관한 청주 선언'을 발표하였다.

용정동 쓰레기 매립장은 매립이 끝나 메탄가스가 곳곳에서 분출하고 지층도 불안정하여 법적으로도 20년간 다른 시설로는 사용할 수 없어 방치되고 있었다. 깨끗한 경관 조성과 함께 체육시설의 확충을 위하여 유남수 청주시테니스협회장과 협의하여 민자로 18면의 국제규모의 테니스장을 마련하였다. 이때 사용한 모래는 국제규격에 맞게 중국에서 수입하여 시공함으로써 국제대회와 전국대회를 여기에서 개최하고 있다. 또한 잔여부지 4만 평에 대하여는 야구장, 배구장, 농구장, 골프연습장, 풋살경기장 등 다양한 체육시설에 민자를 유치하여 추진하는 사업계획을 수립하였다. 오늘날에는 이 용정체육공원이 2차 외곽순환도로에 인접한 관계로 교통 접근성이 양호해져 많은 사람이 밤에도 이용하는 등 인기 있는 스포츠타운이 되었다.

4. 육거리시장의 현대화 등 지역경제 활성화

재래시장[30]은 5일마다 개최되어 단순히 물건을 사고파는 장소를 넘어 새로운 정보를 얻을 수 있는 소통의 장소이기도 하다. 그 중 대표적인 곳이 성남 모란시장, 청주 육거리시장, 하동 화개장터 등이다. 육거리시장은 1,226개의 점포와 노점이 있는 전국 최대 규모의 재래시장이다. 무질서한 각종 전선과 화재에 취약한 가판대를 일제히 정리하고 입구에 입간판과 두꺼운 강 플라스틱

30) 1980년대 초반까지만 해도 충북에 60여 개의 재래시장이 있었으나 백화점, 마트, 물류센터 등 유통구조의 개편으로 지금은 많이 줄었다. 청주의 장날은 2일과 7일이다.

으로 된 반달 형태의 돔 구조물을 전국에서 처음으로 설치하였으며 대형주차장과 2층짜리 종합회관까지 마련하였다. 또한 상인들이 자발적으로 상가번영회를 구성하여 도로의 일정 선 안으로 상품을 진열하고 가격 정찰제를 실시하는 등 상거래질서를 선도적으로 확립함으로써 전국적인 모범사례로 알려져 전국 각지의 자치단체 공무원들과 상인들이 단골로 견학하는 코스가 되었다. 이 공사를 추진하는 과정에서 지하에서 남석교[31)]를 찾아내는 뜻밖의 성과를 거두었다.

한국에서 제일 큰 재래시장인 육거리시장

도청소재지이면서 90만 명 인구를 가진 대도시임에도 불구하고 여관급 수준의 호텔만이 영업을 하고 있어서 외국의 자매도시 공무원이나 손님이 청주를 방문하여 숙박을 할 경우 난처한 경우가 한두 번이 아니었다. 1997년 8월 31일 중국의 흑룡강성 전봉산 성장 일행이 답방 형태로 충북을 방문하여 상당산성 아래에 있는 청주관광호텔로 안내를 했더니 저녁에 다른 호텔이 없느냐고 반문하여 당황한 적이 있다. 라마다호텔을 조속히 건립하기로 하고 학교운영위원회를 소집하여 안건을 상정하였는데 학부모 중 한 분이 '학생들이 늦은 시간 공부하고 나오는데 남녀가 팔

31) 남석교는 신라 박혁거세가 즉위한 BC 57년에 건립된 무심천을 건너다니던 유일한 다리로 너비가 4.1m, 길이가 81m로 화강암을 2층으로 깔아 만든 돌다리이다. 자기 나이만큼 다리 위를 오가면 소원이 이루어진다고 하여 정월 대보름에 다리밟기를 하였다. 무심천 제방이 만들어지기 전인 1906년 무심천에 대홍수가 나 무심천의 물길이 바뀌고 그 이후 제방이 축조되어 육거리시장 안에 묻히게 되었다.

짱을 끼고 호텔로 들어가는 것을 보면 풍기가 문란해지고 학업에 지장을 주게 되므로 불가하다'는 논리를 펴면서 반대하였다. 이 학부모는 당시 모텔과 호텔을 혼동한 것 같았다. 2번이나 안건을 상정하였으나 보류되어 지속적으로 설득한 끝에 3차 회의에서 가까스로 호텔 신축 안을 통과시켜 공사를 마무리할 수 있게 되었다. 또한 부지를 정비하는 과정에서 선사시대 유물이 다량으로 출토되어 공사가 상당 기간 중단되는 상황이 벌어지기도 하였다. 육군 준장 출신 고등학교 친구인 이반규 사장이 이 호텔의 사장으로 취임하여 남다른 감회가 일었다.

지방의 많은 중소기업이 스스로 해외시장을 개척하고 무역을 한다는 것이 매우 어려운 실정이다. 따라서 청주시에서는 흥덕구청에 종합무역센터를 개설하여 시에서는 사무실과 법률자문, 통역 등 각종 행정지원을 하고 10개 무역회사가 무역 업무를 추진하는 등 체계적인 분업으로 청주 지역의 수출 증진에 기여하였다. 또한 IMF로 국가 경제뿐만 아니라 지역경제도 어려움을 겪게 되어 공장설립을 시청의 한 과에 신청을 하면 공장설립 절차가 자동으로 이루어지는 원스톱(one-stop) 처리체계를 갖추었다. 이로 인하여 종전에 45일 걸리던 공장 설립 기간이 3일로 대폭 단축되었다.

그간 청주의 중요한 산업시설이었던 연초제조창이 10년째 방치되어 건물 외벽의 페인트가 벗겨지고 잡초가 우거져 미관뿐만 아니라 시민 정서에도 좋지 않게 되었다. 이에 따라 문화산업을 활성화하고 유휴시설을 재활용하기 위해 연초제조창을 연불 형태로 KT&G로부터 매입하였다. 2001년 2월부터 연초제조창을 리모델링하여 문화콘텐츠산업의 산실인 문화산업단지를 만들어

IT 기술을 활용한 청주에듀피아[32]를 조성하였다. 이 사업은 문화관광부가 문화산업단지를 조성하는 계획을 수립하고 전국에 사업공모를 하여 청주가 신청한 결과 대전, 부천, 춘천 등과 함께 선정되어 청주는 교육을 중심으로 특화하는 방향으로 방침을 정하고 추진하였다. 젊은이들이 쉽게 창업할 수 있도록 시설을 제공하고 각종 편의를 도모하기도 하였다. 또한 문화산업단지를 관리할 기구로 문화산업진흥재단을 설립하여 발족시켰다. 나머지 연초제조창 시설도 구조가 매우 튼튼하므로 리모델링하여 공예산업단지로 활용하면 바람직할 것이다.

IMF로 인한 경제위기로 유명무실하게 된 청주국제공항을 활성화하기 위하여 청주항공엑스포[33]를 1999년 5월 17일부터 23일까지 27일간 청주국제공항 일원에서 개최하여 비행, 경연, 전시, 이벤트 등 4개 부문에서 경연을 벌였다. 개막식에는 김종필 국무총리가 참석하여 격려를 하였으며 마지막 행사로 10개의 물로켓을 발사해 축하하였으나 그중 하나가 궤도를 벗어나 귀빈석으로 떨어져 천용택 국방부 장관의 이마에 떨어져 약간의 부상을 입는 불의의 사고가 발생하였다. 제2회 항공엑스포는 2000년 4월 29일부터 5월 7일까지 9일간 청주국제공항과 공군사관학교 일원에서 개최하였다.

32) 2개의 관으로 구성되어 있는데 제1관은 바람의 주술여행 등을 다루는 창의력 공간으로, 제2관은 캐릭터를 중심으로 7대 불가사의 등 세계문화를 살펴볼 수 있는 스토리 테마공원으로 조성되어 있다. 요즘에는 청주국제공예비엔날레를 여기에서 개최하고 있다.

33) 그 이후 나기정 시장이 퇴임한 이후 청주의 행사는 폐지되고 대신 경남 사천시에서 2004년부터 매년 항공엑스포를 개최하고 있다.

제6장
박람강기(博覽强記)[1]를 위한 길

1) 박람강기는 동서고금의 여러 가지 책을 많이 읽고 기억을 잘한다는 뜻으로 시사한국의 이항복 기자가 나를 취재하고 쓴 기사 "박람강기의 행정달인"에서 인용했다. 너무 황송한 표현이다.

제1절

행정과 학문의 연계

1. 서울대 행정대학원-석사과정

교수의 경우에 5년에 한 번씩 새로운 분야를 연구하고 충전하기 위하여 안식년 제도가 있다. 이 기간에 외국대학에 교환교수 형태로 연수를 가거나 새로운 저서를 집필하기도 한다. 국내외 행정환경도 급격하게 변하고 있으므로 이와 같은 새로운 시대적 흐름을 파악하고 발전을 선도하기 위하여 안식년제의 도입이 필요하다. 행정에 있어서도 새로운 선진국 제도를 벤치마킹하여 도입할 수 있도록 꼭 필요한 제도라고 생각된다.

나도 1974년 대학을 졸업한 이후 새로운 책을 보지 못하고 공부를 하지 못했을 뿐만 아니라 그것도 경영학을 학부에서 배웠으므로 행정학을 체계적으로 다시 공부하고 싶은 생각이 간절하였다. 그래서 서울대 행정대학원에 영어와 행정학으로 입학시험을 보고 합격하였다. 행정고시를 준비할 때와는 달리 행정 일선에서 근무하다가 오랜만에 행정학을 다시 공부하려고 하니 다소 생소한 맛도 있었다.

이 당시 고시 동기이자 호토회 회원인 오연천 교수[2)]가 미국에서 학위를 마치고 서울대 행정대학원 교수로 부임하여 지방재정학 강의를 시작하였으며, 그 이후 2009년부터 서울대 총장으로 재직하면서 서울대의 법인화 등 많은 과제를 의욕적으로 추진하였다. 2011년 아들 정민이가 서울대 수의과대학 1학년으로 입학한 3월 총장실로 직접 불러 격려해주었다. 오 총장은 열심히 공부하고 새로운 분야를 연구해보라고 격려하면서 학교생활에 충실할 것을 강조하였다.

처음으로 중앙부처인 내무부의 민방위본부 편성운영과 주무계장으로 정식으로 발령을 받고 어느 정도 마음의 안정도 찾았고 다소 시간적 여유도 생겼으므로 1981년 3월부터 주경야독의 심정으로 시작하였다. 그러나 서울대 행정대학원이 관악산에 있으니 저녁 식사와 출석이 문제였다. 식사는 6시 전 조금 일찍 나와 약식으로 식사를 하든가 빵과 우유를 사 가지고 버스를 타고 가면서 시내버스에서 저녁을 해결하는 경우가 비일비재하였다.

1주일에 2~3일 학교에 가는 것은 쉬운 일이 아니었다. 과장과 다른 직원들은 열심히 사무실에서 근무하고 있는데 간부가 근무시간에 일찍 나온다는 것은 염치가 없어 보이는 일이었다. 그러나 10시경 강의를 마친 후 관악산의 밤하늘을 보면서 좋은 공기를 마시며 심호흡을 할 때에는 그 기분은 상상을 초월하였다. 다른 사람들은 술을 마시거나 쉬고 있을 때에 나는 미래를 위해 책과 씨름한다는 일종의 자부심이라고 할까….

행정대학원의 야간과정이므로 대부분의 원생들이 낯이 익은

2) 오연천 총장은 총무처에 첫 발령을 받았으며 미국에 국비로 유학을 갔다가 다시 박사과정까지 마치고자 시도하였으나 당시의 제도로는 불가능하여 사직을 한 이후 자비로 박사학위를 취득하였다. 요즘에는 박사까지도 가능해졌다.

사람들이 많았다. 행정고시 선·후배들이 주축이고 일부는 고시를 준비하는 나이가 어린 학생들도 있었다. 그러나 강의 내용은 당초 기대와는 달리 행정고시의 시험공부를 하였던 내용을 크게 벗어나지 못하고 반복하는 수준이어서 실망을 하기도 하였다. 그러나 많은 원우들을 다시 사귈 수 있어 그 이후 업무를 추진하는 과정에서 많은 도움이 되었다.

한국 행정학의 산실인 서울대 행정대학원

나의 지도교수는 안해균 교수이었다. 그분은 정치학적인 측면에서 행정 현상을 보시고 후학들을 지도하셨다. 나는 졸업논문으로 "한국 공무원의 여가 활용에 관한 연구"를 주제로 잡았다. '한국의 공무원들이 여가를 어떻게 생각하는지 그리고 어떤 레저 활동을 하는지'를 인사 관리적 측면에서 분석하고 싶었다. 그래서 서울에서 가장 가까운 광주시의 공무원을 대상 집단으로 하고 200명을 표본으로 선정하여 앙케트 조사를 실시하였다.

사람이 하루에 사용할 수 있는 시간은 재벌총수나 샐러리맨이나 모두 24시간이 주어진다. 24시간 중 평균적으로 8시간은 일을 하고, 8시간은 잠을 자고, 8시간은 잔여 시간이다. 그래서 이 나머지 남는 시간을 잔여(residual) 시간 또는 여가(leisure) 시간이라고 한다. 이 시간을 이용하여 행하는 활동이 레저 활동이다. 이 잔여 시간에 업무에 대한 스트레스를 털어버리고 새로운 기분으로 재충전을 위해 마음을 비우고 떠나는 것이 프랑스의 바캉스(vacance)이다. 사람에 따라서 이 시간을 생산적으로 업무처리 능력을 향상하기 위하여 또는 가정사를 해결하기 위하여 활용할 수도 있고, 비생산적으로 보낼 수도 있다.

여가행태가 근무지역 그리고 직급과 밀접하게 관련되고 있음이 확인되었다. 즉, 농촌 지역공무원들은 가사지원 등 생산적 지원활동을, 도시지역 공무원들은 등산 등 체력증진활동을 중심으로 하고 있으며, 직급별로도 상위직급의 경우 골프, 테니스 등 비용이 비교적 많이 드는 운동을, 하위직급의 경우에는 TV 시청 등 비용이 상대적으로 적게 드는 정적인 활동을 중심으로 여가활동을 하고 있는 것으로 분석되었다.

1980년대에만 해도 국가정책이 경제성장에 집중되었던 시기이므로 어떻게 하면 소득을 올릴 수 있는가 하는 재테크에 대한 연구에 집중되어 있을 뿐 레저에 대한 체계적인 연구가 많지 않았다. 또한 이를 인사관리적 측면에서 적극적으로 활용하는 방법도 미진하였다. 앞으로 업무능률의 향상을 위하여 여가 시간의 활용이 중요하다. 따라서 이의 생산적 활용을 위하여 직장과 지역사회에서 여가 시설을 확충하는 등 여건을 지속적으로 개선하면서, 각종 비공식조직의 활성화를 유도하고, 사회적으로도 건전한 여가관의 확립이 요청된다.

한국인의 생활 태도가 종전의 일벌레(workaholic)와 같은 아침형 인간에서 국민소득 증가, 대체 휴일제 도입, 고령화 추세 등으로 삶의 질을 추구하는(lifeholic) 분위기로 점차 바뀌고 있다. 문화관광체육부의 2016년 국민 여가활동 조사에 의하면 한국인은 여가시간으로 평일은 평균 3.1시간, 휴일에는 5.0시간을 보내고 있으며, 월평균 여가 비용은 13만 6천 원을 소비하고 있다.

여가 활동은 선진국 국민들은 주로 레크리에이션이나 하이킹, 자전거, 보트 타기, 스키 등 스포츠와 같은 동적 활동이 중심을 이룬다. 그러나 한국인은 TV 시청(46.4%), 인터넷(SNS)(14.4%), 게임(4.9%), 산책(4.3%) 순으로 나티났다. 유형별로 살펴보면 휴식(56.7%), 취미·오락활동(25.8%), 스포츠참여활동(8.7%)순으로 소극적인 여가활동에 주력하고 있는 것으로 조사되었다.

오늘날 레저시간이 늘어나고 레저 활동도 다양해지고 있다. 야외에서 즐기는 등산, 골프 등으로 다양화해지고 있으며, 집에서 자신이 가구를 직접 만들어서 쓰는 DIY(Do It Yourself) 그룹도 증가하고 있으며 이들을 위한 각종 공구들이 개발되어 시판되고 있다. 1인당 국민소득이 2만 달러 이상의 선진국이 되면 골프와 테니스 등 운동 중심의 야외활동이 줄어들고 대신 육상에서는 승마, 바다에서는 요트, 하늘에서는 경비행기 타기와 같은 레저 활동이 고급화되는 추세가 보편화된다고 한다.

세계관광의 경향이 1990년대 이후 자연환경과 지역사회를 파괴하는 관광에서 도시와 농촌에 도움이 되는 새로운 형태의 생태관광이 보편화되고 있다. 이와 같은 생태관광[3)]이 전 세계여행 시장의 25% 정도를 차지하는 것으로 추산된다. 국내에서도 지방자

3) 생태관광(eco tourism)이란 ①자연과 문화를 즐기고 배우는 소규모그룹의 여행 ②자연보호와 지역 전통문화에 대한 인식과 경의 ③환경 윤리를 읽힌 전문가이드의 동행 ④출입제한구역, 자연휴식년제가 적용되는 시설 등 특정 지역에 대한 훼손 금지 ⑤보존지역과 지역주민들을 위한 관광이익의 환원 등을 포함한다.

치단체가 함평나비축제, 무주반딧불이축제와 같은 생태 관련 축제를 개최하고 포도 따기, 감자 캐기 등 농촌체험과 연계한 관광상품을 개발하고 있다. 법적으로도 1994년 농어촌정비법이 제정되어 관광농원, 민박마을, 농어촌휴양단지 등이 곳곳에 조성되어 도시민에게 힐링과 함께 농어촌소득증대에도 기여하고 있다.

2. 성균관대 대학원-박사과정

서울대 행정대학원에서 행정학을 그리고 미국 위스콘신대학교에서 도시 및 지역계획학으로 각각 석사학위를 받았지만, 공무원으로 재직하고 있는 기간뿐만 아니라 공직을 퇴직하고 난 이후에도 지식을 활용할 수 있도록 박사학위를 취득하는 것이 필요하겠다는 생각을 하였다. 청와대에 근무하는 기간이야말로 시간을 쪼개어 공부에 투자할 수 있는 절호의 기회라는 생각이 들었다. 대통령 비서실의 사정1비서관실이 삼청동 감사원 별관에 위치해 있으므로 보다 탄력적인 근무도 가능하고 성균관대학교가 가까워 걸어서 갈 수도 있고 유사시 신속히 사무실로 달려갈 수도 있는 장점이 있었다.

1993년 12월 중순 입학시험을 보고 1994년 3월부터 박사과정을 시작하였다. 1주일에 2일 정도는 낮에 강의가 이루어졌으나 그 이후 공무원들이 많이 입학하면서 학교에서 강의 시간을 밤으로 조정해주는 등 각종 편의를 도모해 주었다. 당시만 해도 휴대전화기가 크게 발달하지 않은 시기이므로 유사시에 대비하여 항상 삐삐와 휴대전화기를 들고 공부하러 다녔다. 성대 후문으로 통하는 길은 차도 많지 않아 걷기에도 좋고 경관도 빼어나 공부하기에 더없이 좋은 여건이었다. 지도교수는 후에 평안남도지사를 지낸 한원택 교수이셨다. 그분은 한국동란 중 월남하여 학생처장, 대학원장 등을 두루 거치면서 학사행정에도 밝으셨고 이원종 충북도지사와 대학 동기로 가까운 사이셨다.

성균관대 코스모스 졸업식 후 형님, 누님, 외숙과 함께

대통령비서실과 행정자치부의 재정경제과장으로 근무하는 동안 기본과정인 강의는 모두 마치게 되었다. 그러나 논문이 문제였다. 이후 충북도청의 기획관리실장으로 발령을 받은 후 행정학과 교수들과 박사과정에 있는 학생들을 수안보로 초청하여 자체적인 세미나를 개최하고 만찬과 함께 충주지역에 대한 문화탐방의 기회를 갖기도 하였다. 요즘은 성균관대에 국정관리대학원을 별도로 설치하여 공무원들이 공부하기에 편리하도록 여러 가지 편의를 제공해 주고 있다.

졸업논문은 내가 관심을 갖고 있으면서 업무추진에도 도움이 될 수 있는 제목으로 지방재정분야로 정했다. 통계적으로 분석이 가능하고 앞으로 행정적 측면에서도 발전할 수 있는 분야라고 생각하였다. 그러나 지방재정이 제도적으로는 어느 정도 발전되어 있으나 이론적으로는 뒷받침이 부족한 실정이었다. 더욱 공무원이 이 분야에 깊은 관심을 갖고 책을 저술한 것은 이상희 前 내무부 장관과 김홍래 前 내무부 차관이 있을 정도였다.

그래서 나는 지방재정에 관한 논문을 쓰기로 마음을 먹었다. 그러나 이에 대한 자료를 수집하는 것은 가능하였으나 분석 틀을 새로 마련하고 자료를 분석하는 것이 문제였다. 충북의 기획관리 실장으로 있으면서 논문을 쓴다는 것은 엄두도 내지 못하였다. 기획관리실장은 도청에서 제일 바쁜 자리이기 때문이다. 중앙과 지방 그리고 도와 시·군과의 연계, 도지사의 수행과 도의회와의 연결 등으로 분주한 나날의 연속이었다. 그래서 중앙공무원교육원의 국장급 교육과정에 입교를 신청하였다.

지방자치제의 발전을 위하여 지방재정의 확충이 우선적으로 필요하다고 보고 논문 제목을 '광역자치단체의 지방재정력 평가에 관한 연구'로 정하였다. 그런데 1998년 IMF 위기가 우리나라에 엄습하면서 국가뿐만 아니라 지방자치단체의 부채상환능력이 사회적인 문제가 되었다. 그런데 지방자치단체의 지방재정력을 결정하는 요인으로 4가지 변수 즉, 세입 측면의 가용재원(외부와 내부)과 세출 측면의 재정수요(현재의 지출액과 미래의 지출압력)로 보았다. 이를 분석하기 위한 계량적 분석지표로 세입능력은 1인당 주민소득 등 11개 지표를, 내부자원을 동원할 수 있는 능력은 1인당 기금액 등 7개 지표를 사용하였다. 또한 세출능력으로는 가용 재원률 등 14개 지표를, 채무부담능력은 부채증가율 등 6개 지표를 선정하였다.

이와 같은 38개 지표를 사용하여 광역자치단체인 광역시·도의 재정력을 민선 지방자치제 실시를 전·후하여 분석한 결과 광역자치단체 간의 재정력 격차는 민선 지방자치제 이전에 비하여 줄어들었으나 일부 자치단체의 경우 부정적인 방향으로 변화가 있는 것으로 분석되었다. 이 당시 미국의 워싱턴과 뉴욕 등 대도시뿐만 아니라 오렌지카운티, 브리지포트시 등 지방정부가 재정적인 어려움을 겼었고, 일본의 경우에도 동경도를 비롯하여 오사카

등의 대도시와 유가와라정 등이 심각한 재정위기를 겪고 있었다. 따라서 우리나라에서도 미국 연방정부의 예와 같이 지방재정파산제도를 적극적으로 도입할 것을 주장하였다.

논문을 심사해주신 분은 김동현 교수께서 위원장으로 수고를 해 주셨고, 심사위원으로는 나중에 서울대 행정대학원으로 자리를 옮긴 정용덕 교수, 전 경제부총리를 지낸 박재완 교수, 청주대 정정목 교수가 좋은 지적을 해주시고 날카롭게 질문을 하셨다. 긴장도 하게 되었지만 그 과정을 거쳐야 박사학위를 받을 수 있으므로 꼭 필요한 절차라고 생각한다. 그런데 요즘 일부 대학에서 학생들의 부담을 덜어준다는 명분으로 석사과정의 졸업 조건으로 논문과 시험 중에서 학생들이 선택하게 하는 제도를 도입하고 있어 문제가 있다고 생각한다.

이 논문이 계기가 되어 청주 부시장을 마치고 제2 건국위원회 운영국장으로 재직하면서 한국지방재정학을 법문사에서 발간하게 되었다. 대학교수도 아니면서 우리나라에서 처음으로 지방재정에 관한 저서를 출간하면서 '론'이 아닌 하나의 학문으로서 '학'이라는 이름을 붙여 저명한 출판사의 하나인 법문사에서 출판하였다. 지방자치제가 복원된 지 10년이 경과하였으나 제대로 된 지방재정 관련 서적이 공무원이나 지방의원들에게 필요하다고 판단하고 법문사와 접촉하였더니 흔쾌하게 수락하였다. 오늘날 이 책이 전국의 공무원과 지방의원에게 지방재정을 이해할 수 있는 필독서가 되었다. 내가 저술한 책이 벌써 조사방법론과 함께 한국 지방행정학과 한국 지방자치의 새로운 모색 등 3권이 되었으니 지금까지 큰 보람으로 생각한다.

이 책을 계기로 제2 건국위원회 운영국장에서 행정자치부 지방재정경제국장으로 이동하는 직접적인 동인이 되었다. 이 책을 당시 실세인 이강철 수석에게 전달하였으며, 이분이 다시 김두관 행정자치부 장관에게 이야기를 함으로써 인사가 자연스럽게 이루어졌다. 그러나 그분은 국가 전체적인 입장에서 지방양여금은 폐지하고 국가균형발전특별회계를 신설하여야 한다는 입장이어서 나와는 반대의 입장이었다. 자신은 행정자치부 장관보다는 대통령의 입장이라는 큰 틀에서 국가제도를 거시적으로 보고 운영하여야 한다는 주장이었다.

경제는 국가와 지방의 발전에 있어서 핵심적인 요소이다. 경제가 성장해야 국가와 지방도 그만큼 튼튼해진다. 맹자도 일찍이 항산(恒產)이 항심(恒心)보다 앞선다고 주장하면서 경제의 중요성을 강조하였다. 영국의 정치학자 액튼경도 민주주의의 조건으로 경제의 안정과 성장을 들었다. 경제가 발전하고 일자리가 늘어나야 국민도 마음적 여유를 갖게 된다. 경제가 축소되고 물가가 상승하면 개인적으로 생활이 어려워지고 정치가 불안정하게 되는 것은 동서고금의 철칙이다.

우리나라의 국민총생산(GNP)에서 재정이 차지하는 비중은 2018년에 31.4%를 차지하고 있다. 그중에서 국가재정이 19.5%, 지방재정이 11.9%를 점유하고 있다. 국가재정이 더 큰 비중을 차지한다는 이야기이다. 이 비중이 외국에 비하여 큰 비중은 아니나 국가와 광역자치단체인 시·도와 기초자치단체인 시·군·구간의 기능의 분화가 필요하다. 우리나라의 사무는 총 41,603개 사무로 그 중 국가사무가 30,240건(72.7%), 지방사무는 11,363건(27.3%)이다. 지방사무 중 자치사무가 6,306건(55%), 위임사무가 1,311건(12%), 국가와 지방 공동사무가 3,746건(33%)이다.

그런데 국가와 광역자치단체인 시·도와 기초자치단체인 시·군·구가 경쟁적으로 중복하여 추진하는 일들이 많다.

그런데 지방재정이 점점 어려워지고 있다. 2018년 현재 전국 평균 재정자립도가 53.4%이고, 광역시·도중에서 서울이 82.5%로 제일 높고 전남이 20.4%로 제일 낮다. 시·군·구중에서는 강남구가 67.9%로 제일 높고, 전남 구례군이 8.5%로 제일 낮다. 또한 지방세로 직원들의 인건비를 해결하지 못하는 자치단체가 전체의 반이 넘는 52%로 127개 단체이고, 자체수입(지방세+세외수입)으로 해결하지 못하는 단체도 32%로 78개 단체이다.

전체 세원 중 국세와 지방세의 비중이 수십 년째 8:2의 비율을 유지한 채 국세의 비중이 압도적으로 높다. 지방세가 국세와 달리 부동산경기와 밀접한 재산세, 취득세 등 재산과세가 42.8%로 안정성과 신장성이 낮다. 세외수입도 자치단체예산에서 차지하는 비중이 9.8%로 매우 취약하고, 매년 규칙적으로 들어오는 경상적 세외수입은 전체의 62% 수준이다.

세출의 경우에도 2018년 예산기준으로 기능별로 보면 사회복지비가 전체의 27.1%로 압도적으로 높고, 특히 자치구에서는 50.9%를 차지하여 다른 일을 할 수 없다는 불만이 현장에서 나오고 있는 실정[4]이다. 이어서 환경보호(9.4%), 수송 및 교통(8.7%), 국토 및 지역개발(6.7%), 농림·해양수산(6.3%), 교육(6.1%), 문화·관광(4.9%) 순이다. 사회복지비는 앞으로도 지속적으로 늘어날 것으로 전망된다.

특히 사회복지와 관련하여 사회복지서비스를 일정한 요건을

4) 부산의 여당 구청장이 과중한 사회복지비 부담으로 구청이 재정 파탄 위기에 내몰리고 있어서 경상경비도 편성하기 벅차다면서, 사회복지가 국가사무이므로 특히 65세 이상 노인들의 기초연금에 대한 국가부담분을 10~20%로 늘려줄 것을 2019년 1월 대통령에게 건의하였다.

갖춘 사람에게만 서비스를 제공하는 '선택적 복지'로 할 것이냐 또는 모든 국민을 대상으로 서비스를 제공하는 '보편적 복지'로 갈 것인가가 사회문제가 되고 있다. 이에 대한 국민적 합의가 조속히 이루어져야 하겠으나 국가가 가지고 있는 재원의 한계와 서비스 배분의 형평성을 고려할 때 선택적 복지 방향으로 갈 수 밖에 없을 것으로 생각된다.

여기에다 지방 교육에 들어가는 예산만도 2018년도 예산에서 국가가 시·도교육청에 보내는 53조 5,651억 원 이외에도 시·도와 시·군·구에서 별도로 지방교육청으로 12조 7,799억 원을 지원하고 있다. 그러나 교육이 진보와 보수로 나뉘어 교육감이 선출되고, 교육제도[5]가 수시로 바뀌는 등 정치적 중립성이 많이 훼손되고 있다. 교육자치는 국가백년대계를 위하여 일선 교육현장인 학교 단위에서 실질적인 자치가 이루어져야 한다.

지방자치제의 건전한 발전을 도모하고 국민 생활의 질을 향상시키기 위하여 자주재원을 지속적으로 확충하는 재정분권화의 노력이 필요하다. 국가는 국세를 지방세로 이전하여 현행 8:2의 국세와 지방세 비율을 6:4로 지방세의 비중을 확충해주어야 한다. 또한 지역발전특별회계를 지방교부세로 통합하여 일반재원으로 하고 국고보조금의 비율을 점차 줄여 지방의 자율성을 키우고 중앙정부의 개입은 줄여나가야 한다.

5) 17명의 시 · 도 교육감 중에서 진보 13명, 보수 4명으로 쪼개져 중앙정부와는 누리과정 예산 편성과 자사고 지정, 시 · 도와는 무상급식과 무상교육 예산지원을 놓고 갈등을 겪고 있다.

(그림 6-1)재정분권화의 기본방향

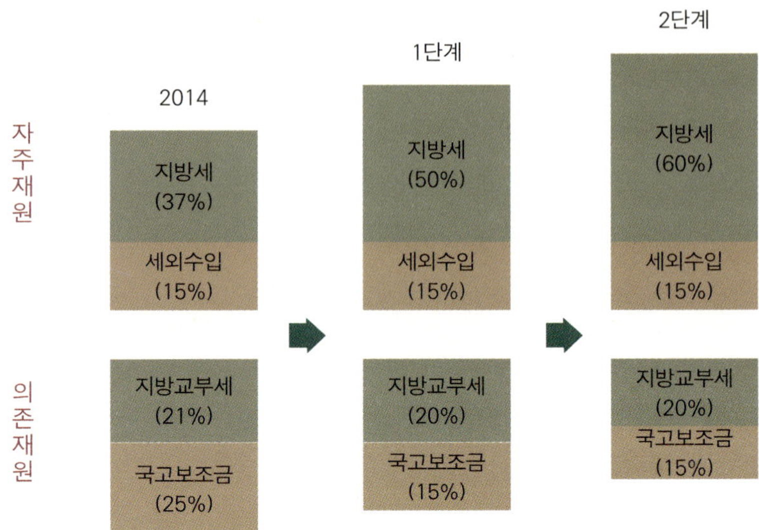

지방자치단체도 자치단체장이 중앙정부에 찾아가 로비하여 국고보조금, 지방교부세, 지역발전특별회계를 확보하려는 소극적 자세를 버리고 지역의 새로운 세원과 세외 수입원을 확보하려고 적극적으로 노력하여야 한다. 또한 중기지방재정계획 → 투융자심사 → 예산반영 등 예산 관련 순환 구조를 착실하게 지켜야 한다. 일정 규모 이상의 대규모 사업은 예외 없이 투융자심사를 거치도록 하고 재정지출을 효율적으로 관리하는 근무 자세가 절실히 필요하다.

1997년 발생한 외환위기를 극복하고 부족한 사회간접자본을 확충하기 위하여 민간투자사업을 활성화하였다. 종전의 도로, 철도, 항만 등에 대한 수익형 사업인 BTO[6] 방식뿐만 아니라 학교,

6) BTO(Build-Tranfer-Operate)방식이란 사회기반시설의 준공과 동시에 당해 시설의 소유권이 국가 또는 지방자치단체에 귀속되며 사업시행자에게 일정 기간의 시설관리운영권을 인정하는 방식이다. 반면, BTL(Build-Transfer-Lease) 방식이란 사업시행자가 사회기반시설을 준공한 후 국가나 지방자치단체로 소유권을 이전하고, 국가나 지방자치단체에 시설을 임대하여 투자비를 회수하는 방식이다.

군 주거시설, 문화시설 등에 대한 임대형 사업인 BTL 방식을 도입하였다. 중앙정부뿐만 아니라 지방자치단체도 무분별하게 추진하여 재정적 부담이 가중되고 있다. 즉, 목표치를 과대추정하고, 최소운영수입[7]을 보장하고, 이자율을 시중금리보다 높게 잡아 '땅 짚고 헤엄치기'라는 이야기까지 생겨나면서 외국의 투기자본(예; 맥커리 등)까지 대거 유입되었다. 민간투자사업을 과도하게 추진하여 재정적 어려움을 겪고 있는 포르투갈, 아일랜드, 헝가리, 그리스, 스페인, 이탈리아 등 남유럽 여러 나라의 경우를 타산지석으로 삼아 체계적인 관리가 필요하다.

(표 6-1)민간투자사업의 추진방식

구분	BTO	BTL
대상시설	도로, 철도, 항만 등	학교, 문화, 복지시설
투자비 회수	최종 이용자의 사용료	정부의 시설임대료
사업 리스크	민간이 통행량 등 위험부담	민간의 수요위험 배제

7) 최소운영수입보장제(MRG:Minimum Revenue Gurantee)란 완공 후 시설 비용을 수요 부족으로 투자비 회수가 어려워지는 경우 일정 범위 내에서 최소한의 운영 수입을 정부가 보장해주는 제도로 2009년 10월부터 폐지하였다.

제2절

세계화에의 길-미국 유학

1. 세계화와 한국

조선 시대 말엽은 서양의 여러 나라가 동양으로 물밀 듯이 밀려오는 '서세동점'(西勢東漸)하는 경향이 이 당시의 세계사의 큰 흐름이었다. 명성황후인 민비와 대원군의 피나는 역전과 재역전의 드라마는 개화세력과 수구세력이 엎치락뒤치락하는 과정 속에서 세계화라는 도도한 흐름에 조선은 그대로 노출되었다. 이 과정에서 개화파 대신들이 주축이 되어 신사유람단[8]을 구성하여 당시 선진국이라고 할 수 있는 일본을 벤치마킹하였다. 그 견문한 결과를 집대성하여 갑오개혁을 비롯한 조선 시대 말의 여러 가지 혁신정책을 추진하였다.

국제사회에 있어서 영원한 적도 영원한 친구도 있을 수 없다. 오직 국익에 따른 실리만이 있을 뿐이다. 우리나라는 한반도라는 지정학적 여건으로 주변의 강대국 즉, 미국과 일본 그리고 중국

8) 신사유람단은 1876년 한일수호조약이 체결되자 박정양, 어윤중, 홍영식 등을 중심으로 5명을 1개 조로 한 시찰단을 일본에 파견하여 약 4개월간 머물면서 각 중앙부처의 시설과 세관, 조폐 등의 분야와 제사와 잠업에 이르기까지 광범위하게 시찰하고 귀국하였다.

과 소련의 세력을 적절히 활용하면서 살아가야 할 숙명이다. 남·북한을 포함하여 한반도를 둘러싼 강대국 간의 2+2, 2+4라는 정치공학적 분석이 힘을 얻는다. 앞의 2는 남·북한을, 뒤의 2와 4는 미국과 중국 그리고 일본과 소련을 포함한 구도이다. 앞으로 일본과는 독도 문제가, 중국과는 간도 문제가 해결해야 할 국가적 영토 문제이다.

미국의 칼럼니스트인 토마스 프리드먼은 그의 저서 "세계는 평평하다"(The World is Flat)[9]라는 저서에서 세계화를 3기로 구분하여 설명하고 있다. 즉, 제1기는 국가가 세계화를 주도한 시기로 콜럼버스가 신대륙을 발견한 해로부터 시작해 1800년대까지로 보았으며 세계는 둥글다고 하였다. 제2기는 1800년대부터 2000년까지로 뒤퐁, GM, GE 등 다국적기업이 주도한 시기로 전화, 위성, PC 등의 통신수단을 이용하여 세계가 더욱 작아졌다고 하였다. 이어 제3기는 2000년대 이후 개인이 주도한 시기로 한국과 인도 등 비 서구인이 중심이 되어 추진하고 있는 시기로 보았다. 이 시기에 컴퓨터, 이메일, 네트워크, 화상회의 등을 통해 세계는 더욱 작아지고 평평하게 되었다고 분석한다.

(표 6-2)토마스 프리드만의 세계화

구분	내용	시기	주도
1기	국가의 세계화	1492-1800	국가
2기	회사의 세계화	1800-2000	다국적기업
3기	개인의 세계화	2000년 이후	비서구인

우리나라에서는 1950년대 서울대 행정대학원과 미국의 미네소

9) 콜럼버스는 1492년대 세계를 탐험하고 '세계는 둥글다'고 주장하였으나, 600년이 지난 2006년 토마스 프리드먼은 그의 저서에서 오히려 새로운 통신기술의 발달로 '세계는 평평하다'고 반대로 주장했다.

타주립대학교와의 협약에 의하여 교환교수제가 실시되었다. 이에따라 제1세대 행정학자들이 미국에 건너가 비교행정론을 연구하면서 학문적으로 행정학에 대한 연구가 이루어졌다. 실무적으로는 1980년대 이후 젊은 공무원들을 외국대학의 석·박사과정으로 장기간 파견하여 교육케 함으로써 행정에 선진이론과 기법의 도입이 활발[10]하게 이루어지고 있다. 그러나 연수지역이 미국, 영국, 일본, 중국 등 특정 지역과 특정 대학교에 편중되는 경향이 있어서 이를 제한하기도 하였다.

인천시 행정부시장으로 재임하면서 손자병법에 있는 '지피지기 백전백승'(知彼知己 百戰百勝)의 시대적 의미를 되새기면서 세계에서 제일 큰 시장인 중국에 인천을 새로운 형태로 알려야 할 필요가 있다는 생각이 들어 인천에 소재한 물류 관련 기관과 기업인들로 새로운 신사유람단을 구성하였다. 인천시청과 인천국제공 항공사, 인천항만공사 등 공항과 항만 관련 10여 개 기관의 핵심간부 36명으로 합동팀을 만들어 2006년 8월 29일부터 7박 8일간 중국의 홍콩, 상해, 청도의 항만, 공항, 공단과 기업들을 방문하여 인천을 중국에 널리 알리고 중국의 발전하는 모습을 확인하는 소중한 기회를 마련했다.

우리나라가 세계적인 국가가 되고 우리나라 국민이 세계인이 되기 위하여 의식 수준도 국제적인 기준(global standard)에 맞추어야 한다. 예컨대 양복을 입은 경우 국제회의에 참석할 때는 흰 양말을 신지 말아야 하고, 여성과 약자에 대한 우선적인 배려를 해야 한다. 또한 '생각은 세계적으로 하되 행동은 지역적으로 하라'(Think globally, Act locally)는 말이 있다. 이는 1992년 브라

10) 모든 최신 행정이론과 각국의 행정 사례들이 우리나라의 행정실무에 백화점식으로 도입되었으나 그 성과는 미미한 수준이라고 비판하는 시각이 있다.

질의 리오데 자네이로에서 환경에 대한 세계선언을 하면서 환경보호를 위하여 세계인에게 요청한 명제이다. 이는 한류처럼 가장 지역적인 것, 한국적인 것이 세계적인 것이 될 수 있다는 말이다. 건물이나 시설을 건설함에 있어서도 국가와 지역의 독창성과 다양성이 요청된다.

오늘날의 사회를 흔히 제3의 물결 또는 정보사회라고 한다. 정보가 부의 중요한 원천이 되고 있다. 앞으로 도래할 그리고 일부는 이미 우리 곁에 와 있는 제4의 물결 즉 창조사회의 3년의 변화는 농업 사회의 3천 년의 변화에 해당할 정도로 광속으로 변화할 것으로 전망한다. 농업사회는 3×10^3(3000년), 공업사회는 3×10^2(300년), 정보사회는 3×10^1(30년), 미래사회인 창조사회는 3×10^0(3년)의 속도로 변하고 있다고 한다. 사회가 발전하면서 그만큼 변화의 속도가 빠르고 변화의 내용이 깊어진다는 이야기이다.

(표 6-3) 시대별 변화의 물결과 내용

구분	사회	추세	국력	핵심단어	의식
제1의 물결	농업사회	농업화	군사력	오곡풍성	우리는 공동체
제2의 물결	공업사회	공업화	정치력	중후장대	우리는 분리
제3의 물결	정보사회	정보화	경제력	경박단소	우리는 연결
제4의 물결	창조사회	창조화	문화력	樂美愛眞	우리는 연결된 하나

마이크로소프트사의 빌 게이츠 회장은 21세기는 생각의 속도가 결정한다고 하였다. 앨빈 토플러는 부의 미래(2006년)에서 기업과 금융은 100마일, NGO는 90마일, 가족 형태는 60마일, 노동조합은 30마일, 관료 조직은 25마일, 교육체계는 10마일, 정치조직은 3마일, 법률은 1마일의 속도로 변한다고 한다. 기업이나 금

융의 변화 속도와 타 부문의 변화 속도가 너무 달라 충돌을 빚고 있다고 본다. 따라서 새로운 부를 창출하기 위하여 선진 제도가 필요하며, 구시대 조직의 뿌리를 뽑거나 대체해서 혁신적으로 재편성하여야 한다고 강조하였다. 내가 관여하고 있는 조직들이 현재 어떤 속도로 가고 있으며 과연 미래에 생존할 수 있는가를 통찰해 보아야 할 시기이다.

2. 도시와 지역계획에 관한 연구

1983년 서울대 행정대학원에서 석사과정을 마친 후 느낀 소감은 강의내용이 행정고시에서 공부한 내용과 큰 차이가 없음을 느끼고 새로운 길을 모색할 필요가 있다는 생각이 들었다. 가능한 빨리 나이를 더 먹기 전에 외국 대학에 가서 학문을 제대로 공부해야겠다고 결심하였다. 이 시기는 유학 초기 단계로 특히 내무부에서는 경쟁이 심하지 않았다. 그러나 일정한 점수 이상의 토플 성적이 대학교의 요구 조건이었으므로 아침 7시 종로에 있는 외국어 학원에도 가 원어민 강의도 듣고 출퇴근시간대 차내에서 워크맨을 사용하여 영어 방송을 듣기도 하였다.

나는 미국에 있는 5개 대학에 입학신청을 하였으나 4개 대학에서 공부하러 와도 좋다는 회신이 왔다. 그러나 대도시에 있는 대학들은 학비도 비쌀 뿐만 아니라 생활비가 비싸 정착에 많은 어려움이 있을 것 같았다. 그래서 학비가 비교적 저렴한 주립대학이면서도 인구가 많지 않은 지역을 고려하였다. 이 당시 고시 동기이면서 호토회원인 정광호 친구(1993년 서해훼리호 사고로 사망)가 위스콘신주립대학교의 메디슨캠퍼스에서 경영학을 공부하고 있었다. 그의 안내와 조언은 내가 미국에 조기 안착하고 현지 적응을 하는데 큰 도움이 되었다.

위스콘신주립대학교 메디슨캠퍼스는 대학평가도 좋을 뿐만 아니라 위스콘신주의 주도로 인구가 17만 명 규모의 중규모 도시로 백인 중심의 도시로 지역사회가 안정되고, 생활비가 싼 강점이 있는 대학이다. 메디슨시는 미국 본토의 중부 오대호의 하나인 미시간호수에 인접한 북위 43도에 위치해있으면서 영하 38도까지 내려가고 눈이 많이 내리는 스노벨트 지역에 속한다. 윤증현, 김진표 부총리 등 많은 공무원과 유승민 바른미래당 공동대표 등 많은 정치권 인사가 다닌 명문대학이 되었다. 시카고 인근에 있으면서 자동차로 3시간 거리이므로 한국으로부터 왕래와 한국 농산물을 구입하기에도 매우 편리한 지역이었다. 졸업한 이후 한번도 다시 방문하지 못하여 아쉬운 점이 있다.

내가 공부한 곳은 도시계획과 지역계획에 관한 학문을 연구하는 대학원이므로 대부분이 미국인이고, 외국인은 거의 없는 실정이었다. 한국인으로는 교육조교(TA)로 있는 서울공대 출신 김원배 박사(국토개발원 연구위원)가 유일하였다. 그분이 음양으로 많은 도움을 주었다. 지도교수는 인도 출신의 베드 프라카시(Ved Pracash) 교수이었다. 대학원 건물은 본관 바로 아래에 위치한 올드 뮤직홀로 고색이 창연한 오래된 건물이었다.

미국 위스콘신대학원에서 석사학위를 마치고

그 이후 지도교수가 한국을 방문하여 김원배 박사와 내가 여러 곳을 안내를 하고 식사를 대접한 적이 있다. 미국대학에는 인도 출신 교수들이 유난히 많다. 인구가 많은 나라일 뿐만 아니라 영국의 오랜 지배로 영어가 일상생활화되어 있는 나라이기 때문에 세계화에 쉽게 적응할 수 있기 때문에 가능한 것이다. 오늘날 세계콜센터의 절반 정도가 인도에 있는 것과 같은 맥락에서 인도의 국제적 경쟁력을 엿볼 수 있다.

첫 학기 때에는 여자 교수의 통계학 강의가 얼마나 말이 빠른지 내용을 잘 알아들을 수 없어 미국 학생의 노트를 수업 시간이 끝난 후 빌려서 정리하기에 바빴으며, 숙제를 다음 주에 해오라는 것인지 기말에 제출하라는 것인지 혼란을 겪은 경우가 많았다. 우리나라에서 간 대부분의 공무원은 한국 학생들이 많이 있고 내용이 비교적 쉬운 발전행정을 공부하는 행정학과를 선택하였다. 그러나 나는 오히려 지방행정을 제대로 공부하려면 도시계획과 지역발전 분야에 대한 공부가 더 현실적으로 필요하다는 생각이 들어 이를 선택하였다.

미국의 도시계획에 관한 연구는 도시문제의 해결을 위한 보다 실용적인 학문에 중점을 두고 있다. 도시설계를 하는 공학적인 요소를 강조할 뿐만 아니라 도시가 건설되면 사람이 그 안에 살아야 하므로 사회학적 접근을 동시에 강조하고 있다. 학제적(interdisplinary) 또는 통섭의 학문을 강조하는 경향이다. 한국은 오히려 기술 중심의 도시공학적인 엔지니어링을 강조하는 경향이어서 현실적으로 문제가 많다고 본다.

수업 시간에 도심지의 재개발 현장 등 여러 곳을 방문하였다. 미국의 지방행정에 있어서 제일 중요한 과제는 역시 지역경제와 사회개발이다. 주지사와 시장의 제일 중요한 일은 관내에 기업을 유치하기 위하여 도로와 상·하수도 시설 들을 무료로 설치해주고 각종 지방세를 감면하며 보조금을 지원해주는 것이다. 또한 취약계층인 노인, 여성, 유아등을 위한 정책을 추진하는 것이다. 둘째, 이 과정에서 시민의 참여를 유도하는 것이다. 직접민주주의 형태로 시민이 주도권을 행사하는 주민투표, 주민창안, 주민소환제도 등 시민주도 운동(citizen initiative)과 정부가 주도하는 사업에 공청회, 욕구 조사 등으로 시민이 참여하는 시민개입운동(citizen involvement) 등 다양하다.

1학기에는 학습 진도에 따라가기 위하여 예습과 복습을 하느라 행정고시를 준비할 때와 같은 자세로 공부를 하였다. 때로는 도시락을 2개씩 싸서 도서관에서 공부하다가 마지막 시내버스를 타고 귀가하기도 하였다. 주말에 생필품을 사러 쇼핑하는 경우에 집사람이 다른 후배 가족과 함께 쇼핑을 다녀오도록 부탁하기도 하였다. '미국에 와 다시 고시 공부를 하느냐'는 주위의 이야기도 들었다. 공부한 만큼 결실은 있었다고 생각한다. 도서관 옆에 있는 멘도타 호수와 숙소인 이글하이츠 아파트의 자연풍광은 4계절의 변화를 나에게 알려 주어 한국에 있는 것같이 아늑한 공간이었다.

2학기부터는 마음에 안정을 찾고 학교생활에도 어느 정도 적응을 하여 갔다. 체육 시간에 수영과 골프를 수강하였다. 미국에서는 골프가 매우 저렴하므로 미국에서 골프를 배워 가면 아파트 한 채를 벌어가는 효과가 있다는 말까지 있을 정도였다. 공무원들과 어울려 학교에 있는 실내 테니스장을 자주 주말에 이용하기도 하였다. 한국에는 상아탑이라고 하여 학교 외곽에 담장이 쳐져있어 외부인의 출입이 자유스럽지 못하나, 미국의 대학교에는 담장이 없어 밤에도 학교시설을 이용할 수가 있어 대학교가 곧 지역사회이고 지역사회가 대학교이다. 그만큼 대학교가 지역사회에 미치는 영향력은 매우 크다.

학교에서 아파트에 인접한 곳에 주말농장을 할 수 있도록 5평 정도의 농지를 주어 배추, 무, 상추 등의 농작물을 심어 여름 채소를 어느 정도 자급자족할 수 있었다. 토양이 비옥하여 농작물이 잘 자랄 뿐만 아니라 잔디가 겨울 눈 속에서도 파릇파릇할 정도로 잘 자라 감탄사가 나올 정도였다. 이와 같은 잔디를 한국의 공원에 심을 수 있으면 얼마나 좋을까 하는 생각도 들었다. 메디슨 근교의 산에서 산삼을 캤다는 사람도 있고 산삼 가격이 한국에 비하여 매우 싼 편이라 구입하여 고국에 있는 부모님께 보내 효도하는 사람도 많이 있다고 한다.

휴일에 시간이 있을 때에는 가끔 학교에서 가까운 멘도타 호수에 나가 낚시를 하였다. 한국낚시와 달리 던졌다가 다시 당기는 릴낚시 형태로 베스와 같은 미국인들이 좋아하는 물고기를 낚는 방법이었다. 낚시는 1년에 10달러 정도의 낚시료를 내야 하고 연어와 송어를 잡으려면 별도로 더 내야 한다. 물론 낚시 허가가 없이 낚시를 하다가 적발되면 100달러의 벌금이 기다리고 있다. 물고기가 많이 잡혀 처리할 수 없을 정도로 많이 잡혔다. 그러나 물고기가 올라와 비스듬히 누워있는 모습을 보니 낚시를 즐길 것은 못되겠구나 하는 생각이 들어 자주 하지는 않았다.

여름방학에 맞추어 장모께서 시카고공항을 이용하여 미국에 오셔서 같이 미국 동·서부를 횡단하면서 여행하였다. 미국에서 공부하는 학생들을 보니 거의 90% 이상이 장인과 장모 등 처가 부모들을 초청하는 경향이었다. 그 이유는 시댁의 부모들이 모시기에 어려울 수도 있고, 처가 부모들이 방문을 하면 생활비나 여행비와 같은 경제적 지원을 해주기 때문으로 분석된다. 옛날 한국의 속담에 '딸을 나면 비행기를 타고 여행을 하고, 아들을 나면 기차를 타고 여행을 한다'는 말이 실감이 났다.

미국인에게 있어서 화재나 사고에 대한 안전 의식이 대단하다. 1983년 가을 아파트단지에 경찰차와 소방차가 출동하여 무슨 사고가 났는가 하고 모두 아파트 밖으로 나와 보았다. 한국의 고위 공무원 가정에서 생선을 오븐에 넣고 굽다가 잠시 일을 하는 사이에 연기가 실내로 퍼져 비상벨이 울리고 경찰차와 소방차가 출동한 것이었다. 미국은 항상 경찰차와 소방차가 자동적으로 같이 출동하는 비상 시스템이다. 비상상황이 발생케 한 책임을 물어 100불의 벌금을 지불한 적이 있다. 교통법규 위반 시 차량번호를 손바닥에 적어 경찰에 신고하거나 사고 발생 시 기다렸다가 인후 보증을 서주기도 한다.

3. 살아있는 미국 공부

미국을 제대로 이해하기 위하여 2달 정도의 여름방학을 이용하여 자동차로 동·서부 여행을 하기로 하였다. 이 여행을 통하여 오늘날 세계의 패권 국가가 되게 한 미국 정신이 무엇인가를 알게 되었다. 첫째는, 청교도 정신(puritanism)이다. 자기직업을 천직으로 알고 소신껏 일하는 자세이다. 둘째, 실용주의(pragmatism)이다. 일상생활에서 실용성을 강조하는 경향이다. 청바지 옷이나 햄버거 등의 식품이 대표적이다. 셋째, 개척정신(frontierism)이다. 1차 프로티어가 19세기 금을 찾아 캘리포니아 등 서부로 몰려

간 것이고, 2차는 1974년 세계유류 파동 이후 생활하기 좋은 따뜻한 남부와 서부지역으로 사람들이 이동하는 현상을 말한다.

여름방학이 시작하자마자 집사람의 외사촌 오빠가 치과의사로 개업하고 있는 동부의 필라델피아로 자동차를 몰고 갔다. 대서양 연안의 휴양도시인 시 아일 시티(Sea Isle City)에 콘도를 가지고 있었으므로 같이 가서 주말을 보냈다. 여기에 머물면서 미국의 해수욕장 관리정책의 일면도 보았다. 즉, 수영복을 입고 해수욕장에 들어가는 경우 우리나라와는 달리 입욕자에게 3달러 정도의 입장료를 지방정부가 징수하고 있었다. 해수욕장의 관리를 위하여 지방정부가 거두어들이는 세외수입인 셈이다.

콘도 앞 바닷가에 나가보니 바위에 바다고동이 많았다. 미국인들은 이것을 먹지 않는다고 한다. 나와 장모는 고동을 비닐봉지에 가득 담아 가져오니 콘도관리인이 어떻게 요리하여 먹느냐고 물으면서 깊은 관심을 보였다. 또한 우리의 쥐틀과 비슷한 철사로 된 삼각형 도구를 사서 고등어와 닭 다리를 묶어 다리 난간에서 강으로 늘어뜨리니 민물게가 많이 잡혔다. 게를 잡아 푸짐한 부식재료를 마련하여 미국에서 제대로 된 한국식 게탕의 맛을 보았다.

나는 뉴욕이나 워싱턴을 방문한 적이 있지만, 집사람과 장모와 아이들은 처음이므로 교통의 혼잡과 주차비 문제를 고려하여 뉴욕은 지하철로, 워싱턴은 자동차를 이용해 시내 여행을 하였다. 미국은 1920년대 대공황을 극복하기 위하여 재정정책의 일환으로 국가 경제를 활성화시키고자 뉴욕의 맨해튼을 개발하였고 엠파이어스테이트빌딩을 비롯한 많은 건물이 그 당시에 건립되었다는 것도 알았다.

동부에 다녀와 보름 정도 쉰 후 다시 서부로의 여행계획을 세밀하게 수립하였다. 서부지역을 자동차로 다녀오기 위하여 최소한 20일 정도 잡아야 하므로 혼자 운전하여 여행하기에는 무리가 있으므로 여러 명이 교대로 운전하면서 가기로 하였다. 그래서 조기안 과장(후 울산광역시 행정부시장)과 안웅린 후배(후 인천공항세관장) 가족과 함께 15인승 밴을 빌려 서부여행을 시작하였다. 라스베이거스를 거쳐 LA, 샌디에이고, 샌프란시스코를 돌아오는 긴 여정이었다.

라스베이거스는 카지노로 대표되는 도박의 도시이므로 음식값과 숙박비가 아주 저렴하였다. 네바다사막 지역에 위치한 지정학적 여건으로 다른 산업이 발달하기가 어려우므로 연방정부 차원에서 마이스 산업[11]을 집중적으로 육성하고 있다. 카지노시설은 보안이 제일 중요하므로 완벽한 치안상태를 유지하고 있다고 자랑한다. 리노시(市)도 다리를 사이에 두고 주가 달라지는데 바로 옆 주의 도시에서는 일체의 도박이 금지된다.

이 과정에서 미국의 3대 국립공원인 그랜드캐니언과 요세미티 그리고 옐로스톤을 볼 수 있었다. 요세미티 국립공원은 규모가 커 한국인들 사이에 '요세미티는 형님이고 설악산은 동생'쯤이 된다는 이야기가 있다. 또한 옐로스톤은 우리나라의 교과서에 소개될 정도로 유명한 1시간마다 온천수를 하늘에 분출하는 올드훼이스훌(Old Faithful)이라는 간헐온천은 이 지역에 발생한 지진으로 불규칙적으로 분출하고 있다. 미국을 이해하고 본토를 제대로 여행하려면 비행기 여행보다는 자동차를 타고 동쪽에서부터 서부를 여행하여야 미국을 제대로 볼 수 있다는 말이 있다.

옐로스톤국립공원에서 사건이 벌어졌다. 캠핑장에 도착하여 아

11) 마이스(MICE) 산업이란 모임(meeting), 인센티브 여행(incentive travel), 회의(convention), 전시(exhibition)의 약자로 부가가치가 높은 새로운 전략산업으로 각광을 받고 있다.

이스박스를 비롯한 짐을 풀어놓고 구경을 하고 왔더니 아이스박스가 없어진 것이었다. 국립공원 관리요원들이 그것을 가져갔다고 옆에 있는 캠핑객이 귀띔하여 주었다. 벌금 100$을 내고 그것을 찾아왔다. 곰들이 수시로 나타나 아이스박스를 열고 음식을 가져가기도 하고 차 안에 음식물이 보이면 유리창을 깨고 가져갈 정도로 위험하다고 한다. 그만큼 옐로스톤국립공원의 곰들의 시각과 후각이 발달되었다고 한다.

로키산맥 인근에 위치한 도시에서는 그 지역에서 나오는 큰 사슴인 엘크의 녹각을 아치 형태로 엮어서 시내에 조형물을 만들어 놓기도 하였다. 우리나라 같으면 건강 약재로 한약방에 가 있을 정도의 제품들이다. 서부여행을 하면서 기념이 될 만한 것이 무엇이 있을까 생각하다가 거리에서 미국 들소인 버펄로의 뿔이 인상적으로 보였다. 그래서 나는 흥정을 하여 최대한 가격을 인하하였다. 그런 후 집사람이 다시 깎자고 하니 주인이 안 판다고 하면서 권총을 꺼내는 것이었다. 이와 같은 돌출행동에 모두 깜짝 놀랐고 현지의 보안관이 적극적으로 말리는 바람에 그곳을 서둘러 도망치듯 탈출하였다. 다른 지역에서 산 버펄로 소뿔을 볼 때마다 그때의 생각이 스쳐 지나간다.

그랜드캐니언에서는 천연기념물인 작은 사막거북이 서식하고 있어 이것을 보호하기 위하여 관광용 경비행기가 이용하는 활주로를 포장하지 않고 사용하고 있었다. 또한 인디언보호구역을 돌아보면서 인디언의 있는 그대로의 생활 모습의 진면목을 볼 수가 있어 생동감 있는 서부여행이었다. 캠핑장 가는 곳마다 주차장, 상 · 하수도시설, 전기시설이 잘 갖추어져 있어 전기담요를 깔면 우리의 온돌과 같이 따뜻하게 이용할 수가 있었다.

메디슨으로 돌아오는 길에 사우스다코타주의 러시모어산의 정상에 있는 18m의 거대한 큰바위얼굴을 멀리서 보았다. 미국발전에 공로가 많았던 초대 조지 워싱턴, 토마스 제퍼슨, 에이브러햄 링컨, 시어도어 루스벨트 등 4명의 대통령의 모습과 조각할 당시에 깎아진 돌 부스러기, 그때 사용하였던 각종 장비를 보았다. 우리나라의 역대 대통령들은 퇴임 후 교도소에 다녀오든가 곤욕을 치르는데 미국인들은 영원히 기억하기 위하여 조각하여 존경을 하고 있으니… 음성군 생극면의 큰바위얼굴 조각공원[12)]도 세계 185개국 3,000여 명의 정치, 경제, 사회, 문화 등 여러 분야의 지도자들을 주로 중국에서 돌로 조각하여 여기로 가져와 야외에 전시하고 있으나 너무 방대하고 혼란스러워 재분류가 아쉬운 실정이다.

마운틴 러시모어의 큰 바위얼굴에서

미국에서 비정부기구(NGO)와 교회는 시민의 일상생활에서 지대한 역할을 한다. 미국 국민의 50% 정도가 자원봉사(volunteer)를 한다. 우리나라에서는 학교에서 숙제를 주니까 마지못해 부모가 대신 가서 봉사하든가 또는 봉사는 하지 않고 지인을 통해 도

12) 음성군 생극면 관성리에 있는 큰바위얼굴 조각공원은 현대정신병원 이사장 정근희가 정신병원을 설립하면서 병원부지와 인접한 56만㎡의 부지에 환자들의 정서 함양과 치료를 도모하기 위하여 1991년부터 185개국 3천여 명의 각 분야 리더들의 조각상을 만들어 공원으로 조성하고 있다.

장만 받아오는 경우가 많다. 다민족이 사는 오늘날의 미국이 건재하게 된 배경에도 이와 같은 숭고한 정신이 생활화되었기 때문에 가능한 것이 아닐까?

1984년 여름방학이 끝나갈 무렵이었다. 대학 후배가 결혼을 하고 바로 공부하러 혼자 미국에 먼저 와 외국인 룸메이트들과 함께 휴일 강가에 가서 프리스비[13)]를 던지며 놀다가 강으로 들어가자 그것을 건지려고 강에 들어갔다가 소용돌이에 휘말려 익사한 사고가 발생하였다. 자정쯤 경찰에서 전화가 와 신원을 확인해 달라고 부탁하는 것이었다. 내가 회장으로 있는 대학 교우회에서 1주일 전에 개최한 야유회에 그 후배가 처음으로 참석하여 그를 가장 최근에 내가 보았기 때문에 경찰서에서 나에게 연락을 한 것이었다. 부모와 부인이 도착하여야 장례를 치를 수 있는데 미국 정부가 비자 발급을 안 내주는 것이었다.

그 당시만 해도 그와 같은 여건하에서 미국에 오면 그대로 주저앉아 불법으로 이민할 수 있다고 판단을 했던 것 같다. 교회를 통하여 미국의 상원의원과 하원의원까지 동원하여 노력한 결과 보름 정도 지나서야 동생에게만 비자가 발급되어 장례를 무사히 치렀다. 내가 동생을 집에 숙박시키면서 교회와 학생회를 통하여 모금을 하였더니 장례를 치르고도 1,500$이 남았을 정도로 유학생을 비롯한 한인사회의 관심이 컸다. 장례식에 150여 대의 차량이 모여 인근 지역의 교통이 마비될 정도여서 지역 TV에서는 뉴스 시간에 동양의 전통적인 장례식 모습이라며 나를 인터뷰하고 특별히 소개하기도 하였다.

1960년대 이후 미국의 잉여농산물인 옥수수, 분유 등이 남아돌

13) 프리스비란 플라스틱으로 된 원형 모양의 납작한 놀이기구로 던지면 돌면서 날아가므로 여러 명이 주고받을 수 있다.

아 그것을 우리나라의 초등학교에까지 나누어 준 적이 있다. 미국에서는 꿀, 치즈, 분유 등 농산물의 가격을 안정적으로 유지하기 위하여 생산량 조절정책의 일환으로 NGO 단체를 통하여 영세민들에게 나누어 주고 있다. 유학생들도 그 혜택을 볼 수 있었다. 나도 여러 번 타서 먹은 적이 있다. 이 과정에서 NGO의 역할이 매우 크다는 것을 알 수 있었다.

위스콘신州는 별명이 '낙농의 땅'(Dairy Land)으로 자동차 번호판에도 명기할 정도이다. 오대호로부터 로키산맥에 이르기까지의 대평원에 위치해 있어 옛날부터 젖소들을 대량으로 방목하였기 때문에 붙여진 이름이다. 종자 젖소와 젖을 짜는 기계, 치즈와 유제품 등 축산과 관련된 대규모 전시회가 매년 열리고 있어 전 세계의 낙농 및 축산전문가들이 견학하고 간다. 우리나라에서는 5명만이 참석하여 너무 초라하다면서 강원대 축산과 교수 가족과 함께 전시회를 다녀오기도 하였다.

제3절

재충전에의 길

1. 지방행정연수원의 시장 · 군수반 교육

1992년 12월 중순 보은군수로 재직하고 있는데 이동호 충북도지사로부터 지방행정연수원의 시장·군수반에 1년간 교육을 다녀오라는 연락이 왔다. 그 직접적인 원인은 방송국 기자 등이 추진하려고 하던 속리산 삼가저수지 내의 모텔을 개발하지 못하도록 군의원을 동원하여 본회의에서 결의하였기 때문으로 생각된다. 내가 떠나야 그 지역이 개발될 수 있다고 도지사에게 이야기한 것으로 추측된다. 그 이후에도 이 지역은 속리산 천황봉 아래에 위치한 청정지역으로 개발이 안 되고 있다.

내 후임으로 고등학교 2년 후배인 이재충 군수(충북 행정부지사)에게 바통을 넘기고 나는 교육에 입교했다. 이 기간에 나는 일생에 소중한 보물을 얻었다. 기도 효과가 큰 곳으로 알려진 탈골암[14] 주지 스님이신 혜운 스님의 간절한 기도로 아들 정민을 얻게

14) 탈골암은 법주사의 말사로 경주 김 씨 시조인 김알지가 알에서 태어나 사람의 몸으로 변하였으나 입이 닭의 부리를 벗지 못하다가 이곳의 약수를 마시고 사람의 입을 얻어 뼈를 벗었다 하여 탈골암이라고 명명하였다고 한다.

되었다. 속리산의 정기를 받고 태어나 그런지 공부도 잘하고 잘 자라고 있다. 그 고마움으로 떡 100인분을 만들어 법주사와 탈골암에 전하고 별도로 감사의 시주를 하였다. 그 인연을 계기로 매년 부처님오신 날 봉축 행사에 참석하여 축사를 하고 있으며 정민은 서울대학교 수의과대학에 다니면서 전액 장학금과 탈골암에서 영재장학금을 받으면서 졸업하였다.

나는 휴식 시간과 오후에는 연수원에 있는 골프연습장에서 연습을 하였고, 매일 연수원 뒷산을 1시간 정도 등산을 하였다. 체력을 단련하기에 좋은 여건이었다. 우리나라는 세계골프대회에 남자의 최경주 선수를 비롯하여 박세리를 비롯한 많은 여자선수들이 우승을 차지하는 등 왕성하게 활동하고 있고 우리나라가 선진국의 대열에 진입했음에도 불구하고 아직도 공무원의 골프에 대하여 쳐라, 치지 말라 하는지를 알 수가 없다. 이 기간에 연수원 주관으로 국내의 여러 지역을 방문하는 기회가 있어 지역을 비교할 수 있는 안목도 키울 수 있었다. 골프를 치게 하되 소요되는 비용은 본인이 부담하도록 하는 등 가이드라인을 정하여 주고 자신이 알아서 운동하게 하는 것이 더 바람직할 것 같다.

수료하는 연말에는 논문을 써서 제출하게 되어 있으므로 나는 일선행정기관의 행정력강화방안을 집중적으로 연구하였다. 이때 제주도와 울릉도를 방문하게 되었다. 인구가 청주시의 68%인 제주도에 도청과 4개 시·군(제주시와 서귀포시 이외에도 북제주군과 남제주군)이 있고, 모든 중앙부처의 특별지방행정기관이 설치되어 있다. 또한 동 수준의 인구인 8천 명의 울릉군에는 울릉읍과 2개의 면, 2개 출장소가 있으니 얼마나 비효율적인 행정조직인가? 다른 지역과 달리 재정비할 것을 주장하였다.

제주도는 시·군을 통합하되 일반 시(제주시와 서귀포시)로 하고 시장은 임명직으로 하며, 읍·면도 통합하여 대동제로 할 것을 주장하였다. 또한 환경청과 중소기업청 등 제주도에 설치되어 있는 중앙부처의 각급 특별지방행정기관을 제주도청과 통폐합[15]하여 기능을 강화할 것을 제시하였다. 또한 울릉군의 경우에도 읍과 면 그리고 출장소 제도를 없애 군에서 집중적으로 직접 관리할 것을 강조하였다. 제주도와 관련한 건의사항은 대부분 반영되어 이미 시행하고 있다.

교육 기간 중 최대 하이라이트는 외국여행이다. 부담도 없고 어떤 면에서는 위로 출장이기도 하다. 미주반과 동남아반으로 나뉘어 실시하였는데 동남아 지역은 지리적으로 가까워 나중에 언제든지 쉽게 갈 수 있으므로 나는 미주반을 신청하였다. 미국과 남미의 브라질 상파울루까지 가는 긴 여정이었다. 나는 가이드 비용을 절약하기 위하여 내가 직접 모든 것을 책임지고 추진하겠다고 자원하였다. 그러나 통역이나 가이드 역할은 내가 해도 되겠으나 일행이 시장·군수 출신으로 다른 사람의 서비스를 받아보기만 했기 때문에 자기 짐도 제대로 챙기지 않고 몸만 움직이는 사람들이 의외로 많아 나도 당황스러웠고 특히 아침 호텔의 체크아웃 시에 어려움이 많았다.

15) 2006년 7월 제주특별자치도가 설치되면서 제주시와 서귀포시가 자치단체가 아닌 행정시가 되었고 시장은 도지사가 임명하는 공무원이 되었으며, 7개 특별지방행정기관이 제주도청의 국·과의 형태로 흡수 통합되었다. 또한 자치경찰제도가 시범적으로 도입하여 시행되고 있다.

지금은 경기도 공무원 교육원이 된 행정안전부 지방행정연수원(수원)

1983년 7월 3일부터 7월 19일까지 17일간 캐나다의 밴쿠버와 토론토, 미국의 워싱턴, 뉴욕과 마이애미 그리고 멕시코의 멕시코시티와 아카풀코[16], 브라질의 마나우스[17]와 상파울루, 이구아수폭포[18] 등 중남미지역을 골고루 포함시켰다. 특히 중남미지역은 한국으로부터 먼 거리에 있어 쉽게 여행하기 어려운 지역이므로 일행들에게 소중한 기회가 되었다. 브라질에서는 어떻게 하는 것이 자연을 보존하면서 개발할 수 있는가 하는 '지속 가능한 개발'(sustainable development)의 방향을 현장에서 느낄 수 있는 소중한 기회였다.

외국여행을 다녀와 며칠 쉬고 있었는데 대통령비서실(민정)에 근무하는 남효채 과장으로부터 전화가 왔다. 청와대에 와 근무

16) 아카풀코는 멕시코의 태평양 연안에 있는 관광도시로 바위 위에서 바다로 점프하는 것을 구경할 수 있는 곳으로 유명하다.

17) 마나우스(Manaus)는 브라질의 적도에 가까운 아마존강의 상류 지역에 위치해 있으며 인구 150만 명의 주도로 아마존강의 황색의 물과 네그로강의 흑색의 물이 합쳐지는 곳으로 강물의 색이 수시로 변하는 브라질의 내륙 관광 지역이다.

18) 이구아수폭포는 브라질과 아르헨티나의 국경 지역에 위치해 있으며, 높이 82m, 넓이가 나이아가라폭포의 4배인 4km2로 세계에서 가장 규모가 큰 폭포이다.

해 볼 의향이 있느냐고 나의 의사를 타진하는 것이었다. 나는 쾌히 승낙하였고 7월 25일부터 청와대 사정1비서관실에 근무하게 되었다. 연수원에서는 연수 도중에 근무를 한 선례가 없었으므로 나의 학적 처리를 계속 미루다가 11월쯤에야 어쩔 수 없이 제적 형태로 정리하였다고 한다. 김기재 원장(후에 내무부장관)께서 고심이 컸다는 후문이다.

2. 중앙공무원교육원의 국장반 교육

행정고시를 통해 공직에 입문하면 공직생활을 하면서 보통 2번 장기교육을 받게 된다. 시장·군수반과 중앙공무원교육원이나 국방대학원의 고위정책과정이다. 고위정책과정은 국회, 법원 그리고 중앙부처의 국장들과 국가의 공사 · 공단의 임원들이 그 교육대상이 된다. 중앙공무원교육원의 고위정책과정보다 국방대학원의 교육과정을 선호하는 경우가 많다. 교육을 받는 기간 동안 각 군의 군부대에서 운영하는 전국의 체력단련장을 군인과 같이 싼 가격으로 골프를 즐길 수 있기 때문이다.

나는 충북도 기획관리실장을 마치고 성균관대학교에서 박사학위 논문을 마무리하기 위하여 집에서 가까운 거리에 있는 과천의 중앙공무원교육원에 1998년 2월부터 시작된 제6기 고위정책과정에 입교하였다. 아침 일찍 교육원에 나가 일어 공부도 하고 논문 자료도 꾸준히 정리하였다. 일반적으로 교육가는 것을 기피하는 경향이 있으나 나는 자원해서 교육 신청을 하였으므로 즐거운 마음으로 바쁜 일정을 보냈다. 이 시기에 우리나라에 IMF 사태가 닥쳤으므로 늦게 나가는 날에는 잘 아는 분들이 신변에 '무슨 일이 생겼느냐'고 걱정하면서 물어오는 사람들도 있었다.

1998년 우리나라에 IMF 위기가 닥치자 국가재정 운용에도 매우 어려운 상황이 전개되었다. 따라서 연수 과정의 하이라이트인 외국여행이 전면적으로 모두 중단되었다. 그래서 제주도, 지리산, 울릉도 등 전국의 명소를 두루 섭렵하게 되었다. 외국에 여행을 갈 수 없으니 제주도와 울릉도는 두 번이나 다녀오게 되었다. 날씨 관계로 독도는 배로 일주만 하고 우리 땅인 독도를 한 번도 내리지 못하는 아쉬움이 남아 있다.

울릉도에서 분임원들과 함께

이 교육과정을 이수하면서 '광역지방자치단체의 지방재정력평가에 관한 연구'라는 주제로 박사학위 논문을 마무리하여 8월 하순에 있은 성균관대 코스모스졸업식에서 행정학박사학위를 받게 되었다. 졸업식에는 시골에서 형님과 누님 그리고 초등학교 친구들이 올라와 축하를 해주었고 이상민 친구는 자신의 예식장에서 일하고 있는 사진기사까지 대동하여 사진을 찍어 액자로 만들어 주어 지금까지 소중하게 간직하고 있다.

교육원의 수료논문으로는 박사학위 논문의 분석 틀을 그대로 활용하여 충북도의 시·군 자치단체의 재정력을 평가하였다. 그 논문으로 12월 11일에 있은 수료식에서 최우수논문상인 행정자치부장관상을 받았다. 일석이조의 성과였다고 할 수 있다. 지금까지 행정자치부의 지방공기업정책위원회 위원으로 활동도 하고 각 대학에서 지방재정학을 강의하며 서울행정학회와 한국지방재정학회의 부회장으로 적극적으로 참여할 수 있었던 배경도 여기에 있었다고 할 수 있다.

이 과정에 5개의 소그룹인 분임이 있었으며 10명 이내로 구성되어 별도로 자주 모이곤 하였다. 3분임인 우리 분임 '육문회'는 아직도 일 년에 3~4번 강남에 있는 음식점에서 만나 막걸리를 기울이면서 옛날 연수 당시를 회고하고 있다. 2012년 여름에는 남상욱 대사가 양평군에 있는 별장에 초대를 하여 가든파티를 열기도 하였다. 분임장인 감사원 출신의 남정수 국장께서 열심히 관리해온 노력이 돋보인다.

제7장

광역부단체장과 공기업CEO

제1절

충북 발전의 기틀 마련

1. 지역경제국장 시절

충북도청 안에서 제일 일도 많고 각종 민원이 끊이지 않는 곳이 지역경제국이다. 지역경제국 안에는 물가와 지역경제 전반을 다루는 지역경제과, 국제교류와 해외수출입을 담당하는 국제통상과, 공단조성과 공장입지를 지원하는 공업과, 관광진흥을 도모하는 관광과, 교통운수행정을 추진하는 교통운수과 등 5개의 과가 있었다. 지역경제국 업무가 잘 돌아가야 충북의 지역경제가 활성화되고 충북이 역동적으로 발전한다는 이야기가 있다.

1991년 12월 천안에 있는 내무부의 중앙민방위학교 총무과장으로 근무하고 있는데 이동호 충북도지사로부터 전화가 왔다. 이때 이동호 도지사께서는 재무부 차관을 지내시고 충북의 수장으로 발령을 받아 재직하고 계셨다. 낙후된 충북 경제를 살릴 수 있는 사람을 찾다가 나를 물색했다는 이야기이다. 도에 근무하고 있는 기존의 직원들로는 급변하는 국내외적 환경에 대처할 수 있는 역동적인 지역경제정책을 개발하고 추진하는데 한계가 있으므로 새로운 인재의 수혈이 필요하다는 판단이었다.

내가 재정과에 근무하면서 지방공기업 업무를 담당했었고 국내외에서 지방재정과 지역개발을 공부했으므로 이론적으로나 실무적으로 최적임자라고 판단했다고 한다. 나는 이에 감사의 인사를 전하고 1991년 1월 14일 지역경제국장으로 즉시 부임하였다. 국(局) 내에는 오랫동안 이 일을 추진해온 많은 선배 공무원들의 오래된 행정 경험을 활용하면서 도의 두뇌집단이라고 할 수 있는 충북개발원의 젊은 박사들을 만나 정책개발을 부탁하였다. 또한 충북대와 청주대의 젊은 교수들을 자문위원으로 적극적으로 활용하였다. 특히 오창과학산업단지와 오송생명과학단지 그리고 청주국제공항과 호남선 오송역 분기 유치 등 중요한 현안 과제들을 추진하면서 국책연구기관 출신 교수들의 자문은 큰 도움이 되었다.

170만 도민의 전당 충북도청

미국에서 공부하고 귀국한 1985년 7월경으로 기억된다. 시골에 제사가 있어서 다니러 갔다가 총무과에서 의전을 담당하는 집안의 형님 되시는 분이 미국의 아이다호주[1]와 충북도가 자매결연을 맺기 위하여 주지사 일행이 청주에 오는데 준비가 잘되지 않아 걱정이라는 것이었다. 이 당시만 해도 도청 내에 영어를 하는 공무원이 없었고 청주에서도 할 수 있는 민간인도 거의 없는 실

1) 미국의 아이다호(Idaho)주는 태평양 북서부의 로키산맥에 위치한 주로 주도는 보이시 이며, 인구는 150만 명이다. 별명은 보석이며 감자가 특산물이고 스키장이 많다.

정이었다. 나는 하루를 더 머무르면서 홍보용 슬라이드를 만들고 팸플릿을 영문으로 작성해 주었다. 이때 미국의 주지사가 청주에 다녀가면서 아이다호주의 특산품인 감자를 충북에서 수입해 줄 것과 다음 주지사 선거에 재도전을 할 계획이니 충청북도에서 선거자금을 지원해달라는 2가지 요청이 있어서 그 이후 왕래가 소원해졌다는 이야기를 들었다.

부임하고 1991년 4월경 석유 위기가 다시 전 세계에 엄습하였다. 석유를 전량 중동에서 수입해오는 한국으로서는 위기의 국가경제를 살리기 위한 에너지 절약정책의 일환으로 차량 2부제가 전국적으로 강제 실시되었다. 건물의 옥상에 있는 네온사인을 밤에 일제히 소등케 함은 물론 경찰과 합동으로 밤에도 차량 운행 실태를 집중적으로 단속하였다. 위반자에게는 과태료와 함께 각 기관에 통보하기도 하였다.

충북의 입지적 여건을 종합적으로 고려해 볼 때 증평, 음성, 충주, 제천으로 가는 충청대로를 중심축으로 하여 중부고속도로 방향으로는 공업화를 추진하여 개발하고, 오른쪽에 위치한 소백산, 월악산, 속리산을 감싸고 있는 산악지역인 괴산, 단양, 충주, 제천 등은 자연자원을 보존하는 관광화를 추진하고, 보은 옥천, 영동의 남부 3군은 농업을 중심으로 첨단화를 추진하는 방향으로 충북 발전의 큰 틀을 잡았다.

충북 지역은 수도권과 가까워 중부고속도로를 중심으로 음성, 진천, 청원군의 지역에 공장이 난립하여 자연이 많이 훼손되고 있어서 공업화를 위한 큰 그림인 기본구상이 시급히 요구되었다. 이를 위하여 국책연구기관인 국토개발연구원에 연구용역을 의뢰하였다. 책임 단장은 진영환 박사가 맡고 젊은 책임연구원 5명으로 전담팀을 꾸렸다. 여기에 충북대 신방웅 교수, 청주대 권상준 교수 등 외국에서 연구한 분들이 참여했다. 이 과제를 수행하기 위한 전략을 벤치마킹하기 위하여 연구원들과 함께 영국의 신도시인 밀튼 케인즈(Milton Keynes)와 프랑스의 국토개발청(DATAR)과 독일 뮌헨의 지방산업단지 등 대학을 중심으로 한 R&D 클러스터를 집중적으로 둘러보았으며 계획수립에 큰 도움이 되었다.

내가 부임하기 직전부터 (주)진로가 교통입지의 중요성을 감안하여 경부고속도로 청원인터체인지 근처에 진로소주와 카스맥주를 생산하는 2만㎡ 규모의 지방산업단지를 현도에 조성하기 시작하였다. 나는 지방세수의 증대와 지역주민의 고용창출을 위하여 빠른 시간에 마무리할 수 있도록 최대한 지원하였다. 당시만 해도 주세는 100% 지방양여금재원으로 지방도로 포장사업의 재원으로 활용되었다. 그 이후 충북도와 청주시에서 개최하는 각종 축제에 진로가 향토기업으로서 많은 지원을 해오고 있다.

아울러 충북에는 속리산, 소백산, 월악산의 3대 국립공원과 대청호, 충주호 등 산자수려한 자연경관과 중원문화권을 비롯한 수많은 문화유적이 곳곳에 산재해 있으므로 관광발전계획을 수립하는데 착수하였다. 지역의 관광 관련 교수들을 자문위원으로 위촉하여 청주·속리산권과 충주호권으로 크게 나누어 세부적인 관광개발계획을 수립하였다. 특히 충주호권은 당시 충주호가 건설된 지 얼마 안 되어 개발방향의 정립이 충북도와 해당 시·군의 시급한 현안과제였다. 충주호 인근 10개 지역을 관광 거점으로 설정하고 개발과 보존의 조화를 1차적으로 강조하였다.

충북공업화 발전구상의 제1차적인 과제로 정보통신기술(IT)의 중심센터가 될 오창과학산업단지의 조성에 착수하였다. 당시 중부고속도로가 건설 중이었으므로 청주국제공항과 오창인터체인지가 가까운 거리에 있고 청주가 가까워 우수한 인재의 확보가 용이하므로 제일 적합하다고 판단하였다. 나는 여러 개발 부지를 놓고 군부대 헬기를 빌려서 시찰하면서 종합적인 안목을 갖고 검토하였다. 이 계획이 발표되기 전 미리 외부로 새어 나가면 투기 등 각종 부작용이 우려되므로 관사에 세부개발 계획서를 가지고 가 밤과 주말에 주로 작업을 하였다.

한국 IT산업의 요람인 오창과학산업단지

이 과정에서 보상을 많이 요구하는 주민들이 오창면사무소와 각리초등학교에 모여 시위를 벌였다. 특히 오창면에 전통 5일장이 서는 날에는 농기구 등 흉기를 들고 면사무소까지 진출하여 직원들조차 접근하기를 꺼려하였다. 오창과학산업단지는 전체가 285만 평으로 기존의 다른 공업단지와 달리 생산용지는 전체의 28%일 뿐이며, 연구단지가 13.4%, 공원 용지가 18.7%, 기타 공공용지가 20.6%로 쾌적하고 이상적인 최첨단의 산업단지이다. 오창과학산업단지는 충북뿐만 아니라 우리나라의 대표적인 IT

중심의 대표적인 산업단지가 되었고 오창이 청주권 북부지역의 새로운 개발 거점이 되었다.

내가 직접 오창면사무소에 대표들을 모아놓고 개발계획과 보상에 대하여 소상하게 설명하면서 설득하였다. 이 개발과정에서 충북대 박물관 팀이 오창개발단지 내 소로리에서 세계에서 가장 오래된 볍씨를 발견하여 세계학계에 큰 반향을 불러일으켰다. 그 이후 오창면의 인구가 급격히 늘어 읍으로 승격되고 각리초등학교는 56학급에 학생 수가 1,500여 명으로 우리나라에서 가장 큰 초등학교가 되었다. 고등학교 동창인 오웅진 친구가 이 학교에서 교장으로 정년을 맞이하였다.

취약 지역의 오지 등에 살고 있는 도민에 대한 대책이 필요하다고 보고 5가구 이상이 살고 있는 벽지 지역에 우선적으로 전기를 공급하기로 하고 한전과 협의하여 전화(電化)사업을 역점적으로 추진하였다. 옛날 TV 앞에 동네 주민들이 모여 같이 시청하던 기억이 주마등처럼 지나갔다. 또한 오지에 시내버스가 들어가도록 벽지 노선에 대한 유류대를 지원하였다. 군 지역에서 생활하시는 분들이 대부분 고령의 노인들이므로 병원과 전통시장을 쉽게 이용할 수 있도록 차량 횟수도 늘려나갔다.

2. 기획관리실장 시절

1996년 6월 내무부 재정경제과장으로 근무하고 있는데 주병덕 도지사로부터 전화가 왔다. 지금까지 중앙에서 고생을 많이 했으니 그 노하우를 고향인 충북의 발전을 위하여 같이 노력해보자는 것이었다. 이와 같은 뜻에 따라 1996년 7월 8일 기획관리실장으로 부임하였다. 기획관리실장은 도정 전체를 조정하고 관리하는 도청에서 가장 바쁜 자리이다. 나는 매일 아침 6시에 일어나 우암산 정상을 다녀오는 일로 하루 일과를 시작하였다.

우선적으로 추진해야 할 과제가 청주국제공항을 개항시키는 일이었다. 이미 공항 안에는 1978년 9월부터 공군비행장이 건설되어 운영되고 있었다. 1984년 4월 정부에서 청주신공항건설계획이 결정되었으나 인천의 영종도로 국제공항이 이전하면서 청주공항은 중부권의 거점공항, 수도권의 대체공항, 국제화물공항으로 기능이 대폭적으로 축소되었다. 활주로 1기를 더 증설하고 공항청사를 신설하는 것으로 기본방향을 잡아 751억 원을 투자하여 완공까지는 하였으나 운영상의 적자를 우려하여 공항청사의 준공과 국제공항의 개항을 지연시키고 있었다.

중부권의 국제공항이 된 청주공항

국제공항으로 개항을 시켜야 이미 이야기가 진행되고 있던 충주비행장과의 통합이전이 가속화될 수 있다고 보고 고시 동기인 국토해양부의 손순룡 항공국장에게 매달렸다. 또한 김포공항이 안개가 끼는 경우에 대비하여 대체 공항으로 활용할 수 있음을 특히 강조하였다. 이러한 노력으로 1997년 4월 28일 개항하였다. 국제선으로는 상해, 심양, 오사카, 괌, 사이판의 5개 노선과 국내선으로 부산, 제주의 2개 노선이 확정되어 개항되었다.

오사카취항 기념으로 첫 비행기 편으로 주병덕 도지사 내외분과 도의회 의장 등 방문단을 모시고 부산에 잠시 기착하여 탑승객을 더 태우고 오사카국제공항에 도착하여 자매도인 야마나시현(山梨縣)을 방문하니 감회가 새로워졌다. 그러나 개항된 지 1년도 채 안되어 1998년 우리나라에 IMF 사태가 닥치면서 제주의 1개 노선만으로 명맥을 유지하다가 최근 많이 활성화[2)]되어 중국의 여러 도시에 취항하고 있다. 중앙부처의 각종 회의 시 마다 실패한 정부의 국책사업 사례로 자주 언급되어 당시 이 사업을 추진했던 사람으로 민망하기 짝이 없었다.

다음은 오송생명과학단지의 건설이다. 우리나라에는 10년 주기로 새로운 기술이 개발되고 이것이 제품으로 산업화되어 국가경제와 지역발전을 이끄는 추세에 있다. 1980년대에는 정보통신기술(IT)이, 1990년대에는 생명과학기술(BT)이 새로운 분야로 각광을 받고 있었다. 옥천 출신의 보건복지부 송재성 국장(후 차관역임)으로부터 보건복지부가 신 국가산업단지를 조성하려고 개발계획을 수립하고 있다는 정보를 입수하였다.

나는 즉시 300만 평 규모의 오송생명과학단지 종합개발계획을 수립하여 주병덕 도지사를 모시고 손학규 보건복지부 장관을 찾아뵙고 소상하게 보고하였다. 입지여건도 좋고 건설비도 많이 저렴하므로 긍정적인 답변을 얻어냈다. 즉시 타 부처와도 업무협의

2) 2018년 현재 청주국제공항에는 국제선으로 정기 노선으로 북경, 상해, 심양, 항주, 연길, 대련, 닝보, 하얼빈의 13개 노선을, 부정기 노선으로는 장가계, 태원, 난창, 합비, 닝보, 정저우, 장사, 성도 8개 노선이 운영되고 있다. 또한 국내선으로는 제주를 매일 19회 운행하고 있다.

를 시작하였다. 그런데 농림부가 문제를 제기하는 것이었다. 300만 평 중에서 경지정리가 잘 된 절대농지는 한 평도 안 된다는 것이었다. 식량 안보 차원에서 문제를 제기하는 것이었다. 그러나 앞으로 우리나라가 WTO 체제에 가입하면 쌀을 의무적으로 수입하지 않을 수 없으므로 새로운 먹거리를 개발하는 것이 국가정책적인 차원에서 더 중요하지 않으냐고 필요성을 강조하였다. 서로 싫은 소리까지 하면서 주장하였다.

당시 담당하였던 농림부의 손정수 농업정책국장은 나와 고시동기로 음성에서 같이 수습을 하였고 가까운 사이임에도 불구하고 부처 입장이 달라서 그러한지 말이 전혀 통하지 않았다. 나는 여러 차례 재협상도 하고 당시 정시채 농림부 장관이 내무부의 선배이었으므로 주병덕 도지사를 다시 모시고 상경하여 당위성을 소상하게 설명하였다. 이와 같이 여러 차례 노력한 결과 절반 규모인 150만 평으로 축소하여 조정하고 드디어 1997년 7월 22일 14개 중앙부처의 국장급으로 구성된 산업입지정책심의회에서 국가산업단지로 지정되었다. 또한 서울에 있는 보건산업진흥원, 식품의약품안전청, 식품의약품안전평가원, 질병관리본부, 국립보건 연구원, 보건복지인력개발원 등 6개의 보건 관련 국책기관들이 단지 내로 이전하게 되었다.

한국 BT산업의 요람인 오송생명과학단지

이어 호남선 고속철도 분기역[3)]을 어디로 할 것인가를 두고 오송과 천안을 두고 국토연구원에서 연구하고 있다는 정보를 입수하였다. 이에 충북도에서는 오송역에서 분기할 경우 국토개발계획상 경부선과 충북선이 연결되어 강원과 함흥까지 전국을 X축으로 입체적으로 연결하여 국토의 균형발전을 촉진하며, 건설비도 4~5천억 원이 적게 소요되고, 청주국제공항과 연결되며, 문화재훼손을 최소화할 수 있다는 논리를 개발하여 건설교통부와 국토연구원에 건의하였다. 우여곡절 끝에 오송역이 호남선의 분기점으로 2005년 6월 30일 확정되면서 오늘날 세종시의 공무원들도 편리하게 KTX 오송역을 이용할 수 있게 되었다.

주병덕 도지사는 서울농대를 2학년까지 다녔던 분으로 음성 시골 출신이기 때문에 농업에 대한 관심과 애정이 많은 분이었다. 청주공단 입구에 위치한 충북도 농촌진흥원이 시가지로 개발되면서 새로운 이전적지를 물색하다가 평야지가 많은 오창읍으로 이전하는 계획을 확정하였다. 시험포를 비롯하여 넓은 면적을 직원들이 요구하는 대로 최대한 반영해주라는 특명이었다. 농촌진흥원이 오늘날 멋진 현대식 건물을 보유하고 농업박물관까지 갖춘 충북농업의 메카로서 어디에 내놔도 손색없는 훌륭한 첨단농업시설이 되었다. 또한 고추, 호두, 화훼 등 농업 분야에서 앞서가는 지도자를 발굴하여 도의 연구소로 지정하고 현지에서 현판식을 거행하여 사기를 높여주었다.

다음은 해외지역의 시장개척과 관련한 일이다. 1997년 10월 중국의 흑룡강성과 자매결연을 체결하기 위하여 주병덕 도지사 내

---

3) 서울에서 오송까지는 기존 경부고속철도를 공유하고 오송-익산-광주-목포에 이르는 230.9km를 건설하는 10조 979억이 소요되는 국책사업으로 오송-광주는 2015년, 광주-목포 구간은 2017년 완공하였다.

외분과 도의회 의장 등 10여 명이 하얼빈을 방문하였다. 자매결연을 체결하고 하얼빈역을 방문하여 역장으로부터 안중근 의사가 거사한 당시의 상황을 들은 후 도지사께서 역사에 서서 눈물을 흘리는 것이었다. 모두가 숙연해졌다. 이어서 충북에서 설치비를 지원해 줄 터이니 역 안에 안중근 의사의 의거를 기념하는 표지석을 설치할 수 있도록 협조해달라고 부탁하였다. 그러나 역장은 일본과의 외교적인 문제가 발생할 수 있으므로 불가능하다고 답변하였다.

그 이후 박근혜 대통령의 요청으로 2013년 6월 하얼빈역에 안중근 의사기념관이 건립되었다. 이 당시 흑룡강성 성장이 한국과 관련하여 성공사례로 청주에 본사가 있는 동양제과의 초코파이 공장을 성공사례로 들면서 과자를 만들어 중국뿐만 아니라 소련에까지 수출하고 있다고 자랑한다. 그러나 장덕진 대륙연구소소장이 흑룡강성의 삼강평원에서 대두를 재배하여 국내로 수입하려던 사업을 실패사례로 언급하는 것이었다. 농업연구시설을 돌아볼 때에는 창문을 흰 종이로 가려 제대로 볼 수 없게 하였다. 문익점이 고려말 붓두껍에 목화씨를 숨겨서 우리나라에 가져온 역사적 사실이 생각났다. 중국인이 타인에 대하여 얼마나 의심을 많이 갖고 대하는지 다시 한번 느끼게 하는 순간이었다.

충북은 좋은 지리적 여건으로 공업화가 착실하게 추진되고 있으나 이를 뒷받침할 수 있는 인력공급이 부족하므로 전문직업인을 양성하기 위하여 옥천읍 금구리에 있는 옥천공고를 폐교하고 그 자리와 인근 부지를 더 매입하여 14,374평의 부지에 연건평 5,790평의 새 건물을 짓고 기존 건물을 리모델링하여 충북도립대학을 설립하였다. 기계과를 비롯하여 전기, 전자 등 충북이 필요로 하는 8개 학과 320명의 입학 정원을 얻어냈다. 그러나 교육부에의 신청과 인가까지의 과정에 많은 시간이 소요되어 교사의 건설이 늦게 시작되어 겨울 공사로 이어졌고 교수의 채용 등 여러 가지 행정적 절차가 동시에 진행되어 어려움이 많았다. 준비단장으로 김광홍 정무부지사가 부임하여 학장으로 취임하였다.

기획관리실장으로 재직하면서 예산의 배분 원칙으로 지역주민의 숙원사업 해결에 두고, 되도록 많은 주민이 골고루 혜택을 볼 수 있는 사업을 선정하도록 방침을 정하였다. 또한 도의회와의 관계를 고려하여 시·군을 순회하면서 시장·군수와 도의원들을 같이 만나 우선순위를 정하여 사업을 도에 건의하도록 조치하였다. 그 결과 2008년 도의 예산이 쉽게 도의회를 통과할 수 있었다. 물론 나눠먹기식의 자원 배분 형태인 'pork politics'의 면도 있을 수 있으므로 사업을 사전에 많이 조정하였다.

제2절

세계 10대 명품도시 '인천' 건설[4)]

1. 5천 년 한국사의 축소판 '인천'

인천은 지정학적으로 한반도의 중심을 관통하여 흐르는 한강의 하류에 위치해 있고, 고려와 조선 시대에 수도였던 개경이나 한성으로 진입하는 길목에 위치하고 있다. 따라서 육·해·공의 각종 교통수단을 이용하기에 편리하므로 인천의 역사는 바로 고조선에서부터 근대와 현대에 이르기까지 5천 년 한국 역사의 축소판이라고 할 수 있다. 인천에서 발생하고 이루어진 우리나라의 최초, 최고, 유일의 이야기[5)]가 무려 52가지가 있다.

우리나라에서 5번째로 큰 섬인 강화도에는 마니산이 있다. 마니 산은 해발 468m로 백두산 천지와 한라산 백록담 사이의 중간

4) 안상수 시장 1, 2기의 재임기간 중에 이루어진 업적이다. 안 시장은 충남 태안 출신으로 경기고, 서울사대를 졸업하고 제세산업이사와 동양그룹사장을 역임하고 제20대 국회예산결단특별위원회 위원장이다. 그는 멀리 보는 비전과 강한 추진력을 소유한 돋보이는 리더이다. 2004년 8월 중국에 출장 간 사이 기업인이 여동생 집에 맡긴 굴비 상자(돈상자) 사건으로 곤욕을 치렀고, 2005년 말 대법원에서 무혐의처리가 되었다. 나도 사태를 조기에 수습하여 시정을 안정시키기 위하여 마음 고생이 컸다.

5) 내가 인천에 부임하여 누구나 쉽게 인천을 알 수 있는 책자를 만들 것을 주문하여 만화 형태로 "니가 인천을 알아?"를 책자로 펴내 각 학교와 은행 창구에 배포하였더니 베스트셀러가 되었다.

지점인 한반도의 정중앙에 자리를 잡고 있다. 정상에는 단군왕검이 제단을 쌓고 천제(天祭)를 올렸다는 참성단이 있다. 매년 10월 3일 개천절과 전국체전이 열릴 때마다 제주가 4번 절[6]을 한 후 7 선녀가 성화를 채화하여 전국에 봉송하게 된다. 마니산의 지기는 전국의 산중에서 분당 평균 65 회전으로 타 지역의 2~30 회전에 비하여 2배 이상 지기가 센 편이다. 마니산 중턱 7부 능선의 등산로에는 '여기가 지기가 가장 센 곳'임을 알리는 표지판이 있다.

전국에서 지기가 가장 센 마니산

강화의 전등사 경내에는 단군의 세 아들이 쌓았다는 삼랑성 또는 정족산성이 있다. 고려 충렬왕 때 왕비인 정화공주가 전등사에 옥으로 만든 등을 시주하였다고 해서 전등사라고 한다. 이 절의 대웅전 추녀 끝에는 나무로 만든 참회하는 나녀상이 있다. 이는 마음씨 착한 노총각인 목수가 대웅전을 고쳐 지으면서 사랑하는 주막집 아가씨에게 받은 노임을 맡겼는데 그것을 갖고 도망가자 그녀의 벌거벗은 모습을 나무 조각상으로 만들어 지붕의 추녀

6) 상대방에 대한 예의를 표시할 때 살아있는 사람에게는 한번, 돌아가신 망자에게는 2번, 종정이나 종교의 성현에게는 3번, 단군왕검에게는 4번 절을 하는 것이 관례이다.

밑에 조각해 넣었다는 일화가 전해오고 있다. 또한 구내에는 왕실도서관인 외규장각이 있었으며, 1866년 병인양요를 일으킨 프랑스의 로즈 제독 일행이 강화에 침입하여 여기에서 보관하고 있던 조선 시대의 의궤[7]를 훔쳐 본국에 가지고 가 지금까지 우리나라에 반환하지 않고 있다.

강화군 송해면 부근리에는 길이 7.1m, 높이 2.6m, 무게가 50톤이나 되는 우리나라에 있는 고인돌[8] 중에서 가장 큰 강화지석묘(사적 제137호)가 있다. 이는 선사시대의 묘로 그 당시 어떻게 큰 돌을 여기까지 옮겨 왔을까 하는 의문을 갖게 한다. 인근에 역사박물관을 건립하여 강화의 역사를 한눈에 볼 수 있도록 배치하였다. 인근 지역에는 화문석박물관과 북한과 1.8km 마주 보는 곳에 제적봉 평화전망대가 있어 북한 주민들의 생활상과 군인들의 경비 모습을 가장 가까이에서 볼 수 있다. 또 바다 건너 석모도에는 우리나라의 3대 해수관음 기도도량[9]인 보문사와 기도 효과가 큰 곳으로 유명한 눈썹바위로 알려진 석불이 낙가산 중턱에 있다.

또한 강화는 국가에 커다란 변란이 있을 때마다 제2의 서울로서의 역할을 하였다. 고려 고종 때 몽골군이 침입하자 강화도로 천도하여 39년간이나 왕도로서의 역할을 수행하였다. 조선 시대 병자호란 때에도 인조가 40일간이나 강화로 몽진하여 난을 피했다. 그리고 조선 말엽인 고종 3년에는 프랑스와 병인양요, 고종 8

7) 의궤란 왕실의 즉위, 결혼, 장례 등 왕실행사의 의전절차를 기록해 후대에 참고하기 위해 만든 왕실문서이다.

8) 고인돌은 지역에 따라 다른데 남방식은 땅을 파고 그 위에 뚜껑돌을 얹은 형태이고, 북방식은 땅 위에 괴돌을 놓고 그 위에 뚜껑돌을 얹는 형식이다. 강화지석묘는 북한에 있는 고인돌과 같이 북방식의 형태이다.

9) 불교에서 말하는 3대 해수관음 기도도량은 동해에는 속초 낙산사, 서해에는 강화 보문사, 남해에는 남해 상주보리암을 말한다. 내가 직접 확인한 것만 해도 보문사에서 기도한 후 경남 행정 부지사가 3일 만에 승진하였으며, 인천지방경찰청장 1개월 후에 각각 영전하였다.

년에는 미국과 신미양요, 고종 12년에도 일본과 운양호사건 등 열강과의 사건이 이어지면서 조선 시대가 최후의 비극을 맞이하게 한 도화선이 되었던 역사의 현장이었다.

고려 말 무신정권은 강화로 왕궁을 옮긴 후 국가안녕을 기원하기 위하여 선원사에서 팔만대장경을 조판한 것으로 알려지고 있다. 그 이후 적의 침입이 잦아지자 다시 합천 해인사로 이동시켰다고 한다. 현재 선원사에는 수도권에서 가장 큰 연꽃단지가 조성되어 8월 초에는 인산인해를 이룰 정도의 많은 인파가 찾아오는 연꽃축제가 열리고 있다. 연에는 잎, 뿌리, 꽃 등 버릴 것이 없고 벼농사를 짓는 것보다 더 수익성이 좋다고 한다. 이곳 사찰에는 목탁 치는 소[10]와 개가 TV에 방영되어 화제가 되기도 하였다.

강화는 수도로부터 가까운 지리적 특성으로 인해 유배 1번지가 되어 왕의 친척이나 고위양반들의 유배지가 되었다. 조선 시대 최고의 폭군이었던 연산군과 왕족으로 이곳에서 나무꾼 생활을 하다가 왕이 된 강화도령 철종[11], 그리고 광해군의 동생으로 8세에 강화에 귀양을 와 목숨을 잃은 영창대군이 있다. 많은 양반이 강화도로 유배와 생활을 하였으므로 강화도의 남자들은 거의 일을 하지 않고 여자들이 주로 일을 하면서 생활을 꾸렸으므로 "넉살좋은 강화년"이라는 이야기가 있다.

기원전 18년 고구려의 주몽이 발해에서 데리고 온 아들을 자신의 후계자로 지명하자 부인 소서노가 자신의 아들 두 명을 데리고 고구려에서 남하하여 형인 비류는 인천의 끝자락인 문학산 아

10) 소가 과일과 먹이를 혀를 꺾어서 주워 먹으므로 이때 마치 목탁을 치는 소리가 난다고 하여 소개되었고, 개는 뒷발로는 목탁을 잡고 앞발로는 막대기로 목탁을 긁으면서 비슷한 소리를 낸다.

11) 조선 시대 헌종이 아들 없이 갑자기 세상을 떠나자 나라의 큰 어른이 된 순원왕후가 긴급회의를 열어 헌종의 7촌 아저씨뻘 되는 원범을 4일 만에 새로운 임금인 철종으로 맞이한다. 원범은 원래 왕족으로 정조가 큰할아버지이고 사도세자가 증조할아버지이다.

래 지역 미추홀에 비류백제를 건국하고, 동생인 온조는 하남 위례성에 한성백제를 건국한다. 그러나 비류백제는 땅이 습하고 척박하여 크게 번성하지 못하고 결국은 고구려의 광개토대왕과의 싸움에서 멸망하였다. 그래서 오늘날에도 인천의 옛 이름인 미추홀(영문으로 'Meet to you all')이라는 표현을 쓴 광고나 건물 이름을 자주 발견할 수 있다.

근세에 들어와 인천이 부산, 원산에 이어 개항되면서 서구 문물을 유입하는 창구가 되었다. 동구 화수동에 있는 화도진에서 1883년 3월 미국의 슈펠트 제독이 스와타라호를 타고 와 텐트 안에서 조미수호통상조약을 체결한 것을 시작으로 개항의 물꼬가 트기 시작하였다. 1902년 12월 22일 제물포항에서 증기선인 갈릭호가 104명을 태우고 하와이 이민을 떠난 지역으로 이민사의 출발항구가 되었다. 이와 같은 인연으로 인천과 하와이의 앞 이름을 따 오늘날의 '인하대학교'가 설립되었다.

1950년 한국전쟁이 발발하자 연합군이 월미도와 송도 등 3갈래로 인천상륙작전을 전개하였던 역사의 현장이기도 하다. 근대음식이라고 할 수 있는 '양탕국'으로 소개된 오늘날의 커피와 세계적으로 유명한 자장면 그리고 쫄면이 제일 먼저 인천에서 선보였다. 성냥[12] 공장은 초기 인천경제의 중요한 산업이었고, 인천에서 처음 만들어진 청량음료인 사이다는 컵(일본식 '고프')이 있어야 마실 수 있다는 유행가가 생겨날 정도로 인기가 많았다.

현대적인 대중교통수단이 잇달아 인천에서 선보였다. 경인철도가 제물포와 노량진 간에 1899년 개통되었으며, 최초의 도크식

12) 성냥은 압록강변에서 벤 미루나무가 뗏목 형태로 인천항으로 운반해 오면 작은 크기로 절단하여져 여공들이 인을 붙여 성냥을 만들었다. 라이터가 유행하고 값이 싼 중국산이 들어오면서 1960년대 이후 점차 자취를 감추었다.

항구인 인천축항이 1911년에 개항하였고, 경인고속도로가 1969년에 개통되었다. 이어 2001년에는 동북아 최고 허브공항인 인천국제공항[13]이 개항하였다. 인천으로부터 비행기로 3~5시간에 도착할 수 있는 인구 100만 명 이상의 도시가 51개나 되어 화물처리 세계 2위, 여객수송 세계 10위의 세계적인 국제공항으로 자리를 잡았다.

현대와 들어와서도 1987년 한중간의 수교로 죽의 장막인 빗장이 풀리면서 13억 명의 인구를 가진 세계최대시장이 인접해 있고 북한과는 93%의 화물이 인천항을 통하여 운송이 이루어지는 등 중요한 국제적인 물류 지역으로 부상하고 있다. 또한, 2003년 우리나라에서 처음으로 송도, 청라, 영종지역이 경제자유구역으로 지정되면서 서울, 부산에 이은 우리나라 3위의 대도시로 발전하였으며 경제자유구역의 개발이 마무리되는 2020년 세계 10대 도시를 향하여 비상하고 있다. 우리나라 도시 중에서 인구가 늘어나는 대도시는 인천이 유일하여 그만큼 역동성이 있고 일자리가 늘어나 젊은이를 중심으로 인구가 계속해서 늘어나고 있다는 증거이다.

2. 한국 최초의 '경제자유구역' 개발

경제자유구역이란 매년 10% 내외의 높은 경제성장을 이룩하고 있는 중국의 상해 푸동을 뛰어넘고 사막에서의 기적을 이룩한 중동의 두바이를 벤치마킹하여 인천이 동북아지역의 물류, 비즈니스의 허브를 이루어 국가 경제를 선도하고 뉴욕, 동경, 파리처럼

13) 스위스 제네바에 있는 국제공항이사회(ACI)가 국제공항의 서비스 질을 조사한 결과 인천공항을 11회 연속하여 최고의 국제공항으로 선정하였다.

세계적인 도시를 이루고자 하는 야심에 찬 전략이다. 참여정부의 10대 국정과제로 동북아의 허브구상이 선정되면서 경제자유구역 개발의 추진에 탄력이 붙게 되었다. 경제자유구역을 추진하기 위한 근거법인 '경제자유구역 지정 및 운영에 관한 법률'은 인천시가 법안을 마련하여 인천 출신 국회의원들을 동원(?)하여 마련한 특별법이다.

인천만을 지정하게 되면 비수도권지역의 반발이 우려되므로 김영삼 前 대통령 출신 지역의 부산·김해와 김대중 前 대통령 출신 지역의 광양만권과 함께 지정되어 2003년 10월 15일 인천경제자유구역청[14]이 개청되었다. 인천은 단독 행정기관의 형태이나 부산·김해와 광양만권은 인접해 있는 시·도가 공동으로 설립한 조합 형태이다. 그 이후 2006년 대통령 선거 때에는 대구 그리고 경기 평택과 충남 당진을 관할하는 황해, 전북 새만금지역의 3개 지역이 추가로 지정되었고, 2010년 총선거에 즈음해서는 충북과 강원지역까지 확대되어 8개 지역이 됨으로써 본래의 취지가 많이 퇴색되었다.

(표 7-1)인천경제자유구역 개발계획

구분	송도지구	영종지구	청라지구
주관	NSIC	인천도시개발공사 선도	LH공사
면적(만평)	1,611	4,184	541
주요기능	국제비지니스, IT, BT	항공물류, 관광	국제금융, 레저
계획인구(만 명)	25	17	9
사업비(조 원)	8.2	2.6	4

인천경제자유구역은 송도, 영종, 청라의 3개 지구에 여의도 면

14) 초대 청장에는 건설교통부 장관을 지낸 이환균 청장이 부임하여 인천경제자유구역의 개발계획을 수립하고 초기에 기틀을 다지는 다양한 사업을 추진하였다.

적의 70배에 달하는 6,336만 평 규모로 14조 7,610억 원을 투자하여 2020년까지 단계별로 개발하는 인구 51만 명의 계획도시를 만드는 우리나라 역사상 최대 규모의 개발프로젝트이다.

송도지구에는 국제기구를 포함하여 IT, BT와 관련된 국제기업을 유치하는 전략이다. 중앙정부와 지방자치단체가 재원을 조달하여 개발하는 데에는 한계가 있으므로 링키지 프로그램(Linkage program) 방식을 도입했다. 즉, 아파트 등 경제성이 있는 시설을 우선적으로 개발하여 발생한 이익을 인근 지역의 업무시설과 상업시설에 재투자하는 전략이다. 해안과 갯벌을 매립[15)]할 경우 평당 250만 원이 소요되나 이것을 주택과 상업용지로 800만 원에 분양하는 것이다. 개발은 미국의 대표적인 부동산개발회사인 Gales인터네셔널사와 국내파트너로 포스코건설이 참여하여 별도 법인인 송도국제도시유한회사(NSIC)를 만들어 추진하였다.

송도, 청라, 영종의 인천경제자유구역을 상전벽해로 발전시키는 인천시청

15) 해수로는 배가 통행할 수 있도록 항상 일정한 수심을 유지시켜 주어야 하므로 지속적인 준설이 필요하다. 인천항 근처에도 5만 톤급의 대형선박이 왕래하기 위하여 항상 20m 이상의 수심을 유지시켜주어야 하므로 계속 준설을 하여야 한다. 이 과정에서 나오는 흙으로 송도를 매립하고 있으니 준설과 경제성, 환경보호 등 1석 3조인 셈이다.

송도가 계획대로 개발되려면 외국인 투자[16)]가 이루어져야 하는데 개발 초기에 송도유원지 뒷산인 청량산의 미사일 기지에서 쏜 포탄이 불발탄 되어 송도개발지역에 떨어져 개발에 먹구름이 몰려오고 있었다. 나는 이 시설이 계속 있는 한 외국인의 투자가 어렵다고 보고 시의 예산으로 부지를 매입하여 군부대를 영종도의 백운산 정상[17)]으로 옮길 것을 계획하고 군부대와 합의를 이끌어 냈다. 그러나 정부방침에 어긋나는 계획을 수립했다고 행정 책임자인 나를 중징계하려는 소식이 전해져 안상수 시장이 감사원장을 직접 만나 없었던 일로 양해를 구하기도 하였다. 또한 2020년까지 컨테이너 부두 총 30선석(2011년 9선석, 2015년 8선석, 2020년까지 13선석)규모의 인천 신항이 송도에 건설되고 있다.

10년 연속 세계1위의 인천국제공항

영종지구는 세계 일류의 국제공항으로 발전하고 있는 인천국제공항의 배후를 지원하는 자족적이고 친환경적인 도시로 개발한다는 전략으로 추진하였다. 따라서 공항 근처는 항공물류 중심으로 신도시를 개발하고, 용유·무의 지역에는 마리나, 워터파크

16) 외국인 투자가 이루어지려면 투자의향서(LOI) 제출 → 사업성 분석 → 양해각서(MOU) 체결 → 외국인투자 신고 → 투자유치 계약(토지매매계약)→ 외국자본 도입 → 법인설립(외국인투자기업 등록) → 공장설립의 긴 절차를 거쳐야 한다.

17) 백운산 정상을 군사 보호구역으로 지정하고 2만 평의 부지를 조성하여 기지를 건설하고 그 북쪽 건너편 금산에 발사대를 설치하여 마무리하였다. 여기에 소요된 3,000억 원은 운북복합레저단지 조성으로 발생한 이익금으로 해결하였다.

등 해양종합리조트를 개발한다는 전략을 수립하였다. 이 지역이 섬 지역이고 초기 민간투자가 활발하지 못할 것으로 전망되어 인천도시개발공사가 먼저 선도적으로 필요한 토지를 매입하여 부지를 확보하고 개별시설은 국내외자본을 유치하는 방향으로 추진하였다.

청라지구는 과거 쓰레기장이 있었고, 해안 매립지이며, 인근에는 수도권 매립지와 화력발전소 그리고 주물단지 등 사회적으로 기피되는 시설들이 있으므로 이를 보완하는 작업이 필요했다. 따라서 송전탑을 지하로 이설하였고, 화훼단지로 용도가 지정되어 있는 지역도 용도를 변경하여 외국인이 한국에 체류하는 동안 가까운 거리에서 쉽게 활용할 수 있는 골프장, 테마파크 등 관광레저단지로 변경하였다. 또한 국내외 금융기관의 본부와 다국적기업의 아시아지역본부가 집적할 수 있는 국제업무 및 금융단지로 29만 평을 조성하기로 하고 세일즈에 들어갔다.

3. 인천대교, 인천타워 등 기반 시설의 확충

인천대교는 인천항이 있는 바다를 가로질러 송도와 인천국제공항을 연결하는 길이 21.27km인 세계 4위의 교량이다. 인천대교는 영국의 에이멕사가 주관하여 2조 4,680억 원을 투자하여 건설하고 실제 건설은 삼성컨소시엄이 건설하여 2009년 9월 개통하였다. 여기에 연결되는 도로는 한국도로공사와 인천시가 각각 분담하여 건설하였다. 그러나 건설을 추진하는 과정에서 인천에서 가장 영향력이 있는 NGO인 새얼문화재단(이사장 지용택)이 갑자기 선박통행의 안전을 위하여 대교의 주탑 간 넓이를 당초 700m에서 1,000m로 확대해야 한다고 주장하고 나섰다. 시민단체 등과의 지속적인 협의와 선진사례[18]를 충분히 검토한 후 800m로 조정하여 건설하였으며 이로써 착공이 1년이 늦어지고 공사 기간이 6개월이 늦어지는 상황이 벌어졌다.

세계 4번째 긴 교량인 인천대교

인천타워는 송도 6·8공구 즉 국제공항에서 송도로 들어오면서 볼 수 있는 위치에 세계에서 2번째[19]로 높은 151층(건물 높이 601m)의 건물을 건립하는 대규모 프로젝트이다. 5만 1천 평의 부지에 170억 달러를 투입하여 호텔, 콘도, 상가, 컨벤션, 무역센터, 전망대 등이 들어서는 시설이다. 연관사업으로 69만 평을 1단계로 인천타워, 2단계로 골프장과 상업 시설, 3단계로 호수 주변 골프빌리지, 단독주택을 단계적으로 개발하는 사업이었다. 사람이 손을 맞잡는 형태로 동양과 서양이 마주쳐 근대 개항사를 연 인천의 이미지를 형상화한 인천을 상징하는 대표적 건물이다. 이

18) 일본의 시모노세키의 해협을 잇는 교량도 주교각간의 거리가 700m이며, 큰 선박의 통행도 원활하고 안전하게 운행하고 있음을 키타큐슈국제공항 개항식에 정부 대표로 참석한 후 출장하여 확인하였다.

19) 세계에서 제일 높은 건물은 중동 두바이에 있는 버드 두바이로 160층으로 830m 높이의 복합건물이다. 그 이후 현재 서울 잠실에 롯데건설에서 125층 고층건물을 건설하고 있다.

를 위해 송도랜드마크시티(SLC)를 설립하여 설계는 세계 최고의 설계회사인 미국의 포트만(Portman)사가 맡고, 시공은 우리나라 건설업계를 대표하는 삼성물산과 현대건설의 컨소시엄이 맡기로 하였다. 2009년 6월 이명박 대통령이 참석한 가운데 기공식까지 하였으나 더 이상의 추진이 안 되고 있다. 이 건물을 위해 하나의 건물에 여러 가지 기능이 동시에 입주할 수 있도록 인천시에서 중앙정부에 건의하여 법까지 개정하였다.

2008년 10월 7일 개관한 송도컨벤시아는 NSIC가 전액을 부담하여 10만 2천m^2의 부지에 지하 1층, 지상 3층 규모로 건설하였으며 각종 국제회의와 박람회 그리고 축제를 개최할 수 있는 전시시설을 갖추고 있다. 이 시설은 기둥을 전혀 시용하지 않고 백두대간과 한옥을 모티브로 건설하였으며 첨단 유비쿼터스 장비를 갖추고 있다. 오늘날 황금알을 낳는 거위, 굴뚝 없는 황금산업으로 불리는 MICE(Meeting, Incentive travel, Convention, Exhibition)[20)]산업의 발전에 크게 기여할 것으로 전망된다.

오늘날 대도시의 교통수단의 총아는 지하철이다. 인천의 1호선 지하철이 개통된 지 10여 년이 경과하였으나 동막역까지만 운행되고 있었으며, 2009년 세계도시축전을 개최하기 위하여도 송도까지의 연장이 필요했다. 이를 위해 국·시비를 집중적으로 투입하여 6개 역을 추가로 건설하고 인천타워 건설부지까지 연장하여 건설하였다. 또한 민자로 건설한 인천공항철도가 개통되었으나 상호연결이 안 되어 계양역사를 신축하고 노선을 연장하여 서로 갈아탈 수 있도록 연계시스템을 도입하였다. 이어서 서구 오류동에서 남동구 인천대공원에 이르는 제2 인천지하철 건설계

20) MICE 참가자들이 일반관광객에 비하여 1인당 소비액은 3.1배, 체류 기간은 1.4배에 달한다고 한다.

획도 수립하여 2014 인천아시안게임 기간에 사용할 수 있도록 2007년부터 건설에 들어갔다.

도로는 도시의 심장과도 같은 사회간접자본이다. 인천의 모든 도로가 서울을 향하여 동서방향으로 개설되어 있어 도심의 교통문제해결에는 크게 도움이 되지 못하고 통합성에도 문제가 제기되었다. 따라서 인천항에서 목재단지를 거쳐 강화로 연결되는 봉수대길을 왕복 8차선으로 개통하여 남북방향의 간선도로를 개설하였다. 또한 통일에 대비하여 인천국제공항에서 신도와 시도를 거쳐 강화와 개성으로 연결되는 도로건설계획[21)]을 수립하였다. 2010년 제3경인고속도로가 개설되었으며, 앞으로 제1경인고속도로가 직선화되어 제3연육교가 건설되어 인천국제공항과 연결되고, 제2외곽순환도로가 완공되면 인천의 광역도로체계는 완비된다.

인천은 야구를 비롯하여 근대운동이 시작된 역사적인 도시이다. 2002년 한일월드컵을 개최하기 위하여 문학동에 축구장과 야구장은 이미 조성되어 있으나 농구장이 없어 연고팀인 전자랜드가 타 지역인 부천실내체육관을 빌려서 경기를 하는 상황이었다. 따라서 부평구에 전국에서 2번째로 큰 7,600석 규모의 삼산월드체육관과 보조경기장, 인조잔디축구장, 생활체육시설을 포함한 복합체육시설을 설치하였다. 그러나 인근의 아파트주민들이 진출입로를 아파트 쪽으로 개설하면 사고위험이 있다면서 반대하였다. 그러나 실내체육관의 개관으로 아파트 가격이 상승하고 체육시설을 이용하는 등 이익을 보는 사람은 바로 당신들이라고 설

---

21) 영종도에서 옹진군의 신도와 시도를 거쳐 강화에 이르는 10.46km를 4차선으로 건설할 경우 3년 반이 소요되고 8,033억 원의 재원이 소요된다. 사업비는 송도와 영종지역의 개발사업에 의한 이익금으로 충당하기로 계획하였다.

득하여 민원을 조기에 해결하였다.

인천은 7개의 공단이 있으나 산이 거의 없어 녹지공간이 매우 부족한 실정이다. 따라서 1,000만 그루 나무심기운동을 대대적으로 전개하는 한편 도심 속 각급 학교의 담장을 헐어 그 자리에 나무를 심었다. 또한 공원을 곳곳에 중점적으로 조성하였다. 인천대공원[22]을 단계적으로 확장하여 수도권의 명소가 되었다. 동암역에서 문학경기장에 이르는 도심 지역에 개 사육장, 벽돌공장, 무허가 주택 등을 정비하여 시청 앞 중앙공원을 조성하였다. 이 공원은 인천의 심장부를 남북으로 관통하는 녹지축으로 뉴욕의 센트럴파크와 런던의 하이드파크와 비견될 수 있는 소중한 공간이다.

또한 한국전쟁 당시부터 주둔하고 있던 군부대를 이전시키고 월미도[23] 바닷가에 있는 발칸포 부대를 인천해양수산청장과 협의하여 타 지역으로 이전시켜 월미도 전체를 시민공원으로 개발하였다. 이 공원은 인천항과 어울려 야경과 함께 벚꽃을 감상할 수 있는 새로운 명소가 되었다. 또한 수인선 협궤열차가 지나가던 소래포구 근처 철길 옆에 있는 댕구산 일대를 수변공간으로 조성하여 지역경제에도 크게 기여하였다. 과거 염전이었으나 그간 방치되었던 소래포구 인근의 폐염전 부지를 매입하여 수도권의 해양생태공원으로 조성하였다.

22) 인천대공원은 150만 평의 부지에 인천시가 조성한 시립공원으로 입장료를 받아 왔으나 이 지역 출신 시의회 의장의 집요한 요청으로 무료화 하였다. 그러나 공원입장객의 53% 정도가 다른 자치단체인 부천과 시흥시의 시민이므로 지방재정의 대원칙인 수익자부담원칙에 따라 입장료를 받아야 한다고 생각한다.

23) 월미도는 6·25당시 인천상륙작전이 전개되어 폐허가 되었으나 한때 군부대가 주둔한 결과 일반인의 접근이 불가능하여 식생상태가 양호하다.

4. 세계도시축전 준비와 2014아시안게임 유치

김대중 대통령의 통일정책을 계승한 노무현 대통령은 6·15남북공동선언을 기념하는 식을 개최할 장소로 광주와 울산이 서로 유치하려고 신청하였으나 이동 거리 등을 종합적으로 고려하여 인천을 최종 결정하였다. 나는 부임하자마자 준비에 박차를 가하였다. 2개월이 남아있을 정도로 시간이 촉박하고 대통령이 직접 참석하고 북쪽 인사 120명과 해외인사 50명 등 1,200명이 참석하는 비교적 규모가 큰 국가적인 행사이었다. 여러 장소를 물색하다가 시청 건립 후 처음으로 중앙홀을 사용하기로 결정하고 행사를 무사하게 잘 치렀다. 북측 인사들은 4박 5일간 인천에 머물면서 서울과 인천 그리고 강화 등을 둘러보았으며, 특히 북한에 있는 고인돌과 같은 북방식의 강화 고인돌에 대하여 깊은 관심을 보였다. 이에 대한 감사의 표시로 초청하여 2005년 9월 6일 개성공단에 있는 인천업체인 자동차 연료 펌프 및 필터를 생산하는 (주)대화연료펌프의 준공식에 참석하여 개성박물관과 선죽교를 둘러보았다.

국제대회를 치르기 위하여 사전에 중·소규모의 대회를 개최하여 시설실태와 운영 상황을 점검하여 문제점을 보완하는 것이 원칙이다. 2014년 아시안게임에 대비하여 아시아육상선수권대회를 인천에 유치하여 2005년 9월 1일부터 9월 4일까지 문학경기장에서 개최하였다. 여기에는 북한의 세계적 선수인 계은희를 비롯하여 북한 여성응원단이 고려민항 편으로 인천에 왔다. 이때 북한의 김정은 노동당 비서의 부인인 이설주가 응원단원의 일원으로 인천을 방문하였다. 이때 도로포장용 피치 1만 톤(29억 3천만 원 상당)과 수성페인트 124톤(1억 6천만 원 상당)을 특별히 북한에 지원해 주었다.

이 대회에 북한을 초청해준 것에 대한 감사의 표시로 나를 비롯한 시 공무원과 인천상공회의소 김정치회장 등 기업인 53명을 초청하였다. 2005년 11월 2일부터 5일까지 3박 4일간의 일정으로 북한에서 보내준 고려민항 편으로 40분을 비행하여 평양순안공항으로 직행하여 평양 시내의 주요 역사유적지와 서해 입구에 있는 남포의 갑문과 부두 그리고 묘향산을 방문하였다. 이때 평양시당 김정식 부위원장이 101층 규모의 류경호텔[24)]을 인천시가 인수하여 완공하여 줄 것을 요청하여 당시 수행하였던 이호진 도로과장을 현장에 보내 답사케 한 적이 있다. 그러나 공사가 중단된 지 20여 년이 흘러 골조가 심하게 부식되어 있고, 관광객이 거의 없는 상태이므로 경제적 타당성이 매우 낮은 것으로 분석됐다.

당초에는 부위원장이 첫날 만찬만 자리를 함께하는 것으로 계획되어 있었으나 주석과 같은 김 씨 이고, 외모와 말투가 주석과 비슷하여 앞으로 크게 출세하겠다고 추켜세웠더니 오는 날까지 매일 저녁 자리를 함께하였다. 남포 가는 고속도로에서 인부가 끌과 같은 간단한 도구로 고속도로를 굴착하여 재포장하는 모습, 남포항에서 밀가루 포대를 여공들이 손으로 배에서 화물차로 들어 옮기는 모습, 평양에서 묘향산으로가는 4차선 고속도로에 휴게소가 없어 자연해우소를 사용하는 등 있는 그대로의 북한 모습을 보았다. 숙소인 대동강호텔 앞에 있는 9홀 골프장은 내장객이 거의 없고, 클럽하우스에는 녹이 슨 오래된 타이틀리스트 골프채

24) 류경호텔은 43만 5천m^2의 부지에 평양 시내 어디에서나 볼 수 있을 정도의 101층(327.4m)에 6천여 개의 객실을 갖추는 7억 8천만 달러를 투자하는 대규모사업이다. 1987년 8월 8일 착공하여 공사 시작 25년만인 2012년 개관하였다고 한다.

가 전시되어 있었으며, 벙커도 군사용 방호처럼 깊어 사회주의국가의 체육시설의 일면을 볼 수 있었다.

평양을 방문 만경대에서 인천 기업인과 함께

외국의 유명한 도시들이 엑스포를 개최하여 세계적인 도시[25)]로 발전하였다. 이와 같은 전례들을 참조하여 인천을 세계에 알리기 위하여 엑스포를 개최하기로 방침을 정하였다. 2009년 8월 7일부터 80일간 송도에서 개최된 세계도시축전은 '도시의 미래를 밝힌다(lightening tomorrow)'라는 주제로 개최되었다. 경제자유구역의 추진상황을 방문객에게 보여주고 인천을 세계에 세일즈를 한다는 자세로 도시관, 기업관 등 28개의 전시관과 아태도시정상회의 등 17개의 국제회의 그리고 '테디와 함께 떠나는 세계여행' 등 21개 축제를 준비하였다.

그러나 중국이 2010년 상해엑스포의 주제를 도시로 정하여 추

25) 프랑스 파리가 5차례 세계박람회를 개최하여 세계적인 관광, 예술, 패션의 중심지가 되었고, 에펠탑은 1889년 세계박람회를 위해 세워진 임시구조물이었다. 일본의 오사카(1970년), 쓰쿠바(1985년) 그리고 캐나다의 밴쿠버(1986년), 스페인의 세비야(1992년), 포르투갈의 리스본(1998년)이 대표적이다. 우리나라에서는 대전엑스포가 1993년에 개최되었다.

진하면서 인천세계도시엑스포와 내용이 유사하고 개최 기간도 바로 다음 해로 이어지게 되므로 상해엑스포에 악영향을 미칠 것을 우려해 인천행사에는 엑스포라는 이름을 쓰지 못하도록 우리 외교부를 통하여 압력이 가해졌다. 이를 바꾸지 않으면 한국에서 개최되는 여수엑스포에도 중국이 협조하지 않겠다는 엄포까지 가해져 세계도시축전으로 명칭을 바꾸지 않을 수 없었다.

개장 첫 주 3일간 100만 명의 관람객이 다녀갔을 정도로 성과가 매우 좋았으나 축제기간 중 장맛비가 이어지고 신종플루가 발생되면서 연일 학생과 지방자치단체의 예약이 취소되었다. 그러나 4~5단계의 자동분무기 소독액을 분무하는 치밀한 위생대책을 마련하여 대처한 결과 1건의 사고도 발생하지 않고 무사하게 행사를 치렀으며 700만 명의 관람객이 다녀갔다. 37개국 178개 도시의 대표가 모인 도시정상회의에서 새로운 도시 모델로 콤팩트·스마트 시티(compact & smart city)를 선언하였다. 인천의 경제자유구역이 이에 가장 적합한 모델임을 세계적으로 확인하는 계기가 되었다.

인천을 세계에 알린 세계도시축전

또한 인천이 세계적인 도시로 성장하고 있음을 홍보하였다. 이 기간 동안에 반기문 UN사무총장과 각국의 장관들이 국제회의에 참가하였으며, 영국의 BBS 방송, 중국의 CCN 방송, 프랑스의 르몽드 등 국제적으로 영향력이 있는 언론매체들[26]이 인천의 발전상을 연이어 소개하였다. 이를 계기로 국제기후기금(GCF)[27]과 같은 국제기구들이 송도에 둥지를 틀게 된 중요한 계기가 되었다. 2006년 6월 15일 개소한 유엔 에스캅의 APCICT센터[28]를 비롯한 13개 국제기구가 개설되었다. 앞으로 30여 개의 국제기구를 더 유치하여 미국의 뉴욕, 태국의 방콕, 스위스의 제네바와 같은 국제도시를 만든다는 장기계획이다.

아시아경기대회[29]는 2014년 9월 19일부터 10월 4일까지 16일간 '평화의 숨결 아시아의 미래(Diversity Shines Here)'라는 슬로건 아래 서구 주경기장을 비롯하여 40개 경기장에서 개최되었다. 이 대회에는 45개 국가의 선수와 임원 등 2만 명이 참가하였으며 특히 북한에서 16개 종목에 150명의 선수가 참가하여 성공적인 대회가 되었다. 이 대회로 인천의 국제적 위상이 제고되었을 뿐만아니라 인천의 지역경제 활성화에도 크게 도움이 되었다. 이 대회위원장으로 내가 청와대에 근무할 당시 민정수석이셨던 김

---

26) 영국의 세계적인 시사경제주간지인 EIU는 인천이 세계 200개 도시 중 가장 미래가 밝은 2번째 도시로 분석하여 보도하였다.

27) 녹색기후기금(Green Climate Fund)이란 2010년 멕시코 칸쿤에서 열린 UN기후변화협약에 따라 2012년 인천에 설립된 국제기구로 국제통화기금(IMF), 세계은행(IBRD)과 함께 3대 경제 관련 국제기구로, 2020년까지 연간 100억 달러 총 8,000억 달러의 기금을 조성할 계획이다.

28) APCICT(정보통신교육원)란 유엔 산하 6개 주요기구의 하나인 아시아태평양경제사회위원회(ESCAP)의 산하기관으로 이 지역의 IT 분야의 훈련을 담당하는 기관으로 국내에 처음으로 설립된 유엔 산하 기구이다. 아시아태평양지역 62개 회원국을 대상으로 정보화 촉진, 정보격차 해소를 위해 IT 무상교육훈련을 제공하고 정보 네트워크 구축과 정보교류사업을 추진하고 있다.

29) 한국은 5회 연속 아시안게임에서 중국에 이어 종합 2위를 차지하였으며 폐회식에는 북한의 실세 3인방인 황병서 총정치국장, 최룡해 당비서, 김양건 비서가 참석하였다.

영수 前 문화체육부 장관께서 수고하였다.

이 대회를 유치하면서 국내에서는 대구, 대전과 경합을 하게 되었으며, 외국과는 인도의 델리를 이겨야 하는 부담이 있었다. 국내의 경쟁 도시는 설득을 통하여 양보를 얻어냈으나, 인도와는 투표로 결정하여야 하는 끝까지 안심할 수 없는 접전을 벌여야 했다. 아시아경기대회가 부산에서 개최된 지가 얼마 되지 않았으므로 회원국을 설득할 수 있는 새로운 당근이 필요하였다. 이와 같은 문제를 타개하기 위하여 스포츠 약소국에 대하여 체육 관련 시설과 전지훈련 등을 재정적으로 지원하는 소위 '비전 2014 프로그램'을 제시하였다.

아시아경기대회를 유치하기 위하여 신용석 AG 유치위원장과 안상수 시장 그리고 내가 교대로 아시안게임 회원국을 차례로 방문하여 인천에서 개최되어야 하는 필요성을 강조하였다. 나는 미얀마와 태국 등을 방문하여 체육부 장관과 체육계 인사들을 만나 오·만찬도 함께 하였다. 드디어 2007년 4월 17일 쿠웨이트에서 열린 아시아올림픽조직위원회에서 결정이 되었다는 소식을 9시 뉴스의 스포츠 시간에 내가 생중계 형태로 인천시청 앞 공원에 마련된 시민축하환영대회에서 발표하기로 하였다. 그러나 그 낭보는 10시가 넘어서야 인천유치가 확정되었다는 연락이 뒤늦게 와 당황한 적이 있었다. 그 기다리는 시간이 얼마나 길게 느껴졌는지….

위원회의 회의에서는 개최도시의 프레젠테이션에 개최하고자 하는 국가 대통령의 강력한 개최 의지를 천명하는 내용이 수록되어야 하는데 그 시간까지 청와대에서 포함하라는 연락이 없자 평창동계올림픽을 유치하기 위하여 사용하였던 노무현 대통령의 육성멘트를 편집하여 발표하였다고 한다. 이를 계기로 문책성 인사로 당시 김명곤 문화체육부 장관이 귀국하자마자 경질되는 상황이 벌어지기도 하였다. 인천으로서는 국제대회를 유치하여 대한민국의 국격을 높이고 인천의 발전상을 홍보하자는 취지인데 매우 송구스러울 뿐이었다.

아세안게임 유치 위해 미얀마 체육부 장관 예방

아시안게임 주경기장은 서구지역에 체육시설이 전무한 실정일 뿐만 아니라 다른 광역시에 비하여 부족한 실정이므로 서울 상암동월드컵경기장의 경우처럼 포스코건설이 새로운 경기장을 지어 30년간 운영하고 인천시에 이를 기부 체납하는 방식으로 짓기로 결정하였다. 즉, 서구 공촌동 일대에 6만 평의 그린벨트를 해제하여 선수촌아파트를 건립하여 사용한 후 매각하여 4천억 원의 개발 이익을 재원으로 주경기장을 짓는 방식이었다. 그러나 송영길 시장이 당선된 후 대기업으로부터 기부를 받지 않기로 하고 기존의 문학경기장을 리모델링하여 활용하기로 방침을 변경하였다가 서구민의 강한 반발에 직면하여 3개월 만에 방침을 다시 바꿔 시비 2,200억 원을 들여 경기장을 지었다. 그만큼 인천시의 재정을 악화시킨 결과를 초래하였다.

인천은 1902년 인천항에서 갈릭호를 타고 처음으로 이민을 떠났던 지역이다. 하와이 사탕수수 이민[30]으로부터 시작하여 멕시코 칸쿤 지역으로의 데낄라[31] 이민 그리고 일본강점기 시베리아로의 고려인 이주[32], 독일의 광부와 간호사 취업이민, 중남미로의 농업 이민 등의 형태로 해외에 진출하여 전 세계 80여 개 국가에 750만 명의 교포가 활동하고 있다. 하와이 이주 교포들은 하루 79센트의 임금을 받고 10시간 이상 사탕수수밭에서 일하면서 20불을 독립운동기금으로 쾌척하기도 하였다. 하와이의 외곽지역인 Waipahu에 있는 야외박물관인 Plantation Village에는 당시에 사용하였던 채찍과 군인의 인식표와 같은 신분표가 그대로 전시되고 있다. 인천 월미도에 이민사박물관을 짓는다는 계획이 알려지면서 대한민국 1호 여권을 포함하여 5천 점의 기념품이 전 세계 교포로부터 답지하여 2008년 6월 13일 개관하였다.

5. 연세대 및 글로벌대학 유치

지역을 발전시키기 위하여 지방자치단체 그리고 대학과 기업이 서로 협력하는 연구단지가 필요하다. 이와 같은 지역의 예가 미

30) 당시 세계에서 13개 민족이 하와이로 이민을 가 사탕수수밭에서 군인과 같은 인식표를 목에 걸고 일을 하였으며, 민족마다 다른 모양의 인식표를 만들어 사용하였다. 인천시에서 하와이의 야외박물관에 길이 2m 50cm, 두께 30cm, 무게 90kg의 미송나무에 '천하대장군 지하여장군'을 새긴 1쌍 장승을 한국에서 만들어 2006년 7월 13일 내가 현지를 방문하여 기증하였다.

31) 데킬라란 파인애플 모양으로 둥글게 자라는 용설란의 일종으로 데킬라 술의 원료로도 쓰이고, 잎은 쪼개어 선박 등을 결박할 때 사용하는 밧줄의 원료로 쓰인다.

32) 1933년 소련 정부는 시베리아에서 흩어져 살고 있는 한국인들을 기차에 태워 중앙아시아의 우즈베키스탄과 카자흐스탄지역으로 집단으로 강제 이주를 시켰다.

국의 실리콘밸리(스탠퍼드대 중심)와 Research Triangle Park(노스캐롤라이나대학과 듀크대 중심), 영국의 Cambridge Science Park(케임브리지대 중심), 스웨덴의 시스타 사이언스 시티(왕립공대 중심), 중국의 중관촌(북경대와 칭화대 중심), 싱가포르의 바이오폴리스 등이 대표적이다. 안상수 시장과 나는 송도에 대학을 유치하기 위하여 서울대, 고대, 연세대의 총장들과 개별적으로 접촉을 하였으나 연세대만이 적극적인 의사표시를 하였다.

연세대학교와 2006년 1월 28일 기본협약을 체결하였다. 전체 55만 평(1단계 28만 평, 2단계 27만 평)의 부지에 2020년까지 학생 수 1만 5천 명과 교수 등 유지인력 5천 명을 수용하는 송도캠퍼스 건설계획을 수립하고 모든 학생을 기숙사에 수용하여 외국계 대학과 연계하는 명실상부한 국제대학으로 발전시켜간다는 콘셉트였다. 여기의 개발방식도 송도에 적용하고 있는 링키지 프로그램방식을 적용하였다. 2008년 11월 26일 기공하여 2010년 3월에 개교하였다. 현재 1~2학년 학부 학생들을 중심으로 전원이 기숙사 생활을 하면서 외국 학생들과 함께 공부하고 있다.

송도에 새로 건립한 연세대 캠퍼스

연세대와 함께 세계적인 대학을 유치하여 세계적인 글로벌캠퍼스타운을 만들기 위하여 노력하였다. 10만 평의 규모의 캠퍼스에 2조 2천억 원을 투자하여 1만 명의 대학생이 공부할 수 있는 10개 대학을 유치한다는 장기적인 목표를 수립하였다. 단, 한국 학생의 비율은 40% 내외로 제한하는 규정도 덧붙였다. 인천경제자유구역에 조성되고 있는 송도글로벌대학을 활성화시키고 효율적으로 관리하기 위하여 2012년 1월 19일 송도글로벌대학운영재단이 설립되었으며 전 KDI 원장을 역임한 송희연 선배가 초대 이사장이 되었다. 뉴욕주립대 스토니브룩(Stony Brook University)이 2012년 3월, 조지메이슨대학(George Mason University)이 2014년 3월 개교하였으며, 벨기에의 켄트대학과 미국의 유타대학이 2014년 9월에 개교하였다.

현대는 유비쿼터스 사회로 로봇이 생활에 필수적인 도구가 되었다. 우리나라는 일본, 미국 등에 이어 세계 5위의 로봇생산국이다. 로봇산업은 산업연관 효과가 큰 산업으로 내가 미국에서 공부하고 있던 1983년에 이미 미국정치학회에서 로봇산업의 발전전략을 학회보의 특집으로 다룬 바가 있다. 인천은 청라지역에 로봇단지를 조성하는 계획을 지식경제부에 신청하여 10개 자치단체가 경쟁하여 마산[33]과 함께 최종적으로 선정되었다. 로봇랜드는 로봇을 주제로 하는 테마파크, 로봇 전시장, 체험관, 놀이시설 등을 주기능으로 하는 복합문화공간이다. 청라 5블록에 79만 ㎡의 규모에 총사업비 7,855억 원이 들어가는 사업으로 주제는 'Fun & Fantasy with Robot'으로 하였다. 입구에는 아이들이 좋

33) 마산 로봇랜드는 2011년 12월 1일 지식경제부로부터 조성 계획에 대한 승인을 받아 기공식을 갖고 본격적인 조성에 들어갔다.

아하는 대형상징물 '태권 브이'를 설치하기로 계획하였다. 이 사업은 3,500억 원의 경제적 유발효과와 연간 2만 명의 고용창출이 기대된다.

이를 위해 2004년에 대한민국 로봇대전과 2009년 세계도시축전 기간에 세계로봇축구대회[34)]를 유치하였다.

인천은 우리나라에서 자동차가 처음 생산[35)]된 지역이다. 부평구에 있는 GM대우를 살리기 위하여 모든 행정기관에는 관용차를 대우자동차로 쓰도록 조치하였으며, 관내 관계기관과 단체에도 가급적 대우차를 구입해줄 것을 요청하였다. 부평공장 이외에도 인천항에 Knock Down[36)] 방식의 자동차조립공장을 설립하여 해외에서 부품을 배편으로 들여와 바로 조립하여 선박편으로 수출하는 공장을 설립하여 운영하고 있다. 이에 따라 남동공단을 비롯하여 인천 전역에 자동차와 관련된 기업들이 많이 집적해 있다.

또한 GM에서 부평공장뿐만 아니라 아시아 여러 나라에서 생산되는 새로운 차종에 대한 테스트를 할 수 있는 장소가 필요하다는 건의를 받고 청라에 빠른 시간에 허가하여 주었다. 이에 발맞추어 GM은 부평공장에 6,700억 원의 대규모 투자계획을 동시에 발표하면서 자동차성능 시험장의 건설 의사를 밝혔다. 12만 평의

34) 1997년 한국과학기술원(KAIST)을 비롯한 세계 10여 개국 20여 개 대학에서 세계로봇축구연맹을 조직하여 매년 전 세계를 돌아가면서 개최하고 있다. 2009년 세계로봇축구대회를 유치하기 위하여 내가 미국에 출장을 가 2007년 6월 15일 샌프란시스코의 국제회의장에서 유치를 위한 프레젠테이션을 발표하였다.

35) 1955년 미군용 지프에 부품을 재생하여 엔진과 새시를 만들고, 드럼통을 펴서 차체를 얹어 우리나라 최초의 승용차인 시발(chival)을 만들었다. 1960년대 초 신진공업사가, 1962년 새나라자동차가 차를 출고하였으며, 이후 새한자동차, 대우자동차로, 2000년에는 IMF 사태로 GM대우로 바뀌었다.

36) Knock Down 방식이란 자동차들을 부품 형태로 수입한 뒤 현지의 산업시설에서 조립하여 완성차 형태로 수출 • 판매하는 방식으로, 부품 형태로 통관되므로 관세를 낮추고 운임도 낮아지며 현지의 저렴한 노동력을 이용할 수 있는 장점이 있다.

부지에 672억 원을 투자하여 주행시험도로와 R&D 시설을 시비로 건설하여 30년간 임대형식으로 제공하고 임대료는 1%로 하는 양호한 조건이었다.

해당 지역은 청라지구의 화훼단지지역이므로 관계기관인 토지공사, 농촌공사와 협의하여 시에서 해당 토지를 구입하여 기반을 조성하여 30년간 임대하는 조건으로 하고, 임대료는 전액 감면하는 조건으로 대폭적으로 완화하였다. 처음에는 농촌공사와 시 직원들이 선례가 없고, 외국 기업에 대한 과도한 특혜 시비가 일 수 있고, 자동차 주행에 따른 소음공해 민원이 제기될 수 있다면서 반대하였다. 그러나 여기에서 물러설 수가 없어서 고시 동기인 안종운 농촌공사 사장을 회의 중에 불러내 담판을 지으면서 시험장이 유치되어야 한국에서 자동차산업이 발전할 수 있다는 점을 강조하고 2004년 10월 유치협약을 체결하고 2006년 5월부터 자동차성능시험장(Proving ground)을 운영할 수 있게 되었다.

인천 지역의 무역은 수입의 8%로 5위, 수출은 4%로 8위를 차지할 정도로 우리나라와 지역경제에서 매우 중요한 위치를 차지한다. 이와 같은 중요성을 인식하고 외국의 자치단체와 자매결연관계와 우호협력관계를 지속적으로 발전시켜 가고 있으며, 해외시장을 개척하기 위하여 코트라의 해외무역관과 공동으로 해외시장을 개척하였다. 나는 자매도시를 맺기 위하여 중국의 중칭(인구 32백만 명으로 세계최대도시)과 인도의 콜카타(인도 제2의 도시, 인구 460만 명) 그리고 브라질의 히우그란지두술 주를 잇달아 방문하여 자매도시 관계를 체결하였다. 또한 그간 시장개척이 미진했던 동부 유럽인 루마니아와 폴란드, 이태리 밀라노에서 기업인들과 함께 해외시장 개척을 하여 큰 성과를 올렸다.

수도권의 유일한 해양친수공간이라고 할 수 있는 월미도가 관광특구로 지정됨으로써 관광 활성화를 위한 계획을 수립하였다. 차이나타운[37]에 한중문화관과 패루[38]를 설치하는 한편 주차공간을 확보하고, 매년 10월 한중문화축제를 개최하였다. 또한 무질서한 송전선을 지하로 매설하고 중국풍으로 가로등을 교체하여 중국 도시를 연상케 하였다. 또한 관광특구의 활성화를 위하여 인천역을 출발하여 월미도를 돌아오는 9.6km의 유럽의 도시에서 아직도 운영하고 있는 60년대 전철 형태의 트램카 건설계획을 수립하고 이임하였다. 그러나 그 이후 '월미은하레일'이라는 이름으로 한신공영컨소시엄이 사업을 추진하면서 모노레일 형태로 바꾸고 시운전과정에서 탈선하고 부속품이 떨어져 나가 행인이 다치는 등 많은 민원이 제기되어 아직도 개통하지 못하고 있다.

2004년 2월 13일 취임하여 2007년 6월 25일까지 3년 4개월간의 최장수 인천시 행정부시장과 32년이라는 오랜 공직생활을 마감하는 이임식을 직원, 친구, 가족이 참석한 가운데 가졌다. 한국동란에 태어나 6월 25일 이임식을 갖게 되니 역사의 아이러니 같기도 하고 마음이 착잡하여 눈물이 앞을 가렸다. 산 정상에 오르면 내려가는 것이 자연의 섭리이기도 하다. 공직을 떠나면서 또는 마무리하면서 흔히 '대과 없이'라는 말을 자주 이야기한다. 나는 운이 좋았고 주위에서 많이 도와주어 정부로부터 훈장을 두

37) 자유공원으로 올라가는 계단을 사이에 두고 왼쪽은 중국의 조차지로 차이나타운이며, 오른쪽은 일본의 조차지로 일본풍의 오래된 건물들이 시가 지정한 문화재로 보존되고 있다. 또한 인근에는 근대개항기 건축물과 1930년대 건설된 근대 건축물을 리모델링하여 인천아트플렛폼을 만들어 창작 스튜디오, 공방, 자료관 등의 시설을 마련하였다.

38) 패루란 마을 입구에 설치한 중국의 전통대문으로 중국 산동성 웨이하이시가 제작하여 기증하였다. 공사에서는 한중문화관 앞의 주차장을 건설하였으며, 건설 과정에서 공사로 인한 영업이 안된다고 하면서 일부 상점이 이의를 제기하였다.

번에 걸쳐 받고 징계나 불이익을 받지 않았으니 고마울 뿐이다. 이어서 하반기부터 인천시와 인천대의 배려로 인천대 행정대학원에서 석좌교수로 지방재정론을 강의하게 되었다.

제3절

대표적 지방공기업의 CEO

1. 한국 3위의 도시개발공사

인천도시개발공사(이하 '도개공')는 2003년 3월 31일 설립되었으며 인천시가 100% 출자한 공사 형태의 지방공기업이다. 수권자본금이 1조 1,979억 원이며, 2018년 예산규모가 3조 8,039억 원으로 시·도의 도시개발공사 중에서 서울의 SH, 경기 다음의 3번째 규모이다. 또한 인천광역시에서 추진하고 있는 경제자유구역사업과 도시재생사업의 투자재원의 54%를 인천도개공이 차지할 정도로 그 역할이 매우 막중하다. 인천광역시청과 인천경제자유구역청은 사업계획만을 수립하였으며 실질적으로 모든 사업의 추진은 도시개발공사가 맡아 하였다. 그렇게 하다 보니 인천도개공이 만금술사와 같다는 이야기가 나오고 오늘날 경영이 악화된 원인도 여기에 있다. 경영개선에 도움이 안 되는 석산개발을 통한 공원 조성 등 일반 행정이 추진해야 할 사업이나 그간 추진이 잘 안 되었던 사업까지 도시개발공사로 이관되었다.

도시개발공사는 지방자치단체가 설립한 지방공기업이므로 첫째, 지역주민의 복지증진과 지역개발과 같은 공공성과 지역성을 제고하여야 한다. 지역개발에 도움이 되어야 한다. 둘째로 일종의 회사이므로 기업성이 뒷받침되어야 한다. 계속기업으로 최소한의 이윤을 지속적으로 창출하여야 기업으로 생명력이 있을 수 있는 것이다. 이와 같이 정반대의 성향이 있는 공공성과 기업성을 어떻게 조화시키느냐 하는 문제는 국가공기업과 마찬가지로 지방공사가 안고 있는 영원한 숙제이며 해결해야 할 과제이다.

인천도개공이 하여야 할 일 즉 미션(mission)은 "누구나 찾고, 머물고, 살고 싶은 인천 건설"에 두고, 이를 구체적으로 실현할 미래의 바람직한 모습인 비전(vision)은 "인간과 환경, 문화가 어우러지는 공간 가치 창조"에 두었다. 나는 2007년 2월 4일 제3대 사장으로 취임하면서 경영방침으로 "시민으로부터 사랑받고 시민과 함께 하는 최고의 공기업"으로 정하고, 이를 구체화하기 위한 전략으로 첫째, 시정발전과제의 완벽한 뒷받침, 둘째, 성과 중심의 책임경영체제 확립, 셋째, 지속 가능 경영과 화합경영의 실현에 두고 경영을 추진하였다.

3번째로 사업 규모가 큰 인천도개공 청사

나는 내가 행정부시장으로 부임하여 임용한 초대 한국토지공사 본부장 출신의 김용학 사장과 인천시의 도시계획국장 출신의 박인규 사장에 이어 3대 사장으로 취임하였다. 행정부시장을 역임하고 시 산하의 지방공기업 사장으로 취임하니 직원들도 그 높아진 위상에 고무된 모습이었다. 그러나 일부 시의원들은 '미션이 먼저냐 비전이 먼저냐' 하는 원론적인 문제를 제기하면서 견제하기도 하고, 인천도개공이 작은 지분으로 시에서 추진하는 각종 개발사업의 추진주체인 특수목적법인(SPC:Special Purpose Company)에 방만하게 참여하는 것이 아니냐는 지적을 하기도 하였다.

오늘날의 지방자치시대에 늘어나고 있는 주민들의 다양한 욕구를 충족하기 위하여 행정이 모두 추진하기에는 한계가 있으므로 자치경영이 강조되고 있다. 여기서 말하는 새로운 경영 형태인 제3 섹터란 제1 섹터(행정)와 제2 섹터(기업)가 합작하여 운영하는 기업 경영형태를 말한다. 경제자유구역이나 도심재개발 등 특정한 분야의 개발 사업에 필요한 재원을 민관이 공동으로 조달하는 새로운 재원조달방식인 PF(Project Financing)를 말한다.

이 방식은 (그림 7-1)에서 보는 바와 같이 공익적 목적을 띈 행정기관이 공익적 투자자로, 은행, 보험회사 등은 재무적 투자자로, 건설회사는 건설 주체로, 운영전문사는 시설을 완공한 후 시설의 보수와 운영에 참여하여 별도의 특수목적법인을 설립한다. 행정기관은 인·허가 등 행정절차를 이행해 주고 필요한 사업부지를 제공하며, 은행과 보험회사들은 사업에 필요한 투자재원을 조달하고, 실제적으로 공사는 참여한 건설회사가 담당한다. 이때 지방자치단체의 도시개발공사들이 공익적 투자자로 인·허가 등 필요한 행정절차를 이행해주면서 공신력으로 사업을 원활하게 진행하도록 도와준다.

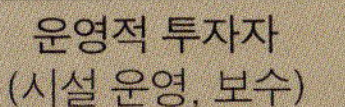

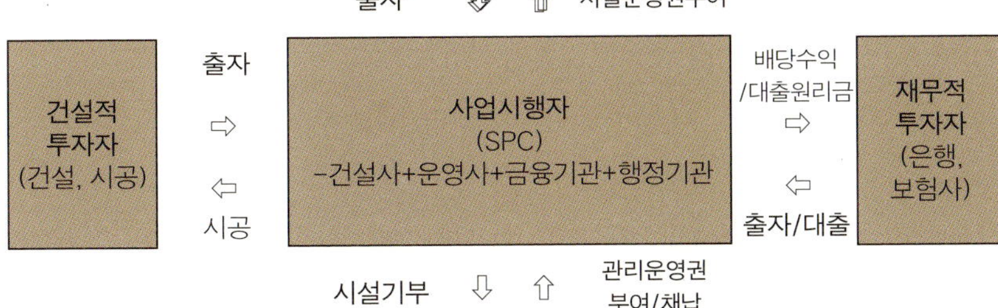

(그림 7-1)프로젝트 화이낸싱 체계도

대개 아파트 건설이나 신도시 및 산업단지 등 대규모 지역개발사업의 경우 부지 확보와 매입 그리고 인허가, 상환에 이르기까지 보통 3~5년 이상이 소요되는 중·장기적 사업이 대부분이므로 공사채의 발행과 같은 방법으로 투자재원을 조성하여 계획적으로 이루어지고 있다. 특히 경제가 침체되었을 경우 민간부문이 사업의 불확실성으로 투자를 꺼리게 되므로 지방자치단체가 지방공기업을 통하여 직접 투자하여 사업을 추진하거나 간접적인 방법으로 SPC를 구성하여 경제의 지렛대로서 경기 진작과 지역개발을 촉진하고 있다.

인천도시개발공사만 해도 웰카운티 아파트건설 등 39개 주요사업에 대하여 처장과 팀장을 프로젝트 매니저(PM: Project Manager)로 지정하여 사업을 집중적으로 관리하고 매월과 매주 추진상황을 보고하게 하였다. 처음에는 내가 주관하여 추진 상황을 점검하다가 나중에는 시장이 직접 주관하여 보고를 받고 지시하는 형태로 바꾸었다. 아파트건설 등 27개 사업은 도개공이 직접 사업을 추진하였고, 151층 인천타워 등 10개 사업은 SPC를 구성하여 민관이 합동으로 사업을 추진하였다.

2. 공사가 직접 추진한 사업

인천도개공이 직접 추진한 사업은 잘 가꾸어진 환경친화적인 아파트란 뜻의 '웰카운티'(well-county)라는 이름으로 건설하여 분양하였고, 지방공사로서 책무를 다하기 위하여 국민임대주택으로 따스한 햇살이 집에 든다는 뜻의 '해드림'아파트를 건립하여 제공하였다. 도개공에서는 2007년 2,300세대, 2008년 3,100세대, 2009년 3,000세대의 아파트를 건설하여 신규로 분양하였다. 또한 임대주택건립은 2008년 1,350세대, 2009년 900세대의 임대주택을 건설하였다. 2009년 현재 7개 지역에 2,896세대의 18평 이하 국민주택규모의 아파트를 관리하고 있는데, 운영비의 92%만 입주자로부터 보전되고 나머지 적자는 공사가 직접 부담하였다. 일부 입주자는 관리비를 떼어먹고 야밤에 도주하는 경우도 발생하였고 연체하는 경우도 많았다. 그만큼 서민주택관리가 현실적으로 매우 어려운 실정이다.

또한 인천 서북부의 균형적 공간개발을 도모하고 인근의 김포신도시와 연계하여 쾌적한 신도시를 개발하기 위하여 서구 당하, 마전, 불로, 원당 일원에 18.1㎢의 면적에 23만 명의 계획인구를 가지는 15조 4천억을 투자하는 검단신도시개발계획을 2단계로 나누어 추진하였다. 자족형 신도시로 발전시키기 위하여 이 지역에 있는 군부대를 타 지역으로 이전시키는 한편, 중앙대의 제2캠퍼스를 유치하고 지하철, 도로 등 접근성을 높이기 위한 시설을 유치하기 위한 노력도 경주하였다. 우선 1단계로 2009년 2월 3일 국토해양부로부터 1지구 지정과 개발계획을 승인받았다. 또한 인천국제공항의 복합배후도시로 574만㎡ 규모에 2조 3,084억 원을 투자하는 영종하늘도시 사업계획도 수립하여 부지조성과 기반시설공사를 실시하였으나 제3연륙교 건설이 지연되면서 분양이 제대로 이루어지지 않아 많은 고민을 하였다.

또한 인천에 난립하는 공장들을 집단화하고 신산업클러스터를 형성하기 위하여 서구 오류동 일대에 220만㎡의 부지에 1조 1,274억 원을 투자하여 검단지방산업단지를 착공하였다. 2,500여 개 공장을 입주할 수 있도록 컴퓨터, 영상, 자동차제조업 등 23개 업종을 대상으로 산업용지 분양에 들어갔다. 검단 지역에 난립해있는 2,300여 개의 업체에 대한 세밀한 심사를 통하여 입주를 결정하였다. 여기에는 열악한 환경에서 일하는 외국인 근로자를 위한 배려도 있었다. 외국인이 근무하는 작업환경을 살펴보니 우리나라가 선진국이 되기 위하여 근로자들의 근무여건을 선진국수준으로 개선하여야겠다는 생각이 들었다.

인천국제공항 인근에 외국인이나 항공사 직원들이 체류하고 즐길 수 있는 관광시설이 전무한 실정이므로 도개공이 앵커 사업으로 선도적으로 실시하는 미단시티를 조성하였다. 270만㎡의 규모에 8.085억 원을 투입하여 부지를 조성하고 이 부지를 인도네시아의 화교 재벌인 리포그룹[39]에 매각하여 비즈니스센터와

39) 리포(Lippo)그룹의 사업수행 능력을 검증하기 위하여 내가 직접 2008년 8월 25일 인도네시아 본사를 방문하여 회장을 만났다. 리포그룹은 인도네시아에 본사를 두고 홍콩 등에 지사를 둔 인도네시아의 8번째 재벌기업으로 자카르타 인근에 가라와치신도시를 조성하여 대학, 병원, 호텔, 신문사, 방송국, 공원묘지 등 다양한 시설을 운영하고 있었다. 회장이 그 지역의 시장과 경찰서장을 직접 임명하는 독특한 행정체제를 유지하고 있었다.

호텔, 학교 등을 건축하는 사업이었다. 그 이후 해외 전문대학과 외국인 학교 그리고 카지노[40] 시설의 유치를 추진하였다. 중국 관광객을 상대로 한 앵커시설로 조속히 추진하여야 한다.

과거 인천지방경찰청의 부지였던 차이나타운 인근의 시유지가 다른 용도로 활용하지 못하고 방치되고 있어 구도심 활성화를 위하여 중국인들을 대상으로 한 저가형 숙박 시설인 하버파크호텔을 건립하였다. 595억 원의 사업비를 투자하여 223실의 숙박시설과 부대시설을 갖추어 2009년 6월에 완공하여 세계도시축전 기간 중에 활용하였다. 수인선의 개통과 연계하여 지하철 역사와 연결될 수 있도록 설계하였다. 인천항과 자유공원을 바라보면서 낙조를 감상할 수 있는 새로운 추억의 명소로 자리를 잡았다. 인천항 국제 부두를 이용하는 중국인을 타깃으로 하여 신라호텔 출신의 주방장과 셰프를 초빙하여 음식 수준도 고급화하였다.

인천대 송도캠퍼스 이전사업은 당초 도화동 지역의 舊캠퍼스 10만 평을 개발하여 그 개발이익으로 송도캠퍼스를 건축하는 계획으로 추진하였다. 그러나 2008년 리먼 브라더스 사태로 촉발된 세계적인 금융위기로 SPC의 운영주체인 SK 컨소시엄이 수행 의지가 부족하고 능력에도 한계를 보이면서 포기하여 부득이 도개공이 이를 인수하여 5천억 규모의 공사채를 발행하여 직접 주관하여 건설하게 되었다. 2009년 울산대와 함께 국립대학으로 전환되도록 정부방침이 확정되었고 시민과 약속한 사업이므로 계획대로 추진하여 2009년 3월 개강할 수 있었다. 이 공사 기간에 나는 매

40) 중국인은 카지노를 좋아하므로 이들을 상대로 한 대규모 카지노 시설이 지역별로 조성되고 있다. 남아시아에서는 싱가포르 정부가 센토사섬 전체를 호텔, 컨벤션, 쇼핑몰, 카지노와 위락단지가 포함된 대규모 복합리조트단지 형태로 2010년 완공하였다. 중아시아에서는 마카오가 있으나 중국 내에 위치하여 있으므로 중국인이 기피하는 경향이 있고, 동북아시아에서는 영종도가 가깝고 보안이 가능하므로 최적지로 손꼽히고 있다.

주 현장을 방문하여 독려하였고 시장, 총장과 함께 1주에 2~3회 조찬회의를 하면서 추진상 제기된 문제점들을 하나하나 보완하고 해결해 나갔다. 그러나 도화동의 舊캠퍼스는 아직까지 공사에 진척이 없고 충남에 있는 청운대학이 인천대 도화동 부지 중 일부 지역을 631억 원에 매입하여 이전함으로써 알박기 논란이 일고 있다.

송도의 랜드마크 건물이 된 트라이 볼

2009년 9월에 개최된 세계도시축전에 대비하여 대표적인 상징 공간으로 토모로시티와 도시기념관인 트라이볼과 도시기념관을 송도에 건립하였다. 트라이볼(Tri-bowl)은 도시축전을 기념하기 위한 상징적 공간으로 일본 작가가 디자인한 특색있는 건물로 기술상의 어려움이 있어 축제기간에 외부만 완공하였으며 내부는 그 이후에 완공하였다. 사발(공기) 3개를 물 위에 올려놓은 듯 떠 있는 모양으로 하늘(공항), 바다(항만), 땅(광역교통망)을 상징하고 있으며 송도의 랜드마크 건물이 되어 각종 영화나 홍보영상물, 광고 등의 배경이 되고 있다. 이 건물은 12만㎡의 부지에 250억 원을 투자하여 지하 1층, 지상 3층, 최고 높이 18.75m의 건물로 콘크리트로 된 외벽에 금속패널을 붙이는 새로운 공법으로 전문가의 비상한 관심을 끌었고 공사에 많은 어려움이 있었다.

도시계획관은 콤팩·스마트시티(compact & smart city)라는 이름으로 과거와 현재에 이르기까지의 인천의 발전 모습과 미래의 청사진을 한눈에 볼 수 있는 공간으로 트라이볼 옆에 건립하였다. 7,715㎡의 부지에 280억을 투입하여 지하 1층, 지상 5층의 건물에 2009년 7월에 공사를 착공하여 8개월 만에 초스피드로 완공하여 세계도시축전 기간에 활용하였다. 1층에는 과거의 인천으로 단군왕검으로부터 근대까지의 여러 가지 건물과 시설들이, 2층에는 현재의 인천 모습과 미래의 도시계획을, 3층에는 송도, 청라, 영종의 경제자유구역 개발계획을 모형 형태로 입체적으로 제시하고 있다. 건물 앞에는 건축시행사의 대표인 나의 이름이 새겨진 건립기념비가 세워져 있다.

3. 공사가 SPC에 참여하여 추진한 사업

도개공이 SPC에 참여하여 추진한 사업으로는 아레나파크 사업 등 7개 사업에 이르며 자본금의 7%에서부터 법정 최고한도인 19.98%까지 참여하여 사업을 추진하였다. 아레나파크 도시재생사업은 노후된 도원역 인근의 숭의운동장 일대에 상업·체육 등 복합기능을 도입하여 도심을 재창조함은 물론 인천의 시민구단인 유나이티드팀[41]의 전용축구경기장으로 활용하기 위한 사업으로 인천의 제1호 도심재생사업이었다. 2만 석 규모의 전용축

41) 인천 유나이티드는 영국의 맨체스터 유나이티드팀을 벤치마킹하여 인천시민 4만 7천 명이 1인당 5천 원 이상을 출자하여 만든 우리나라 3번째이며 수도권 최초의 시민구단이다. 나도 10만 원을 투자하였다. 유나이티드팀은 창단 2년 만에 통합 1위의 좋은 성적을 올렸으며, 그 과정이 영화 "비상"으로 제작되었다.

구장에 주상복합시설을 도입하여 7,050억 원을 투입하는 것으로 현대 건설컨소시엄인 ㈜에이파크개발이 주관하여 2011년 완공하였다. 그러나 주상복합시설은 그 이후 경기 부진으로 아직까지 착수조차 못 하고 있다.

토모로시티(Tomorow City)는 송도 93번지에 32만m^2의 부지에 1,180억 원을 투자하여 지방에서 인천국제공항을 오가는 고속버스와 시외버스의 환승센터로 계획하여 건립하였다. 또한 유비쿼터스[42] 도시로서의 홍보체험관과 u-mall을 도입하는 등 새로운 도시의 모습을 선보여 각계각층으로부터 인기가 많았다. 건설기간 중 건설노조가 파업을 일으켜 자재조달에 어려움이 있었으나 인천제철과 협의를 하여 철강 자재를 적기에 공급받았고, 연약지반으로 발생된 문제는 콘크리트파일을 박아 해결해 나갔다. 지하에 설치된 매장에서는 세계의 각종 국수를 맛볼 수 있어 축제기간에 가장 인기가 있는 관광명소가 되기도 하였다.

유비쿼터스 사회의 모델인 토모로 시티

42) 유비쿼터스(ubiquitous)란 컴퓨터가 시간과 장소를 뛰어넘어 연결될 수 있는 21세기 새로운 사회 환경을 말한다(Computing is possible anytime and anyplace).

인천국제공항 근처에 서울의 COEX나 고양의 KINTEX를 능가하는 이탈리아풍의 세계적 수준의 국제전시장을 건설하여 비즈니스 및 물류허브를 구축한다는 목표 아래 영종하늘도시에 112만 평의 부지에 3조 7,500억 원을 투자하여 전시시설과 숙박시설 그리고 유럽풍의 주택을 짓는 Milano Design City 계획을 수립하였다. 여기에는 트리엔날레, 라스칼라, 다빈치 뮤지움 등 10개 이탈리아의 세계적인 예술 관련 시설들이 입주할 계획이었으나 경기후퇴와 조직과 인력상의 문제로 사업추진이 지지부진해졌다. 이탈리아 수교 200주년을 기념하여 방한한 나폴리타노 이탈리아 대통령이 2009년 9월 15일 제일 먼저 개관한 트리엔날레관의 개막식에 참석하여 테이프를 컷팅한 바 있다. 이 건물은 인천국제공항으로 가는 고속도로변 남쪽 언덕에 위치해 있으며 다양한 색으로 채색되어 이국적인 멋을 자아내고 있다.

IFEZ 아트센터는 송도 3만 3천 평의 부지에 정명훈 지휘자의 친형인 정명근이 중심이 되어 SPC를 구성하여 1조 145억 원을 투자하여 호주 시드니의 오페라하우스처럼 해안친수공간에 콘서트홀, 다목적홀, 오페라하우스 등 세계적인 공연장과 예술학교를 만드는 사업이었다. 이 건물이 완공되면 세계적인 지휘자 정명훈이 이끄는 아시아필하모니 오케스트라가 상주하는 본부가 된다. 이 사업을 추진하는 SPC에 공사가 10% 참여하여 사업을 추진하였다. 그러나 자금이 부족하고 사업계획을 수시로 변경하여 최근 완공되었으나, 정산문제로 개관이 늦어지고 있다.

세계도시축전에 상업시설이 부족하고 햇빛을 피할 수 있는 공간이 부족하므로 송도대로에 세계도시축전기간에 활용할 수 있는 스트리트 몰 사업을 추진하였다. 인근에는 IT와 BT를 중심으로 한 기업들이 입주할 건물의 건설이 추진되고 있어 새로운 판매, 홍보, 지원시설이 필요하였다. 송도테크노파크와 체결하여 5층 규모의 지원시설을 건립하여 활용하였다. 나머지 사업부지에 대한 사업계획수립을 위한 용역도 의뢰하였다.

인천에는 최초의 하와이 이민이 이루어진 인천항이 있고 우리나라 이민의 역사를 고스란히 간직한 이민사박물관이 월미도에 있으므로 750만 이민자들이 방한하여 편안하게 쉴 수 있는 공간이 필요하므로 송도에 89천 평의 부지에 콘도, 부티크호텔, 오피스, 메디칼 스파, 상업시설이 들어서는 OK 센터(Overseas Koreans)건립을 IFEZ 아트센터와 연계하여 추진하였다. 아직도 활발히 이루어지지 못하고 민간이 나중에 시작한 미국 교민을 위한 숙박시설이 먼저 추진되고 있다.

용의·무의 지역은 을왕리와 왕산해수욕장을 비롯한 인천국제공항을 배후에 둔 천혜의 해양관광지가 될 수 있는 좋은 여건을 갖추고 있어 관광단지로 지정된 이후 여러 차례에 걸쳐 개발이 추진되었다. 2008년 7월 주민과 외국인투자회사인 캠핀스키, 인천도시공사가 SPC를 구성하여 1단계로 39만 평을 먼저 개발하고, 2단계로 173만 평, 3단계로 나머지 지역을 개발하는 방향으로 추진하였다. 그러나 방대한 사업비(5조 35백억 원)의 조달과 회수의 어려움, 추진주체의 수시변경, 독일 베를린에 소재한 세계적인 호텔 체인인 캠핀스키[43]가 수차례에 걸친 기본협약과 파기

43) 켐핀스키(Kempinski)는 태국과 바레인 왕실산하의 투자그룹과 스위스 Lombard은행 등이 주요 주주이며 1897년 독일 베를린에서 시작한 호텔체인으로 전 세계에 63개의 호텔 및 리조트체인을 보유하고 있으며, 40여개 이상의 호텔을 개발하고 있다. 여기에 한국계 미국인인 수잔조가 용의 • 무의지역을 개발하는 SPC에 이사로 참여하고 있다.

를 반복하면서 개발계획만 무성한 상태로 제대로 개발이 이루어지않고 있다.

또한 남동구에 위치한 구월농수산물도매시장이 인천버스터미널과 신세계백화점, 남동경찰서 등 주요시설이 인접해 있어 특히 여름철 농산물의 유통에 따른 악취로 민원이 지속적으로 야기되고 있어 남촌동으로 이전하고 그 부지를 주상복합과 업무, 상업, 문화시설로 개발하기 위한 사업을 추진하였다. 또한 인천의 침체된 기존 도심지역인 인천역, 동인천역, 제물포역 등 기존의 도심지역[44]을 활성화하고 정주 의욕을 고취하고자 2020년까지 151개 지구에 대한 도심재생사업계획을 수립하고 공청회를 개최하는 등 다각적으로 준비를 하였으나 경제적인 사정으로 진척이 잘 안 되고 있어 안타깝다.

4. 안정적 공사 경영에 심혈 경주

인천도개공은 짧은 연륜에도 불구하고 우리나라 3위의 지방개발공사로 발전하였다. 인천시에서 추진하는 대규모 지역개발사업을 추진하고 인천세계도시축전을 뒷받침하기 위하여 공사채 발행을 통하여 사업을 하여야 했다. 납입자본금이 2009년 현재 1조 1,979억 원이었으나 아파트, 상가, 건물, 사업부지 등 유사시 현금으로 바꿀 수 없는 부동산이 98.1%를 차지하므로 빛 좋은 개살구가 될 수 있었다. 서울시의 SH공사와 경기개발공사는 납입자본금 중 현금이 각각 87.2%, 82.5%로 인천도시개발공사와 극명

44) 인천에는 정주 여건이 취약하여 달동네 수준의 도심 지역이 많다. 도심재생사업은 개발의 중심축을 1거점(인천내항)과 2축(제1경인고속도로와 경인철도)으로 잡았다. 많은 투자비가 소요되고 경기침체가 이어져 사업추진은 미진한 실정이다.

하게 대비되는 모습이었다. 나는 수시로 이 문제에 대하여 시장에게 건의하였으나 크게 개선되지 않았다.

2007년까지만 하여도 당기순이익이나 부채비율 등이 SH공사나 경기개발공사에 비하여 양호한 편이었으나 대규모 개발사업의 추진으로 투자만 이루어지고 그 회수는 3년 후부터 30년까지 장기간에 걸쳐 이루어지는 수익시스템이므로 경영에 어려움이 가중되고 있었다. 2007년까지만 1조 4,614억 원의 공사채가 이미 발행되었고, 계획된 사업을 추진하기 위하여 2010년까지 2조 원대의 공사채를 지속적으로 발행하여야 하므로 공사채비율이 2008년 187.49%에서 2009년 299.59%, 2010년 434.91%까지 상승하여 경영안정이 요구되었다.

2007년 1조 5천억 원, 2008년에 2조 5천억 원의 공사채를 발행할 수 있도록 행정자치부로부터 승인을 받았으나 가급적 발행을 늦추는 등 경영 안정화에 노력을 기울였다. 나는 매월 가결산을 통해 경영수지를 분석하고 불필요한 재산의 매각을 추진하는 한편, 아파트와 상가 등의 매각을 통해 경영다각화에 노력하였다.

또한 노조와도 매월 공식적 또는 비공식적 모임을 통하여 경영개선에 동참하여 줄 것을 호소하는 한편 임금인상을 최소화하고, 각종 후생복지제도도 축소하는 노력을 경주하였다.

2008년 10월 미국의 리먼 브라더스사의 부도 이후 불어 닥친 세계적인 금융위기로 도개공이 발행해오던 3년 만기의 도개공(A++)의 회사채 이자율이 8.77%까지 상승하였다. 언론매체에서는 연일 또 하나의 시한폭탄이라고 걱정을 쏟아내고 있었다. 실제로 일본이나 미국에서 개발을 담당하고 있는 지방공사가 여기저기서 파산하는 사태가 발생하고 있었다. 경기가 호황일 때에는 개발이익이 이자율을 상회하여 수지가 좋은 편이지만 경기가 불황이 되어 분양이 잘 안 되면 자본이 잠식되고 이자만 지급해야 되는 상황이 오랫동안 지속되면 문제가 심각해진다. 지방공사가 참여하는 지역개발을 위한 SPC도 마찬가지이다.

나는 검단신도시사업(1단계)과 청라 12단지 아파트건설을 위한 투자재원의 국내조달에 어려움이 있을 것으로 보고 안상수 시장과 상의하여 중동에서 외자를 도입하기로 하였다. 두바이에 본부를 둔 Noor 도시개발회사로부터 5년 만기 일시상환 형태로 10억 불의 대출을 8% 이자와 수수료 2%를 지급하는 조건으로 해외채권 사모 형태로 차입하여 국내에서 바로 원화로 스왑[45] 하기로 하고 추진하였다. 나와 안상수 시장은 전주(錢主)를 만나기 위하여 두바이를 방문하였으나 그 이후 전주의 사정으로 차입이 지연되다가 결국은 이루어지지 않았다. 비슷한 시기인 2009년 1월 초 수출입은행이 8.125%, 산업은행이 8.025%로 각각 20억 불의 해외차입에 성공하였다. 이것은 인천시와 인천도시개발공사의 국제적 위상을 해외에서 인정한 좋은 사례이다.

인천도개공의 사업 구조상 포트폴리오 측면에서 볼 때 주택건설이 제일 큰 비중을 차지하고 있으며, 공사의 단기적인 유동성 증대 측면에서도 아파트건설과 그에 따른 분양의 활성화가 요구되었다. 택지개발이나 임대사업은 회수에 있어서 장기간이 소요되므로 가급적 축소하는 것이 경영 측면에서 바람직하였다. 그러나 공공성 측면에서 대폭 축소는 한계가 있었다. 따라서 아파트도 기존의 중대형 중심의 아파트건설에서 핵가족, 1인 가족의 증대에 따라 중소형 평형 위주로 전면적으로 개편하여 건설을 추진하였다.

45) 스왑(swap)이란 외국환의 리스크를 줄이기 위하여 은행들을 통하여 국내 원화로 교환하는 것을 말한다.

(표 7-2) 공사경영에 활용한 조기경보지표(11개)

분야	지표	공식	적정기준
안정성 (4개 지표)	차입금의존도	이자성부채/총자본	30%
	부채비율	부채/자기자본	200%
	자기자본비율	자기자본/총자본	30%
	이자보상비율	영업이익/이자비용(금융비용)	1
유동성 (3개 지표)	순운전자본비율	(유동자산-유동부채)/총자본	30%
	유동비율	유동자산/유동부채	150%
	당좌비율	당좌자산/유동부채	100%
수익성 (4개 지표)	매출액 영업이익율	영업이익/매출액	20%
	매출액 이익율	매출총이익/매출액	30%
	총자산 이익율	당기순이익/총자산	6%
	미분양율	미분양물량/총공급물량	0%

또한 전사적 관리를 위한 경영위기시스템을 갖추기 위하여 조기경보지표를 개발하여 경영관리에 활용하였으며 전 직원들이 경영실태를 정확히 알고 효과적으로 대처할 수 있도록 자료를 공유하였다. 안정성 부문에서는 차입금의존도, 부채비율, 자기자본비율, 이자보상비율의 4개 지표를, 유동성 측면에서는 순운전자본비율, 유동비율, 당좌비율의 3개 지표를, 수익성 측면에서는 매출액 영업이익률, 매출총이익률, 총자산이익률, 미분양률의 4개 지표를 활용하여 매월 심층적으로 분석하였다. 인천도시개발공사의 재무실태를 분석한 결과 안전성 부문의 자기자본비율과 유동성부문의 순운전자본비율과 유동비율이 다른 지방공사에 비하여 취약한 것으로 파악되었다.

제8장

인생 3모작에의 길

제1절
새로운 도전

1. 인생 3모작에 진입하면서

이제는 나도 6학년 5반(65세)이 되어 지공거사(지하철을 공짜로 이용하는 사람)가 되었다. 지하철의 경로석에 앉아도 주위의 눈치를 살펴볼 필요가 없는 나이가 된 것이다. 수도권 지하철이 경기 지역뿐만 아니라 멀리 강원과 충청 지역까지 멀리 운행되면서 노인들이 쉽게 무료[1)]로 온양온천, 소요산, 춘천, 양평 등에 여행을 다닐 수 있게 되었다. 서울의 노인들은 충청권까지 내려가 온천욕을 즐기고, 등산을 하면서 그 지역의 향토음식도 맛볼 수 있게 되었다. 한편 지방의 어르신들은 서울에 상경하여 파고다공원과 종묘공원을 구경하거나 인천의 자유공원이나 서해바다를 볼 수 있다.

나도 인생의 라이프 사이클에 따라 인생 1모작 시기에는 민족상잔의 한국동란의 와중에 태어나 청주와 서울에서 학창생활을

1) 지하철을 노인과 장애인, 국가유공자 등이 무료로 이용함으로써 2017년 만 해도 지하철적자가 무려 1조 241억 원이나 되어 지하철 손실액의 17.7%를 차지하고 있다. 따라서 서울특별시장이 적자의 50%를 국고에서 지원해줄 것을 국가에 요청한 바 있다.

보내고 행정고시에 합격하기까지의 25년을 보냈다. 이 기간에 어머님의 애정 어린 보살핌과 큰 형님의 경제적인 지원은 오늘날 내가 있게 한 장본인들이다. 내가 잘 모셔야 할 분들이다.

인생 2모작 시기에는 결혼을 하였으며, 수습 기간을 거쳐 행정자치부 지방재정국·과장, 대통령비서실, 보은군수, 충주·청주부시장, 인천광역시 행정부시장, 인천도시개발공사 사장 등 경향각지에서 공직생활을 한 기간이다. 이 기간은 집에도 거의 신경 쓰지도 못하고 오로지 공직에만 전념하면서 달려온 기간이고, 월급봉투를 가져다주면 살림은 집사람이 알아서 하고 아이들은 저희가 알아서 커가는 것으로 알았다. 그 아이들이 결혼을 하고 다시 아이들을 낳았다.

인생 3모작 시기에는 인생에 새롭게 도전하기 위하여 민선 청주시장에 출마하기 위하여 준비한 2010년부터라고 할 수 있다. 시간이 없다는 핑계로 그동안 하지 못하였던 여러 가지 활동을 해보고 싶다. 앞으로 남은 기간은 수동적인 여생(餘生)이 아니라 멋진 인생(麗生) 또는 골든 세대가 되도록 실천하고 행동으로 옮겨야겠다.

나는 지금 제1장에서 언급한 웰에이징(well-aging)을 위한 조건인 전략을 어느 정도 갖추었는가? 아직도 많이 미흡하지만 어느 정도는 충족되었다. 일부는 앞으로 살아가면서 더 갖추어 나가야 할 것 같다. 완전한 인간이란 이 세상에 없으니까.

첫째, 필요조건으로 건강과 경제 즉, 돈이다. 1)건강은 중·고등학교까지 8km 이상을 매일 자전거통학을 하였고, 대학교 때에는 아침마다 운동장에서 아침에 조깅을 하였으며, 사회인이 되어서는 매일 새벽 등산을 하고 있다. 30년 이상을 해오다 보니 생활의 일부가 되어 습관이 되었다. 비가 오거나 눈이 오는 날에도 우산을 쓰고 다녀온 이후 하루 다른 일과를 시작한다. 선현들께서도 "인자요산(仁者樂山)이요 지자요수(知者樂水)"라고 했다. 친구나 옛 선배·동료들과 월 3~4회 정도의 골프를 하지만 등산처럼 운동은 안 되는 것 같다. 골프장에서 카트를 타고 운동을 하면 6천보 걷기도 어려운 실정이다.

2)경제적 여유, 돈이다. 돈은 자본주의 경제의 핵심이고 개인적으로 품위를 유지하기 위한 가장 기본적인 요소이다. 특히 인생 3모작 시기에 있어서 매우 중요한 조건이다. 살고 있는 집이 있고, 공무원연금과 그간 집사람이 들어놓은 여러 가지 보험이 있어 어느 정도 안정적인 생활이 가능하게 되었다. 또한 대학에 초빙교수로도 강의를 하고 있으니 경제적으로 도움도 되고 젊은 사람들과 만남으로써 기를 받는 것 같다.

둘째, 필요조건으로 일과 친구, 취미, 음식 등이다. 1)일이다. 현재 한전산업개발(주)의 상임감사로 매일 출근하여 근무하고 있어 바쁘게 생활하고 있다. 또한 대한조계종신도회 부회장으로 사회봉사활동도 하고 있다. 2)다음은 친구이다. 초등학교 친구들의 모임인 송우회를 내가 주관하여 운영하고 있고, 고등학교와 대학교의 모임이 주기적으로 있어 일정을 미리 달력에 적으면서 적의 조정하고 있다. 또한 옛날 내무부 새마을팀의 모임, 충북과 청주의 향우회 모임 등이 수시로 열리고 있어 고향 소식과 세상사의 이야기를 계속하여 듣고 있다. 또한 고시동기생과 연수동기생들과 모임을 하고 골프도 하면서 당시의 재미있는 이야기를 화제에 떠올리고 한다.

3)취미이다. 시간이 나는 대로 전문서적을 보는 것뿐만 아니

라 동양의 고전인 사서삼경뿐만 아니라 예전에 읽었던 서양고전과 최근의 베스트셀러도 섭렵하고 있다. 그래야 아이들과 손자와의 대화가 가능하다. 보은군수와 충북도공무원장으로 재직 시절에 시작하였던 서예도 초월주민자치센터에서 배웠다. 또한 에드워드 김에게서 배운 사진을 체계적으로 다시 배웠으면 한다. 전국의 유명 관광지에 노인 회원들이 집단으로 출사를 나와 사진을 찍는 모습을 보면 멋있어 보인다. 국내여행도 유명 관광지보다는 백두대간 종주와 함께 오지의 숨은 비경을 찾아보고 싶다. 해외여행도 1년에 1~2회 정도 테마관광 형태로하면서 프랑스남부에서 스페인의 산티아고[2]가는 길을 따라 자전거로 여행하고 세계의 지붕인 히말라야산맥을 트레킹하고 싶다.

4)음식이다. 즐겨 먹는 음식은 없으나 동서양을 막론하고 균형되게 먹으려고 노력하고 있다. 외국에 출장이나 여행을 가서도 항상 현지음식과 현지에서 생산된 술을 즐겼다. 외국에 여행을 가면서 소주를 가져가고, 고추장, 김 등 우리의 밑반찬을 가지고 가는 것은 이해가 가지 않는다. 지방에 가면 꼭 그 지방에서 가장 특색 있고 맛있는 향토음식을 먹는다. 핸드폰에는 전국의 유명 음식점의 전화번호를 입력하여 방문 시 검색하고 찾아간다. 그것을 모르는 지역에는 그 지역을 관할하는 시청과 군청에 전화하여 추천을 받아 방문한다.

이와 같은 웰에이징 조건이 갖추어졌다 해서 자동적으로 웰에이징이 되는 것은 아니다. 구체적인 전술이 필요하고 그것이 7 또는 10업(up)이다. 1)clean up이다. 내가 소장하고 있는 오래된 책과 자료 중에서 불필요한 자료들을 분류하여 폐기하고 도서관이

2) 스페인의 산티아고는 세계 3대 기독교성지로 한때 중세 성자가 걸어서 갔듯이 프랑스 남부에서부터 산티아고까지 고행하듯 여행하는 것이 유행이 되었다.

나 자료실 등에 넘겨야 한다. 우리나라가 조선 시대까지만 해도 자료의 보존과 관리[3]에 만전을 기하였으나 최근 전자정부화하면서 더욱 취약해지고 있는 것 같다. 2)dress up이다. 정치에 입문하면서 빨간색과 파란색 등 원색을 선호하게 되었다. 유권자들에게 꿈과 희망을 전해주기 위해서이다. 그래야 사진에서도 부각될 수 있기 때문이다. 3)show up이다. 가급적 공·사모임에 적극적으로 참석하려고 노력한다. 달력에 빠짐없이 일정을 기록하여 필요한 경우 조정을 하면서까지 참석하려고 노력한다. 4)cheer up이다. 새로운 유모를 모임이나 골프를 하는 도중에 적절히 구사하여 긴장되고 딱딱한 분위기를 전환하려고 노력한다. 요즘에는 때와 장소에 따라 구사하여야지 자칫 성희롱이 될 수 있으니 조심하여야 한다. 5)shut up이다. 아이들을 만나서도 꼭 필요한 말을 한다. 불필요하거나 참견하는 듯한 발언은 최대한 자제한다. 6)pay up이다. 자녀들을 만나서도 내가 지불하려고 한다. 아이들이 경제적인 여유도 없을 테고……. 친구들의 경우에도 최소한 더치페이를 하도록 유도한다. 그래야 서로 부담 없이 다시 만날 수 있는 계기도 마련된다. 7)give up이다. 과도한 것은 하지 않으려고 한다. 무박등산, 2일 연이은 골프 등 지나친 운동은 자제하려고 한다. 그러나 새로운 것은 시도해보고 싶다.

이와 같은 것 이외에도 8)romnace up이다. 국내외여행도 해보고 싶다. 외국뿐만 아니라 국내에도 널리 알려진 국립공원뿐만 아니라 도립공원, 널리 알려지지 않았지만 숨은 비경, 전국의 유

3) 고려 시대와 조선 시대에는 왕별로 실록을 만들어 왕의 통치에 관한 각종 공적인 기록뿐만 아니라 시시콜콜한 거동까지 기록하였으며 객관성을 높이기 위하여 왕조차도 자신의 기록(사초)을 보지 못하게 하였다. 노무현 대통령은 국정기록을 사저로까지 이관하였으니 얼마나 퇴행적인 행태이었던가? 전자정부화하면서 어느 정도 자료화하여 데이터베이스 했는지 또 일반 국민이 어디까지 접근할 수 있는지 명확하지가 않다.

명사찰을 찾아 가보고 싶다. 시간이 나는 대로 사진기를 메고 찾아가고 싶다. 9)service up 이다. 중소기업에 컨설팅을 하고 문의를 해오면 경영개선을 위한 각종 민원을 해결해주고 싶다. 대한불교조계종 신도회 부회장으로서 불교의 발전에 기여하고 싶다. 10)learn up이다. 세상은 급속도로 변하고 있다. 배워야 자녀, 손자들과 대화가 가능하다. 컴퓨터, 사진, 서예 등을 깊이 있게 배우고 싶다. 국내·외 테마여행이 그중의 하나이다.

나이가 들면서 법정 스님이 쓴 시 "노년의 삶"을 되뇌면서 현재의 나의 현주소와 미래의 나의 삶을 생각해 본다.

노년의 삶

법정

친구여!!
나이가 들면
설치지 말고 미운 소리, 우는 소리,
헐뜯는 소리,
그리고 군소리, 불평일랑 하지를 마소.
알고도 모르는 척,
모르면서도 적당히 아는 척, 어수룩 하소
그렇게 사는 것이 평안하다오
친구여!!
상대방을 꼭 이기려고 하지마소.
적당히 져 주구려
한걸음 물러서서 양보하는 것
그것이 지혜롭게 살아가는 비결이라오

친구여!!
돈, 돈 욕심을 버리시구려
아무리 많은 돈을 가졌다 해도
죽으면 가져갈 수 없는 것
많은 돈 남겨 자식들 싸움하게 만들지 말고
살아있는 동안 많이 뿌려서
산더미 같은 덕을 쌓으시구려.

친구여!!
그렇지만 그것은 겉 이야기.
정말로 돈은 놓치지 말고 죽을 때까지
꼭 잡아야 하오.
옛 친구를 만나거든 술 한 잔 사주고
불쌍한 사람 보면 베풀어주고
손주 보면 용돈 한 푼 줄 돈 있어야
늘그막에 내 몸 돌봐 주고 모두가 받들어 준다오.
우리끼리 말이지만 이것은 사실이라오

옛날 일들이랑 모두 다 잊고
잘난 체 자랑일랑 하지를 마오
우리들의 시대는 다 지나가고 있으니
아무리 버티려고 애를 써봐도
가는 세월은 잡을 수가 없으니
그대는 뜨는 해 나는 지는 해
그런 마음으로 지내시구려

나의 자녀, 나의 손자 그리고 이웃 누구에게 든지
좋게 뵈는 마음씨 좋은 이로 살으시구려

멍청하면 안 되오
아프면 안 되오
그러면 괄시를 한다오
아무쪼록 오래오래 살으시구려

2. 인천전문대학장 출마

시·도마다 국립대학이나 시·도립대학[4]이 지역발전을 위한 거점대학으로 또한 싱크탱크로서의 역할을 수행하고 있다. 인천에는 시립대학으로 4년제의 인천대학교와 2년제의 인천전문대학이 있었다. 인천전문대학은 국립대학교의 전환에 앞서 2010년 3월 인천대와 통합되었다. 시·도청 소재지 중에서 전국에서 국립대학이 없는 도시로는 인천과 울산뿐이었다. 따라서 두 도시에서 국립대학의 설립과 전환이 노무현 대통령의 공약 사항이 되어 2013년 1월 18일 인천대학교가 시립대학에서 국립대학으로 전환되었다.

2006년 5월 인천아시안게임을 유치하기 위해 활동하는 기간 중에 인천전문대학의 소장파 교수 7명이 사무실로 찾아와 나에게 학장으로 출마해 전문대학을 발전시켜달라고 간곡하게 부탁하는 것이었다. 현 민철기 학장의 원칙 없는 학사운영과 편파적인 인사 등으로 인천전문대학이 위기에 처해 있다는 것이었다.

4) 대학은 교육법상 국가의 사무이나 지방자치제의 본격적인 실시를 앞두고 공약사항으로 경기와 제주를 제외한 모든 도가 오지에 있는 1개 또는 2개의 공고와 농고 등 특수고등학교를 도립대학으로 확대하여 개편하였다.

이때 학력위조[5]와 관련하여 인천전문대학 교수 10명이 외국대학에 다니지도 않고 한글로 논문을 써 필리핀에서 박사학위를 받아 중앙지에까지 보도되어 그 사회적 파장이 매우 컸다.

나는 2년 반 정도 행정부시장을 역임했고, 전문대학장으로 당선되면 65세 정년까지 재직할 수 있겠다는 생각이 들어 고민 끝에 안상수 시장과 상의했다. 안 시장은 대학이 개혁하기가 쉬운 조직이 아니라고 하면서 이에 대하여 소극적인 자세를 보였다. 그러나 교수들이 집요하게 요청하고 '1년을 위하여 씨앗을 뿌리고, 30년을 위하여 나무를 심고, 100년을 위하여 인재를 양성한다'는 말을 상기하였다. 오랜 고민 끝에 교수들이 적극적으로 도와주면 출마하겠다고 선언하고 이것이 지역신문에 보도되어 적극적으로 추진하게 되었다.

근무시간에는 아시안게임 유치 상황을 점검하고, 시정의 원활한 추진을 위하여 사무실에서 밀도 있게 근무하고, 근무시간 후에 대학 근처에 있는 음식점에 가 몇몇 교수들과 저녁을 먹으면서 대책회의를 가졌다. 그 후 7시부터 늦게까지 불이 켜져 있는 교수들의 연구실을 찾아다니면서 교수들과 1:1로 만났다. 일반선거보다 특수한 전문 직종에 있는 사람들을 대상으로 하는 선거가 더 어렵다는 말이 있다. 많은 교수들은 우호적인 관심을 보였으나 어떤 교수는 '나는 다른 사람을 찍기로 이미 결심하였다'고 말을하면서 다시 찾아오지 말라는 식이었다. 나는 이와 같이 면전에서 반박하는 무례한 자세를 보고 아연실색하였다. 아무리 대학이 개성이 강한 교수들로 구성된 특성화된 조직이지만 무례한 일이 여러번 있었다.

5) 2012년 일부 연예인과 종교인, 스포츠 선수까지 학력을 위조하거나 거짓으로 알려짐으로서 사회문제가 되었다.

학장 후보로 현 학장과 공대 교수 그리고 나 3명이 출마하였다. 나는 명함에 'Good! 기호 3 김동기'라는 캐치프레이즈로 '좋은 생각 좋은 변화'로 완곡하게 표현하였다. 홍보 책자에는 인천전문대의 미션을 '수도권 No. 1 시립대학의 육성'에 두고, 이를 달성하기 위한 구체적인 핵심전략으로 대학의 재정기반 확충 등 7가지를 제시하였다.

인천전문대학장에 출마하기 위해 제작한 홍보자료

드디어 6월 초 후보자 간 정견 발표회가 있는 날이 다가왔다. 1차 투표에서 내가 35표를 얻어 1위를 차지하였으나 과반수를 넘지 못하여 2차 투표에 들어갔다. 2차 투표에 들어가기 전에 현 학장과 다른 출마자가 옆방으로 가더니 갑자기 큰 소리가 나고 소란스러워졌다. 이어서 2차 투표가 진행되었다. 그런데 그사이 담합이 이루어져 3등을 한 교수가 기권 형태로 포기하고 현 학장을 민 것이었다. 내가 학장으로 부임하면 개혁을 하게 되고 교수들이 설 자리가 없어진다고 선동을 한 것이었다. 결과적으로 5표 차로 내가 2등을 하고 현 학장이 다시 당선되었다.

우리나라의 대학진학률은 80%로 세계에서 유례를 찾아볼 수없을 정도로 제일 높다고 한다. 대학과 관련하여 시중에 우스갯소리가 있다. 관악산에 있는 서울대학교가 '서울 본대'이고, 서울 시내에 있는 42개 공·국립과 사립대학이 서울대이고, 서울에서 통학이 가능한 천안, 청주, 충주 등의 대학이 '서울약대'(서울에서 약간 떨어진 대학)이며, 광주, 대구, 부산 등 통학이 불가능한 지역의 대학이 '서울상대'(서울에서 상당히 떨어진 대학)라고 한다. 매년 2학기가 끝나는 12월부터 새 학기가 시작하기 전인 2월까지 5만 명의 대학생들이 노량진역 근처의 편입학 학원에서 편입학을 위한 공부를 한다고 한다.

인천을 비롯한 서울약대까지는 상황이 좋은 편이다. 대학의 운영을 위한 최소한의 학생 수를 확보하기도 용이하고 졸업 후 취직에 있어서도 문호가 넓은 편이므로 학생들이 선호하는 경향이다. 그러나 서울상대의 대학들은 생존하기 위한 전략으로 교수들이 학생을 확보하기 위하여 교수들이 직접 관내 고등학교에 세일즈를 하러 다녀야 하므로 어느 고등학교 정문에는 '교수출입금지'라는 팻말도 걸렸다고 한다. 또한 졸업 시기에는 학교평가를 잘 받기 위하여 기업들을 순방하며 제자들의 취직을 부탁하는 등 수업과 함께 삼중고에 시달리고 있다고 한다.

외국의 대학들은 담장도 없고 지역사회가 곧 대학이고 대학이 곧 지역사회이다. 즉, 대학이 의사와 약사, 변호사 등 전문가뿐만 아니라 일반 시민들을 교육시키고, 시민들은 학교시설을 자유롭게 이용할 수 있다. 그러나 우리나라는 대학과 지역사회 간에 담이 처져 있어 대학에 시민들이 출입하는 것이 자유스럽지 못하고 시설이용에도 부담이 있는 것이 현실이다. 지역사회와 대학 간의 물리적인 담은 하루속히 제거되어야 한다. 대학을 흔히 상아탑이라는 표현을 써 가며 현실적인 문제를 해결하는 학문이 아닌 형이상학적 학문을 하는 곳으로 자랑하기도 한다.

대학의 평가 기준이 취직률 등 계량적인 기준 위주로 이뤄지다

보니 전문기술인을 양성하는 전문대학과 학문을 위주로 하는 대학 간의 기준이 없어져 버렸다. 대학에서 치위생과 등 취직이 잘 되는 과를 경쟁적으로 설치하고 있다. 또한 '문사철'로 대표되는 문학, 역사학, 철학 등 순수학문은 모든 학문의 기초가 되는 분야임에도 불구하고 취직이 잘 안 된다는 이유로 폐과가 이루어져 여러 대학에서 시위가 끊이지 않고 있다. 지방의 사립대학의 경우는 이들 학과를 폐과하고 있어 실로 한국 대학의 위기가 아닐 수 없다. 세계적인 흐름이 통섭의 학문 또는 여러 과를 두루 아우르는 학제적 연구가 보편적인 경향인데 한국 대학은 거꾸로 가는 느낌이다.

3. 청주시장 출마 준비

2008년부터 친구와 지인들로부터 2010년에 있을 지방선거에 출마하여 인천을 세계적인 도시로 상전벽해처럼 바꾸고 있는 것처럼 고향인 청주시를 발전시켜 달라는 부탁을 여러 번 받았다. 청주의 지인들이 단체로 또는 개인적으로 인천까지 올라와 의사표시를 하고 돌아가는 것이었다. 이것이 나에게는 정신적으로 큰 부담이 되었다. 고위공직자가 되면 퇴직한 이후 그간의 공사 간의 오랜 활동과 높은 지명도 등으로 인하여 민선 자치단체장이나 국회의원으로 출마하는 것이 일반적인 코스가 되었다.

나는 주변의 간곡한 부탁을 거절할 수 없다는 생각이 들어 봉명동 사거리에 별도의 개인사무실을 마련하였다. 주말마다 내려가 시민들을 만나 선거와 관련된 동향을 파악하였다. 사무실에는 청주가 교육의 도시이고 교육이 시민들의 제일 큰 관심사이므로 뉴라이트학부모연합 충북지부의 현판을 걸고 사무장으로는 진천대표를 맡고 있던 김경만 고교 친구가 관리하였다. 청주에서 주유소 사업을 하고 있고 구천서 친구의 국회의원과 도지사 선거에서도 정치적인 경험이 있으므로 책임자로 앉혔다.

나는 2009년 12월 1일 인천도시개발공사 사장직 사직서를 시장에게 제출하고 12월 30일 퇴임하였다. 퇴임 직전인 12월 21일 청주시청 기자실에서 대도시인 인천에서 쌓은 경험과 노하우를 고향의 발전을 위해 쏟겠다는 내용의 기자회견을 가졌다. 청주를 '세계적인 명품도시'로 만들기 위하여 시정방향을 ①시민과 함께하는 소통·투명행정 ②청원군을 포함한 균형된 광역도시개발 ③저탄소 녹색성장산업의 유치를 통한 지역경제 활성화 ④찾아가는 맞춤형 복지서비스 ⑤품격 있는 문화·교육·환경의 조성을 제시하였다.

청주시장 출마를 위해 준비한 홍보책자

출마 기자회견을 하고 젊은 층이 가장 많이 사는 가경동에 아파트를 월세 형태로 숙소를 정했다. 매일 새벽 실내체육관 앞에 나가 등산과 여행을 떠나는 관광버스나 혼사 장소로 떠나가는 버스에 올라 자신을 소개하고 모든 노인정과 재래시장도 누비고 다녔다. 1월과 2월은 농한기이므로 농협에서 개최하는 조합원교육과 연차총회에도 참석하고 신협에서 여는 경영평가보고회에도 빠짐없이 다녔다. 이렇게 부지런하게 활동하다 보니 긍정적으로 평가하는 사람들이 점점 늘어났다.

2009년 11월부터는 지역경제, 문화관광, 사회복지, 환경, 도시계획, 일반행정의 5개 분야로 나누어 교수와 전직 공무원 등 전문가를 초청하여 식사를 하면서 공약사항으로 제시할 정책을 구체적으로 다듬어 나갔다. 일부 인사들은 자신의 입장을 고려하여 적극적인 참여를 기피하기도 하고 자료를 전해주는 것으로 마무리하는 인사도 있었다. 동에서 숙원사업으로 시에 건의한 여러 가지 건의사항들도 함께 입수하여 검토하였다.

내가 제시한 21세기 청주가 나가야 할 비전으로 머슬로(Maslow)의 욕구 5단계 이론이나 앨더퍼(Alderfer)의 ERG욕구이론[6]에 바탕을 둔 '세계적인 명품도시' 건설을 제시하였다. 이는 경제적으로 풍요하게 잘 살며 사회적으로 도시민이 더불어 살며 문화적으로 품격 있는 도시이다. 첫째, 경제적으로 풍요하여야 하며 우선적으로 머슬로의 최하위계층에 있는 1단계의 생리적 욕구와 2단계의 안전욕구와 앨더터의 생존욕구가 충족되어야 한다. 의식주 등 가장 기본적인 수요로 최소한 충족되어야 하는 욕구(national/civil minimum)이다. 둘째, 사회적으로 행복한 도시이어야 한다. 도시에 사는 사람들이 사회구성원으로 갈등이 없이 어울려 편안하게 생활하여야 한다. 머슬로의 3단계의 사회적 욕구와 4단계의 존경 욕구 그리고 앨더터의 관계욕구가 실현되는 사회이다. 셋째, 문화적으로 품격이 있는 도시로 삶의 질이 한 차원 높은 머슬로의 5단계의 자아실현 욕구냐 앨더터의 성장욕구가 실현되는 도시이다.

6) 앨더퍼(Alderfer)는 3단계의 욕구이론인 ERG 즉, 인간의 욕구를 생존 욕구(Existence needs), 관계 욕구(Relatedness needs), 성장 욕구(Growth needs)의 3단계로 분류하였다.

(표 8-1)세계명품도시의 요건

구분	경제적 풍요	사회적 행복	문화적 품격
머슬로 욕구단계	생리적 욕구(1단계) 안전욕구(2단계)충족	사회적 욕구(3단계) 존경욕구(4단계)충족	자아실현욕구(5단계) 충족
앨더퍼 욕구이론	생존욕구(1단계) 충족	관계욕구(2단계)충족	성장욕구(3단계)충족
구체적 사례	• 의식주 해결 • 일자리 창출 • 기업하기 좋은 도시 • 낮은 소비자물가 • 치안, 안전보장	• 사회격차해소(빈부, 소득, 정보, 교육, 의료격차 등) • 사회소외계층 복지해결 • 글로벌도시 구현 • 기부, 봉사활동 일상화	• 삶의 질이 높은 도시 • 법질서 배려정신 충만 • 문화, 예술욕구 충족 • 친환경 녹색도시 구현 • 자기계발, 성취실현

명품도시를 건설하기 위하여 대전광역시-세종시-오송-청주-오창을 벨트로 연결하여 50년 청주 장기발전구상과 도시기본계획을 맥킨지 등 외국의 용역회사에 의뢰하여 추진하고 경제자유구역의 조기 지정과 수도권 전철을 천안-오송-청주공항-제천-청량리로 연결하는 안을 조기에 추진하는 공약을 만들었다. 특히 엄마가 행복한 도시를 만들겠다고 천명하였다. 최소한 의무교육과정인 초·중학교 학생들에 대한 무료 급식제를 전면적으로 확대실시하고, 200억 원 규모의 인재양성재단을 설립하는 안도 제시했다. 또한 오늘날의 대한민국이 있게 한 어르신들이 존경받는 사회가 될 수 있도록 동 주민자치센터를 사회복지서비스센터로 개편하고, 권역별로 체육시설까지 갖춘 대규모 노인복지시설을 설치하는 내용을 공약사항에 포함하였다.

선거법상 선거일 전 60일 전까지 출판기념회를 개최할 수 있게 되어있으므로 12월부터 바쁜 가운데도 출판기념회 준비를 하였다. 책 제목은 내가 평소에 관심을 가졌던 '한국지방자치의 새로운 모색'으로 하고 출판사는 전에 한국지방재정학을 출판했던 법문사로 정했다. 지금 생각해보면 지나온 나의 성장 이야기가 아닌 다소 이론적인 면이 많았다고 생각한다. 앞으로 기회가 주어진다면 대학에서 쓸 수 있을 정도의 구체적인 사례를 중심으로 전문서적으로 보완했으면 한다.

출판기념회에는 2월 28일 토요일을 택하였고 오후 2시에 충북대 개신문화관에서 하였다. 선거관리위원회에서 카메라를 가지고 나와 사진도 찍고 책값 이상으로 받는지 일일이 점검하여 우리 측과 실랑이가 벌어지기도 하였다. 그 바쁜 가운데도 안상수 시장이 청주에까지 내려와 축사를 해주어 매우 감사한 마음을 갖고 있다. 이동호 前 내무부 장관과 서규용 前 농림부 차관(후에 장관역임)께서도 축사를 해주었다. 그리고 지인과 친구 등이 바쁜 주말임에도 불구하고 경향 각지에서 많이 참석하였으며, 특히 김원석 前 경남지사와 김덕영 前 충북도지사 그리고 나기정 前 청주시장과 김현수 前 청주시장께서도 끝까지 자리를 함께 하였다.

새해가 되어 기존의 사무실이 접근하기도 어렵고 면적도 협소하여 시계탑 인근의 중앙여고 입구 2층에 새로 마련하여 입주하였다. 2월 1일 청주시장 예비후보로 상당구선거관리위원회에 등록도 하고 사진이 들어간 대형 걸개그림 2개를 건물 외벽에 걸었다. 사무실에 올라가는 복도에도 포스터용 홍보 팸플릿으로 도배를 하였다. 플래카드가 찢어지므로 며칠에 한 번씩 교체하기도 하였다. 홍보용 팸플릿도 24,000부를 만들어 각 가정에 우편으로 배송하였다. 4월 2일 오후를 택하여 입주식도 개최하여 지인들을 초청하여 널리 알리기도 하고 당선 의지를 다졌다.

3월 11일 한나라당 충북도당에 공직자 후보신청서를 접수하였다. 도당에서는 송태영 도당위원장이 위원장이 되고 윤경식, 심규철, 이충희, 경대수, 오성균 등 6명의 당협위원장과 충북대 이춘

수 교수, 그리고 여성계로 수필가 유경희, 김향숙 충북대 학생처장, 유춘원 전 어린이집 연합회장, 이미란 충청대 교수 등 11명으로 공천심사위원회를 구성하여 심사에 들어갔다. 나는 인천의 경험을 살려 청주를 세계적인 명품도시로 가꾸어나가겠다고 역설하고 득표 전략을 구체적으로 제시하였다.

최종심사일에 송태영 위원장이 별도로 나를 불러 남상우 시장이 현직의 프리미엄도 있고 인지도 면에서 앞서고 있으니 남상우 시장을 후보로 결정할 수밖에 없다는 것이었다. 그러하지 않으면 나와 남 시장이 비용을 각각 부담하여 체육관 선거를 별도로 치러야 한다는 최후통첩이었다. 비용이 얼마가 될지 알 수도 없고 결과도 장담할 수 없어 나는 남 시장에게 이번에 양보를 하고 다음에는 내가 시장으로 출마하기로 서로 양해를 하고 4월 12일에 상당구 선관위에 예비후보자 사퇴신고서를 접수하였다.

고등학교 3학년인 정민의 얼마 남지 않은 대학 진학을 적극적으로 뒷받침하기 위하여 남은 시간을 할애하는 것이 더 내실 있는 개인적인 생활이 되겠다는 생각이 들었다. 이 기간 동안 자동차 편으로 집과 학교 그리고 압구정동에 있는 학원까지 그리고 서울대 시험을 보러 데리고 가기까지 비록 짧은 기간이었지만 아들과 나눈 이야기는 진지한 내용이었고 공직생활이라는 핑계로 지금까지 나누어보지 못한 소중한 시간이었다.

제2절

지역 NGO 활동

1. 뉴라이트운동 충북 상임대표

2006년 대선이 가까워져 오면서 집권하고 있는 라이트세력에 대한 대항세력으로 기존의 라이트(우파)에 대한 새로운 라이트 세력의 필요성이 제기되었다. 기존의 라이트세력이 산업화를 이루어 보릿고개 문제를 해결하였고, 이어서 10년간 집권한 레프트(좌파)는 민주화를 이룩했다고 자부한다. 따라서 새로운 라이트 세력은 기존의 라이트세력과는 달리 신보수주의 또는 신자유주의로 정치적으로는 자유민주주의를, 경제적으로는 자본주의 시장경제를 지향하는 비정부기구(NGO)이다.

뉴라이트운동은 2007년 12월 19일에 치루어진 대통령선거에서 정권교체를 이루고 장기적으로는 선진통일 한국을 건설하자는 운동이었다. 중앙에서는 김진홍 목사가 상임의장으로 조직을 이끌었으며, 충북에서는 성기태 前 충주대 총장이 발족시켰다. 그러나 성 총장이 중도에 사퇴하면서 내가 충북대표로 추대되었다. 이왕영 후배가 사무총장을 하면서 나를 도와주어 어렵지 않게 대선 전후 서울 잠실체육관에서 개최된 전국대회에 충북에 배정받은 인력을 참여시켜 충북의 체면을 살리고 불씨를 지폈다.

비정부기구(NGO)를 일반적으로 시민단체라고 말한다. 그러나 엄밀한 의미의 시민단체라고 할 수 없다. 지역마다 수백 개의 단체가 있고, 공해추방, 소비자보호와 같은 순수한 공익단체도 있으나, 무늬만 공익이지 사익을 추구하는 단체가 많다. 또한 조직을 이끄는 사람들을 보면 몇 사람이 주도하여 또는 여러 단체에 중복으로 가입하여 활동하기도 하므로 순수한 시민단체로 보기가 어려운 것이 현실이다. 따라서 정부의 예산지원도 공익적인 시민단체로 한정하여야 하고 사업비로 한정할 필요가 있다.

이와는 별도로 서울에서 '21세기 발전포럼'의 공동대표를 맡아 3년 동안 수행하였다. 김석영 前 경남무역사장이 준비위원장이 되어 2007년 11월 15일 발족하였다. 대선 기간 중 이재오 국회의원을 후원하기 위한 외곽조직으로 경북 청송 출신 인사들을 중심으로 남성희 前 쌍방울 회장과 함께 90여 명이 발기를 하여 출범하였다. 대학친구이고 청원에서 사업을 하던 정우현 사장이 추천하여 이루어졌다. 분기 1회씩 세미나를 개최하였으며 나도 '대한민국의 미래를 위한 새로운 선택'이라는 주제로 특강을 하였다.

21세기를 맞이하여 선진국이 되기 위하여서는 정치뿐만 아니라 경제, 문화, 예술, 체육 등 모든 분야에서 국제경쟁력의 강화가 필요하다고 보고 이를 위한 새로운 비전과 대안을 제시하기 위하여 조직된 모임이었다. 이 자리에서 서울시 출신인 충북의 선배 공무원이 '정치는 사기이고 행정은 쇼다'라는 말을 던져 아직까지도 그 말이 나에게 준 충격은 뇌리에 오래도록 남아있다. 즉, 정치는 진실로 국민을 위한 정책을 개발하지 않고, 행정도 단지 국민에게 보여주기 위한 생색용 내용이 많다는 이야기이다. 정치와 행정의 진정한 모습을 한마디로 정의한 명언이라고 생각한다.

윤진식 장관이 대선 지원을 위하여 사용하였던 상당구 내덕동 5거리에 위치한 주성 메디컬센터의 사무실을 계속 사용하였다. 별도로 현판식도 갖고 본격적인 활동에 들어갔다. 뉴라이트 학부모연합은 교육이 시민 생활에서 제일 중요하므로 시민들에게 크게 어필할 것으로 보았고 당시 대학 후배인 김종일 사장이 전국대표로 활동하고 있었으므로 이주호 당시 교육부 차관을 2번이나 청주에 초청하여 강연을 들었다. 이 차관은 충북이 교육 1번지로 계속 발전하기 위하여 내실있는 교육이 이루어져야 하고 학교, 지역사회, 학부모의 유기적인 협조와 역할이 중요함을 강조하였다. 우리나라가 중진국을 넘어 선진국으로 도약하기 위하여 교육현장이 미래발전의 원동력이 되어야 함을 천명하고, 충북교육청과 협조하여 교복 나누기 사업, 학부모교육포럼, 벽지학교 도서보내기 운동, 장학사업 전개 등 구체적인 사업을 추진하였다. 또한 시국선언에 참여한 선생님들의 학생교육에의 전념, 교육발전을 저해하려는 일부 단체의 무책임한 선동적 행동의 자제요구, 충북교육 발전을 위해 법과 원칙이 존중되는 사회를 만들기 위해 말 없는 다수 학부모와 노력을 다짐하는 성명서도 발표하였다.

또한 포항 출신 박창달 자유총연맹 총재가 조직하고 이명박 대통령후보 유세단장을 역임한 이영수가 운영한 국민성공실천연합의 충북대표를 맡아 서울의 잠실체육관에서 개최한 전국행사에도 청주와 충주의 지역주민을 동원하여 참여하였다. 행사에는 항상 여당 국회의원과 연예인 등이 많이 참석하였다. 그러나 특별한 이념이 있는 것도 아니고 정치적인 성격의 행사가 주를 이루었으며, 연말 송년회 등 행사를 위한 행사로 변질되고 충북지부 이외에 또 특정인을 위한 별도 지부를 충주에 옥상옥으로 설치하는 등 파행적 운영으로 더 이상 깊이 활동하지는 않았다 .

인천도시개발공사 사장을 하면서도 CMB(충북의 MB) 클럽을 운영하였다. MB를 대통령으로 만들기 위하여 서울에서 활동하고 있는 충북 출신 인사들이 모였다. 윤진식 장관, 서규용 차관(후에 장관역임), 이춘호 총재[7], 송재성·안재헌 차관 등 13명이 2주에 1회씩 만나 자신과 관련이 있는 동창회, 종친회 등 비공식조직을 통하여 자연스럽게 홍보하기 위한 전략을 수립하였다. 서로 정보도 나누면서 충북에서 대선에서 압승할 수 있는 여건을 조성하고 충북발전을 위한 계기를 마련하는데 그 목적이 있었다.

2. 민주평통 자문위원과 재경청주시향우회 회장

인천에서 공직생활을 하면서 관사가 인천 남구에 위치해 있었으므로 2011년부터 민주평화통일자문회의[8] 남구협의회의 자문위원으로 4년 이상을 활동하였다. 헌법상 범국민적인 통일기구로 전국대회에도 참석하였고 남구협의회 행사 시에는 내가 '역사인식과 인천'을 주제로 특강을 한 바 있다. 남구 출신 인천 시의원과 남구의 구청장과 구의원 그리고 지역 유지 등 50여 명의 위원으로 구성되어 있다. 그러나 민주적 평화통일을 추진하기위한 합의

7) 이춘호 총재는 청주여고와 이화여대 출신으로 여성가족부 장관으로 내정되었으며 그 이후 한국교육방송 이사장으로 활동하였다. 부군이 경북 출신이면서 이명박 대통령과 절친한 친구로 인하대 교수를 역임하였다.

8) 민주평통은 헌법에 의하여 1980년 10월 27일 설립된 범국민적 통일기구이며, 초당적이고 범국민적인 차원에서 통일정책을 수립하고 추진하는 기구이다. 지역별로 협의회가 구성되어 있으며, 자치단체장과 지방의원은 자동적으로 위원이 되고 지역 유지들로 구성된다.

체기구이나 명단만 올려놓은 형식상 위원들이 많으며, 활동내용이 자체교육과 홍보 등 형식에 치우친 사업이 많았다. 통일에 대비한 실제 활동할 수 있는 기구로의 개편과 함께 청소년층 등 취약계층에 대한 활발한 사업의 전개가 필요하다.

통일은 국가가 안고 있는 최대의 과제이다. 2002년 8월 제2 건국위원회 운영국장으로 있으면서 금강산을, 2005년 9월 인천시 행정부시장 시절에는 개성을 그리고 2006년 11월 평양을 방문한 후 느낀 소감은 북한체제가 고려 말 무신정권 시대와 비슷하여 머지않은 시기에 붕괴할 수밖에 없다는 생각이 들었다. 더 이상 분단 상태가 지속될 경우 우생학적으로나 문화사적으로도 큰 문제가 아닐 수 없다. 따라서 정부에 별도의 TF팀을 만들어 통일에 대비한 토지소유권과 관련한 법적 제도의 마련, 지방행정체제의 정비, 분야별 인력수급대책, 소요재원의 확보대책 등 종합적인 마스터플랜의 마련이 요청된다.

서울에는 지방 출신의 인사들이 향우회와 같은 출신 지역과 관련된 모임을 만들어 신년 하례회를 비롯하여 매년 1~2회 정도의 정기 모임을 갖는 것이 관례이다. 안상수 전 인천시장이 시장에 낙선한 후 전국적인 시·도연합회를 조직하여 회장을 맡아 지역 향우회 간 친목을 도모하는 등산대회 등을 추진하였다. 충북협회는 1946년에 조직되어 유일하게 행정안전부에 등록까지 한 역사가 깊은 향우회 조직이다. 초대 임광수 회장의 장기집권에 의한 여러 가지 불미스러운 일로 이필우 회장이 취임하였다.

나는 경청호 현대백화점 부회장의 뒤를 이어 재경 청주 지역 고등학교 동창회의 사무총장들의 추대를 받아 2대 청주시향우 회장으로 2009년 5월 27일 취임하였다. 팔레스호텔에서 있었던 모임에 국회의원과 시장, 시의회의장 등 400여 명이 참석하였다. 나는 취임사에서 ①회원수첩 및 소식지 발간, 홈페이지 구축관리를 통한 회원 간의 유대강화 ②장학기금 조성 및 장학생 선발 등 인적 네트워크를 통한 지역 인재육성 ③청주발전을 위한 사업지원과 특산물 판매촉진 등 3대 역점사업을 추진하겠다고 발표하였다.

청주에 연고를 둔 재경 인사가 시·군 가운데 제일 많으나 그 필요성이 타 지역에 비해 더 절실하지 아니하여 시·군 향우회 중에서 제일 나중에 조직되었다. 이 과정에서 최의홍 사무총장의 헌신적인 노력이 컸다. 홈페이지를 만드는 등 나름대로 열심히 한 기간이었다. 나는 3년 임기를 채우고 민선에 더 이상 뜻을 두지 않았으므로 개인 사업을 하는 장기봉 사장에게 인계하였다. 매년 최소한 1회 이상 모임을 개최하여야 하고 평소 조직을 운영하면서 회원의 애경사에도 참석하여야 하므로 어느 정도의 경제적 여유가 있는 사람이 회장을 맡는 것이 좋겠다고 판단하였다.

충북협회가 영동 출신 이필우 회장이 선출된 이후 한 번도 회의를 소집하지도 않고 강남 교보타워 인근 자신의 사무실에서 친목회 형태로 지인 중심으로 몇 명의 임원만이 모여 회의도 아닌 사랑방 형태로 운영하고 있어 내가 정면에서 문제를 제기하였다. 일반적으로 각종 선거가 있고 나면 의례적으로 회의를 소집하여 당선자 인사와 함께 축하 패를 전달하는 것이 오래된 관행이었다. 장학기금을 출연하기로 약속을 하고 이행하지 않았을 뿐만 아니라 운영비 2억을 사무처에 내놓고 사적으로 마음대로 지출하는 등 운영의 난맥상이 심각한 수준이었다.

그래서 충북도내 시·군 향우회장이 중심이 되어 법원에 충북협회장 직무정지일시가처분 신청을 하여 승소하는 등 아직도 향우회단체 간의 불신과 반목이 지속되고 있어 안타까운 실정이다. 향우회가 순수한 고향 사람 간의 친목단체이어야 함에도 불구하고 그것도 감투라고 내려놓지 않으려고 정치권에서 보여주고 있는 추악한 모습들을 그대로 재현하고 있었다. 이 과정에서 일부 군 지역의 향우회장들이 유필우 회장을 묵시적으로 동조하는 경향도 있어서 어떻게 공인으로서 그와 같이 처신할 수 있을까 하는 측은지심까지 들었다.

3. 경주 김 씨 화수회

우리나라에서 성씨 제도가 처음 도입된 것은 삼국시대 중국의 성씨 제도를 차용함으로써 왕을 비롯한 집권세력으로부터 시작된 것으로 보고 있으며, 일반에게까지 보편화되고 족보가 발간된 것은 고려 시대 초로 보고 있다. 통계청의 2015년 인구센서스에 의하면 우리나라에는 5,582여 개의 성씨가 있으며 36,744개 본관이 있는 것으로 조사되었다. 김·이·박의 3대 성이 45%를 차지하는 대성이다. 그래서 남산에서 돌을 던지면 김·이·박 중 한 사람이 맞을 정도로 제일 많은 씨족을 이루고 있다.

그중 경주 김 씨는 전국에 173만 7천 명으로 추정하고 있다. 경주 김 씨는 알字 지字를 시조로 하고, 신라 시대의 왕을 거쳐 고려 시대로 내려오면서 역임한 관직을 중심으로 다시 여러 파로 나뉘게 된다. 경순왕 이후 가계도를 살펴보면 경순왕의 넷째 아들인 은열(殷說) → 태화(泰華) → 정구(正矩) → 계윤(繼尹) → 양검(良儉) → 인관(仁琯) 태사공 → 즉려(則麗) → 필윤(匹尹) → 정유(貞裕) → 종성(宗誠) → 예(裔) → 영백(英伯) → 자정(子汀)

진서공, 자수(自粹) 상촌공으로 이어진다. 상촌은 고려 시대 충성왕 3년(1351년)에 태어나 공민왕 때 과거에 장원으로 급제하여 형조판서를 지내고 이색, 정몽주와 함께 고려사회의 정치개혁을 도모했던 분이다. 나는 태사공(太師公)의 27세손이며 진서공의 19세손이다.

신라의 마지막 왕인 경순왕의 묘소는 경주가 아닌 경기도 연천군 장남면 고량포리 선영에 안치되어 있다. 그분은 아들인 마의태자를 비롯한 신하들의 반대에도 불구하고 국가를 왕건에게 자진해서 헌납하고, 자신은 왕건의 딸을 부인으로 맞이하고 그 이후 43년간이나 장수하였다. 그는 개경에서 사망하여 경주로 시신을 운구하는 도중에 고려의 집권세력이 경주지역의 민심이 동요될 것을 우려하여 막는 바람에 이곳에 안치되었다. 경주 이외의 지역에 있는 유일한 신라의 왕릉으로 당초 민간인통제구역 내에 있었다가 해제되어 매년 10월 3일 개천절에 제향을 지내고 있다.

나는 경주김씨 화수회인 경중회의 상임이사로 참석하고 있다. 김종호 前 내무부 장관이 총재로 있으면서 서울 서부역 인근에 별도의 건물을 구입하여 화수회의 사무실로 쓰고 있다. 최근까지 종친회와 서울종친회 간에 갈등이 있었으나 원만하게 해결되어 좋은 모습을 보여주고 있다. 특히 대학생을 대상으로 매년 경주에서 개최되는 2박 3일의 대학생 연찬회는 씨족의 뿌리를 이해하고 좋은 후손이 되기 위한 교류와 다짐의 장소로 매우 유익한 기회가 될 것으로 생각된다.

몇 년 전부터 시골에 사무실을 차려놓고 감사공파의 족보를 편찬하고 있어 내가 세보발간을 축하하는 머리말을 썼다. 국가에는 국사가 있듯이 씨족에는 씨족의 역사인 족보가 있다는 이야기와 함께 동물 세계와 달리 사람이 사는 사회에는 혈연·학연·지연이 있게 마련임을 강조하였다. 옛날에 할아버지, 아버지, 삼촌의 3대가 한 집에 모여 살면서 밥상머리 교육이나 잠자리 교육이 있었으나 오늘날은 핵가족화로 인하여 씨족에 대한 교육이 없어졌음을 경고하였다. 따라서 국가에는 국사교육이 있듯이 씨족에 대한 교육의 일환으로 한 집에 족보 1권씩을 비치하여 뿌리찾기운동을 전개할 것도 제안하였다.

오늘날의 사립학교에 해당되는 서원이 지역마다 있었다. 한때 서원이 사색당쟁의 소굴로 지목되어 대원군이 전국에 있는 서원에 대한 폐쇄령을 내려 정비한 적이 있다. 그러나 우리나라가 선진 문화대국을 지향하면서 옛날 제도에 대한 체계적인 연구와 보존이 필요하다. 우리나라는 갑오개혁을 단행하면서 2개의 현을 묶어 1개 군을 설치하였다. 각 현마다 1개씩의 공립학교인 향교와 사립학교인 서원이 설치되어 있었다.

오늘날 향교에서 제례를 지내는 사람들이 대부분 60세 이상 고령이 주축이므로 앞으로 젊은 층과 여성들이 참여하지 않고 이와 같은 추세가 지속된다면 제향도 힘들어질 것이라는 우려가 있다. 군수와 부시장을 지내면서 초헌관으로 역할을 수행하였으나 유학을 깊이 있게 연구하지 못하였다. 나도 앞으로 향교의 각종 행사에 적극적으로 참여하여 유학을 체계적으로 연구하고 온고지신의 자세로 역사적 의미를 되새기고 싶다.

제3절

미래의 모색

1. 오늘날은 정치의 시대:야누스 神의 두 얼굴

현대를 정치의 시대 또는 정치화의 시대라고 한다. 정치가 세계와 국가, 지방자치단체뿐만 아니라 지역주민의 일상생활에 이르기까지 지대한 영향을 미치기 때문이다. 정치는 국민에게 희망을 주고 꿈을 꿀 수 있게 해 주어야 한다.

그러나 우리나라 정치의 현주소는 긍정적인 면보다는 부정적이고 역기능적인 요소가 더 많이 부각되어 사회 발전을 저해하는 '정치의 위기'로까지 인식되고 있다. 일부 정치인은 국기를 문란하기도 하고 각종 비위, 비리로 구속되기도 하고 각종 이권에 개입하여 사회의 지탄 대상이 되기도 한다. 일찍이 이건희 삼성그룹회장은 '기업은 인류, 행정은 이류, 정치는 삼류'라고 정치에 대하여 혹평을 한 바 있다.

현대에는 3가지의 위기가 있다고 한다. 첫째, 전쟁의 위기이다. 세계 곳곳에서 크고 작은 전쟁이나 군사적 충돌이 일어나고 있으며, 한반도와 주변에도 중·일간 영토분쟁과 미·중간의 경제적·군사적 대치 그리고 북한의 군사적 도발 가능성이 상존하고 있다. 둘째, 정치적, 경제적 위기이다. 지역 간, 계층 간, 세대 간 갈등이 확산되고 있다. 한국경제도 10년 이상을 3%대의 저성장으로 성장동력을 점차 잃어가고 있다. 셋째, 정신적, 사상적 위기이다. 제일 중요한 사회문제이기도 하다. 지금까지 경제 중심의 불균형성장으로 인하여 사회적 아노미[9] 현상이 심화되고 있다. 인간소외로 인한 절망감과 소외감 등으로 자살, 방화, 폭력이 만연해지고 있다.

이와 같은 위기를 정치가 잘 해결하여야 우리나라가 선진국으로 발전할 수 있다. 그러나 정치는 야누스의 두 얼굴과 같은 양면성이 있다. 따라서 정치적인 시스템을 잘 만들어야 하고, 국민은 항상 정치에 대한 관심을 갖고 깨어있어야 한다. 역사적으로 정치를 보는 시각도 상반된 입장이 있다. 즉 정치가 모든 문제를 해결할 수 있다는 왕도(王道)로 보는 입장이다. 공자는 정치를 위정이덕(爲政以德)이나 정자정야(政者正也)라고 보았으며 플라톤도 철인정치를 긍정적으로 보았다. 그러나 한편 부정적으로 권모술수 또는 패도(霸道)로 보는 입장도 있다. 즉, 마키아벨리는 늑대와 여우 같은 현상으로, 홉스는 만인의 만인에 대한 투쟁으로 보았다. 당 태종 이세민은 '백성은 물이고 군주는 배'라고 정관정요[10]에서 갈파하였다. 즉, 물은 배를 띄울 수도 있지만 배를 뒤엎을 수도 있다는 말을 했다. 일찍이 혁명을 언급한 것이다.

정치를 하는 정치인들은 전체 국민을 위한 봉사자이다. 국민으

9) 아노미(anomie)란 사회적, 개인적으로 불안정한 상태를 말 한다.

10) 『정관정요(貞觀政要)』는 당나라 오긍이 쓴 책으로 당 태종이 위증 등 그의 신하들과 나눈 이야기를 조목별로 재편집한 책으로 역대 군주들과 오늘날 리더들의 필독서이다. 당태종은 역대 중국에서 가장 큰 제국을 건설하고 고구려까지 침입했던 왕이며 정관은 그의 연호이다.

로부터 정치적으로 권한위임을 받아 국가와 지방의 일을 처리하는 대리인(agent)이다. 그런데 우선적으로 국민들이 정치를 잘할 수 있는 훌륭한 지도자를 잘 뽑아야 하고 이들이 일을 잘할 수 있는 합리적인 정치 시스템을 만들어야 한다. 정치적으로 무관심하면 국가나 지역발전에 도움이 되지 않는 사람이 선출되어 각종 비리나 문제로 중도에 하차[11)]하는 소위 '역의 선택'(adverse selection) 현상이 일어나기도 한다. 따라서 선거에 있어서의 적극적 투표와 시민참여가 필요한 이유가 여기에 있다. 정치적 엘리트들이 자신들의 이익만을 도모할 때 '이리떼'가 되어 예산 등 국가와 자치단체의 자원을 낭비하는 나눠 먹는 정치(pork barrel politics)가 될 수 있다.

또한 대통령을 비롯하여 자치단체장 등 정치인들은 재선이나 단기간에 가시적인 성과를 보여주기 위하여 '한 방'에 해당되는 대규모 토목사업을 추진함으로써 국가와 지방자치단체에 큰 경제적 부담을 지우고 재정을 어렵게 한다. 노태우 정부에서는 전북의 새만금 간척지 개발에 22.2조 원, 노무현 정부는 세종시 건설에 22.5조 원, 이명박 정부는 4대강 정비에 22.2조 원을 투자하였다. 박근혜 정부도 동남권 신공항 건설에 12조 원 등의 사업에 투자한 계획이었다. 자치단체장들도 지역주민을 모아놓고 기공식과 준공식을 하기 위하여 경전철, 문화 · 체육시설 등 투자 효과가 장기간에 걸쳐 나타나고 한꺼번에 많은 돈이 소요되는 사회간접자본(SOC)건설과 축제개최에 치중하는 경향이다.

우리나라는 정치적으로 민주주의 국가이다. 영국의 어네스트

11) 자치단체장이 비리 등으로 사직, 퇴직, 당선무효되어 임기가 종료되기 전인 중도에 하차한 경우가 시 · 도지사가 12명, 시장 · 군수 · 구청장이 192명, 시 · 도의원이 708명, 시 · 군 · 구의원이 1,653명으로 점차 늘어나고 있는 추세이다.

바커(Ernest Barker)경[12]은 민주주의를 성공적으로 운영하기 위하여 필요한 조건으로 외적 물질적 조건과 내적 정신적 조건을 들었다. 먼저 외적, 물질적 조건으로 첫째, 민족적, 사회적 동질성이 필요하다고 하였다. 즉, 동일한 민족으로 같은 언어를 쓰며, 풍습이나 문화가 같으면 그만큼 민주주의가 쉬워질 수 있다는 것이다. 둘째, 경제적 안정이 필요하다고 한다. 민주주의가 발전하기 위하여 경제가 안정되고 확대의 경제가 이루어져야 한다. 경제가 침체되고 물가상승이 심하고 일자리가 줄어들면 사회가 불안해지게 된다. 맹자도 항산(恒産)이 항심(恒心)보다 앞선다고 하면서 경제의 중요성을 강조하였다.

다음은 내적, 정신적 조건으로 외적, 물질적 조건보다 더 중요하다고 보았다. 첫째, 서로 의견을 달리해도 좋다는 점에 동의하는 원칙(the axiom of agreement to differ)이다. 즉 사회문제를 해결하는데 있어 하나가 아니라 A, B, C 등 여러 가지 대안이 있을 수 있다는 논리다. 이것이 다양성의 원칙이다. 둘째, 다수결의 원칙(the axiom of the majority principle)이다. 모든 사람을 100% 만족시킬 수는 없다는 이야기이다. 최소한 51% 이상만 충족시켜도 좋다는 말이다. 중위수(Me)의 투표자 모형이 대표적이다. 셋째, 타협의 원칙(the axiom of compromise)이다. 다수자가 소수자의 의견을 존중하고 배려하는 정신이다. 소수자가 사회구성원으로 살아갈 수 있도록 배려하고 기회가 오면 다수자가 될 수 있다는 희망을 주는 것이다. 야당이 노력하면 여당이 될 수 있고 여당도 야당이 될 수 있다는 원칙이다.

12) 이극찬, 정치학, 법문사, pp.510-517

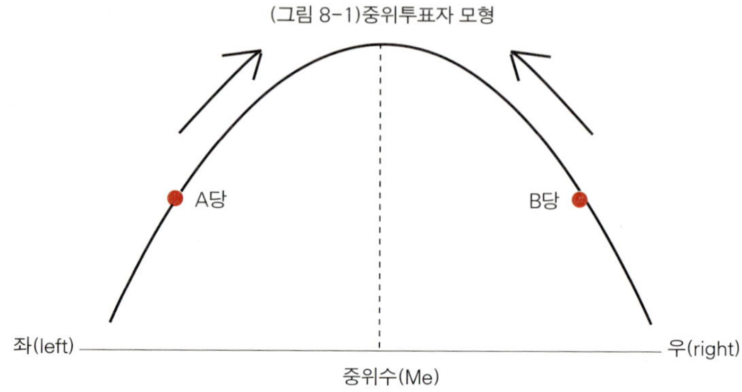

(그림 8-1)중위투표자 모형

(그림 8-1)에서 보는 바와 같이 투표라는 제도를 통해 정치가 늘은 가장 많은 사람들(Me)이 지지하는 정책이나 사업들을 추진하게 된다. 자유한국당과 같은 보수진영의 정당(B당)은 우(right) 편향적인 입장의 정책이나 사업을 추진하고, 더불어민주당과 같은 진보진영의 정당(A당)은 좌(left) 편향적 정책을 펴 국민으로부터 선택을 받게 된다. 집권하거나 당선이 되면 평소 주장하던 정책이나 사업들을 추진한다. 그러나 선거철만 되면 집권하고 당선되기 위한 전략으로 중간수준의 정책을 제시하는 경우가 많다. 영국의 노동당 정부는 중도성향의 제3의 길을 제시하였다.

지방 특히 시·군·구 기초자치단체의 경우는 국가와 달리 청소, 상·하수도, 공원 조성, 도로포장과 같은 생활정치이다. 따라서 중앙정당이 생활정치에까지 개입하는 것은 바람직하지 않다. 정권심판과 같은 정치적 과제는 국가 차원의 문제이므로 이를 가지고 지방선거가 중앙정치에 휘둘려서는 안 된다. 그래서 미국에서는 지방정부의 선거에 비정당제도(non-partisanship)의 도입이 보편화되어 있다. 즉, 기초자치단체 수준의 지방선거에 93% 정도가 정당공천을 하지 않고 있으며 일본에서도 연합공천을 하거나 정당공천을 하지 않는 것이 당선될 확률이 높아 기피하는 경향이다. 우리나라에서도 2014년 6월 실시된 지방선거에서 시장·군수·구청장과 기초의원선거에 정당공천을 하지 않기로 논의를 진행하다가 당내 내부반발과 정당 간 합의가 이루어지지 않아 무산되었다. 기초자치단체장과 지방의원들이 지방선거에서 당의 공천을 받기 위하여 본연의 임무에 충실하기보다는 지역 국회의원의 하수인[13)]과 같은 역할을 하고 있어 기초자치단체의 선거에서 정당공천제의 폐지가 바람직하다.

또한 특정 정당이 지역의 독점적 지배정당이 되는 문제이다. 전라도=민주평화당, 경상도=자유한국당으로 공식화[14)]되어 민주주의의 본질인 선택의 폭이 없어지고 줄서기가 보편화되고 있다. 무소속이 다소 늘어나는 경향이 있지만 이와 같은 정치적 역학구도는 영호남의 갈등을 촉발시키는 정치적 격발장치가 된 지 오래되었다. 이들 지역에서는 저녁을 먹는 모임에서 자치단체장과 의원들이 특정한 사업이나 정책을 논의하면 그다음 지방의회에서는 그것을 그대로 추인하는 소위 통법부(通法府)의 기능만을 수행한다고 한다. 즉, 사적이고 비공식적인 자리에서 형님·동생하면서 이야기된 것이 그대로 공식화되어 민주주의가 형식화되고

13) 시장·군수·구청장과 지방의원들이 국회의원의 민원해결사, 심부름꾼, 선거운동원과 같은 역할을 하는 경우가 많다. 국회의원들이 주관하는 행사에 인력을 동원하고 후원회에 거액의 후원금을 납부하는 가하면, 공천을 받기 위하여 거액의 공천헌금을 건네기도 한다.

14) 2014년 6월 4일에 실시된 지방선거에서 대구시장에 출마한 더불어민주당 김부겸 후보가 40.3%를 획득했고, 부산시장 선거에서도 무소속 오거돈 후보가 49.34%를 득표하여 당선자와 근소한 1.31% 차이를 보여 석패하였으며, 이어서 7월 30일에 있은 순천·곡성의 국회의원 보궐선거에서 자유한국당 이정현 후보가 49.4%를 득표하여 호남 지역에서 유일하게 여당 국회의원으로 당선되는 등 최근에 고질적인 정치적 지역 구도가 다소 타파되는 경향이 있다.

정치쇼화되어 국민들의 정치적 무관심을 유발시키는 계기가 된다고 한다.

다음은 정치인의 자질과 도덕성의 문제이다. 정치인은 지역의 지도자이다. 그런데 정치인이 각종 범죄[15]와 탈세로 전과자인 경우가 많다. 특히 야당 인사의 경우 교도소에 다녀온 횟수(속칭 '별')가 그 사람의 정치적 경륜으로 치부되는 가하면 역량으로 평가되기도 한다. 이와 같은 행태는 국민들의 법감정을 무감각하게 하고 법을 지키지 않아도 된다는 인식을 심어줄 수도 있다. 건설업 등을 경영하다가 선거에 임박하여 가업을 부인이나 자녀들에게 명의를 바꾸어 놓고 선거직을 사업권을 보호하기 위한 수단으로 활용하는 경우도 많다. 의정활동을 하면서 또는 집행기관의 사무실을 방문하여 사적으로 청탁하는 경우도 있다.

정치과정에서 입법부, 행정부, 사법부를 보통 3부라고 한다. 이어 언론기관을 제4부, 비정부기구(NGO)를 제5부라고 한다. 국가와 사회발전을 위한 소금역할을 수행하기 때문에 이렇게 높게 평가하는 것이다. 그러나 현실은 다른 경우가 많다. 중앙차원에서는 종합편성채널의 방송국과 지방에서는 종합일간지들이 국가와 지역발전에 많은 역기능을 수행하고 있다. 일반적으로 사주가 건축업 등을 하는 경우 사업을 하기 위한 방패수단으로 활용하기도하고 각종 축제나 이벤트를 경쟁적으로 개최하여 돈벌이 수단으로 전락하였다. 외국의 경우 생활에 필요한 기사 중심으로 게재하면서 보통 주 마다 2개 정도의 일간신문사가 있는 것이 보편적이나 우리나라에는 난립해 있다. 인구가 가장 적은 제주와 충북에도 6~7개 지방 신문사가 난립해 있다. 지방언론창달을 위한 진흥기

15) 2018년 6월 13일 실시된 지방선거에 출마한 광역자치단체 후보 중 40.4%가 전과가 있다고 선거관리위원회에 등록하였으며, 기초의원 후보 중에 전과 15범도 있었다.

금이 오히려 이와 같은 한계 언론사들의 생명을 연장시키는 역할을 하고 있다. 객관적인 평가와 함께 정비가 시급히 필요한 시점이다.

다음은 비정부기구(NGO)이다. 시장 실패와 정부 실패에 대한 대안으로 각국에서 비정부기구가 지방 거버넌스 차원에서 활발하게 활동하고 있다. 우리나라에서는 1987년 6·29선언 이후 급성장하다가 노무현 대통령 때 비영리조직에 대해 대폭적인 예산지원을 하면서 절정에 이르렀다. 비정부기구는 정부가 직접적으로 하기에는 부적절하거나 어려운 공익적 기능을 수행하는 자발적인 시민들의 모임이다. 환경보전, 소비자 보호와 같은 공익적 기능을 수행하는 경우가 많으나 일부 기구는 회원들의 이익을 도모하는 일에 치중하는 경우도 많다. 또한 일부 임원들은 정치에 입문하기 위한 징검다리로 생각하는 인사들도 있다. 또한 높은 도덕성과 전문성이 요청됨에도 불구하고 주민들로부터 지탄을 받는 인사들이 참여하여 외면받기도 한다.

정치에 있어서도 '운칠기삼' 즉, 운이 70%를 차지하고 실력이 30%라는 이야기가 있다. 정치권에서 비일비재하게 이루어지는 전략공천, 낙하산공천이 대표적인 사례이다. 그 지역에서 학교를 졸업하고 그 지역에서 주민들과 동고동락하면서 지역주민들의 숙원사업을 가장 잘 해결할 수 있는 소위 '선량'이 선출되어야 한다. 이것이 정(正)의 선택이다. 그러나 선거법이 매우 까다로워 선거에 출마하는 사람이 교도소의 담을 타고 가다가 90% 정도는 교도소 안으로 들어가고 10% 정도만이 정치적으로 성공을 한다는 시중의 우스갯소리가 있다.

선거에 공영제를 실시하고 있으나 평소 자신을 주민들에게 알려야 하고 조직을 관리하기 위하여 많은 돈이 들 수밖에 없다. 정치를 하기 위하여 선거가 있기 전·후에 소요되는 비용[16)]뿐만 아니라 평소에 사무실을 운영하고 비서와 기사 등 필수 인력을 채용하고, 사람을 만나 밥을 먹고 술을 마시는 소위 스킨십[17)]을 하기 위한 최소한 돈이 있어야 한다는 것이다. 미국의 뉴욕 시장이었던 블룸버그[18)]처럼 하기는 어렵더라도 어느 정도의 재력이 뒷받침되어야 한다고 한다. 정치인들이 자금을 모으기 위하여 출판기념회를 개최하는데 저서의 출판을 기념하는 자리라기보다는 선거비용을 모으는 수단으로 전락된 지 오래되었다. 정치에 있어서 후원회 문제도 심각한 수준이다. 법인의 경우 후원을 제도적으로 할 수 없으므로 대표와 임원들이 나누어 최고 500만 원까지 후원한다. 후원함으로써 당선 이후 각종 편의를 도모하고 이들과의 관계를 지속적으로 유지하고 개선할 수 있는 기회가 되어 소위 '정치적인 보험'을 들어놓는 경우가 많다.

2. 청출어람(靑出於藍)의 자세로 대학 강단

농사를 지으려면 1년간 투자를 하고, 산림을 푸르게 하려면 30년을 투자하고, 인재를 키우려면 100년을 투자해야 한다고 한다.

16) 최소한 선거에 소요되는 비용이 자치단체장이나 국회의원이 되려면 최소한 10억 원 이상이 든다는 이야기가 있다. 2014년 지방선거에 출마한 광역자치단체장 후보 중 평균재산은 12억 원이다. 1위는 정몽준 후보로 2조 396억 원이고 박원순 후보는 –6억 원인데 어떻게 선거를 치렀는지 사후 엄밀한 분석이 필요하다.

17) 우리나라의 경우 특별시와 광역시는 팸플릿 등 홍보자료를 갖고 누구를 찍을 것인가를 판단하나 도와 시 • 군단위에서는 특히 정치 초년생의 경우 식사나 술과 같은 대면적인 접촉이 아니면 접촉하기가 매우 어려운 것이 현실이다.

18) 블룸버그 뉴욕 시장은 매년 단돈 1달러의 월급을 받고 일한 대도시의 자선 시장으로 유명하다. 그는 3번에 걸쳐 12년 동안 뉴욕시장을 연임하면서 6,800억 원의 자비를 썼다고 한다. 또한 2018년에는 그의 모교인 존스홉킨스대에 18억 달러(2조 376억)를 기부하였다 .

인재양성이 곧 국가와 지역발전과 직결된다는 의미이다. 그래서 교육은 백년대계라고 하였으며, 선현들은 관직을 그만둔 이후 낙향하여 서원을 곳곳에 건립하였다. 오늘날에도 사립대학이 많이 설립되어 그 역할을 수행하고 있다. 계속하여 대학에서 지방재정학을 강의하다 보니 행정안전부의 지방공기업정책위원회 위원으로도 6년간 활동하였다. 다른 위원들은 대부분 교수, 변호사, 언론인 등이나 나와 후배 1명만이 유일하게 공무원 출신으로 이론과 실무 측면에서 종합적으로 서류를 심도있게 검토하였다. 1년에 2회 정도 정기회의와 수시회의 그리고 서면심의가 열리고 있어 우리나라 지방공기업의 발전에 일익을 담당한다는 자부심으로 적극적으로 참여하였다.

인천광역시 행정부시장으로 부임하여 친구인 홍득표 인하대 대학원장의 소개로 인하대 행정대학원에 주 1회 밤에 출강하였다. 그런데 타 대학보다 시립대학교인 인천대에서 강의를 해 주는 것이 순리가 아니겠느냐는 이야기가 교수들 사이에서 있어서 계속하여 강의를 맡았다. 인천광역시 부시장을 그만두고 2007년 2학기에는 석좌교수 형태로 송도에 있는 미래관에 연구실도 배정받고 행정대학원에서 지방재정학을 주로 강의하였으며, 그 이후 초빙교수로 강의를 하였다. 2014년 6월에는 중국 대련민족대학의 초청을 받고 중국 대학생을 대상으로 한국의 지방재정제도에 대하여 영어로 강의를 하였고, 인천대학에서는 '통치로부터 협치로의 대전환'이라는 주제로 중국, 미국의 교수들과 함께 국제세미나를 갖기도 하였다.

2011년 3월부터 3년간 한국연구재단의 전문경력인사 초빙활용지원사업의 대상자로 선발되어 청주대 행정학과에서 지방재정학과 지방경영론 등을 1학기에 1과목씩 강의를 하였다. 한국연구재단에서는 정부의 1급 이상 고위공무원과 산업체 및 연구기관의 고위경영자들을 중심으로 매년 270명 정도를 수도권 이외의 대학과 시·도의 자치단체에서 강의와 연구 활동을 하면서 재직 중에 얻은 지식과 노하우를 전수하도록 하는 전문경력인사 초빙 사업을 전개하고 있다. 한 달에 300만 원의 연구 장려금을 지급하고 있어 경제적인 면에서도 도움이 되었다. 특히 대학에서 강의를 하니 젊은 학생들과의 스킨십으로 마음이 더 젊어진 것 같다. 청주대에는 중국 학생들이 행정학과 학부생의 30% 정도를 차지하고 있을 정도로 다른 대학에 비해 특히 많은 편이다.

수강생 중에는 청주의 경찰서장과 청주시 부시장, 비행단장(준장) 등 만학의 꿈을 키우는 우수한 학생들이 입학하여 청출어람이라는 표현이 실감이 나기도 하였다. 당시 박사과정에 입학하였던 정정순 청주시 부시장은 2년 후 충청북도 행정부지사로 영전하여 계속하여 내 강의를 수강하였다. 학부 학생들에게는 분임별로 특정한 자치단체를 선정하여 지방재정의 실태를 심층적으로 분석하여 학기 말에 발표하도록 하였더니 공부에 자신감이 생겼다는 이야기이다. 중국 학생들에게는 중국의 지방제도를 한국 학생들에게 발표하도록 요청하였으나 기대에 미치지는 못하였다.

2014년 3월부터는 동국대 행정대학원에서 국정과제와 지방재정에 대하여 강의하였다. 이 과정에서 이기흥 회장께서 조계종 부회장으로서 적임자로 나를 동국대 총장에게 소개해 이루어졌다. 매주 토요일 강의를 하니 남산을 오르는 등산객들과 마주치기도 하고 멀리 군산과 홍천에서 강의를 들으러 학생들이 오니 더욱 열심히 강의 자료를 준비하였다. 세월호 사건[19]을 예로 들면서 시스템적으로 설명하였다. 23명의 중년의 대학원생들은 매우 진지한 자세로 강의를 경청하였다.

1991년 지방자치제가 부활되어 20여 년이 지나고 있으나 아직도 개혁해야 할 부분이 많이 있다. 지방자치제가 실시되기 위하여 국가와 마찬가지로 주민, 지역, 자치권의 3가지 요소가 있어야 한다. 첫째, 지역주민(citizen)이다. 내국인뿐만 아니라 우리나라에 거주하고 있는 외국인이 2017년 4월 말 현재 202만 명이 넘어섰다. 공장에서는 외국인이 없으면 생산을 할 수 없다고 한다. 특히 3D 업종, 즉 더럽고(dirty), 위험하고(dangerous), 힘든(difficult) 분야의 일들은 내국인들이 기피하므로 개발도상국 출신의 외국인들을 채용하고 있다. 또한 농촌에 있어서도 농사와 축산 등의 분야에도 가격경쟁력을 높이기 위해 값싼 임금으로 외국인 근로자를 쓰지 않을 수 없는 실정이다. 따라서 결혼하여 배우자로 온 사람뿐만 아니라 국내에 체류하는 외국인이 그만큼 지속적으로 증가하고 있다. 이들에 대한 적정한 처우와 함께 권리보호 대책이 필요하다.

둘째, 지역(area) 문제이다. 본격적인 지방자치제 실시에 대비하여 1990년대 초 시·군의 통합이 2번에 걸쳐 이루어졌으나 2-3만 명 규모의 인구에 재정자립도가 10%대의 군이 그대로 방치되어 있다. 이와 같은 제도는 1900년대 초 일본강점기 지방행정제도를 2개 현을 1개의 군으로 개편한 이후 지금까지 그대로 유지되고 있다. 그간 새로운 도로와 철도의 개설, 다목적댐 건설, 공업

19) 세월호 사건은 2014년 4월 19일 인천항을 떠나 제주로 가던 여객선이 진도 팽목항 앞바다에서 과도한 선적과 미숙한 운행 그리고 노후 선박의 불법개조 등으로 인하여 280여 명이 숨진 사건으로 특히 제주로 수학여행을 가던 안산의 단원고 학생들이 탑승하여 그 사회적 파장이 더욱 컸다.

단지 조성 등 사회경제적 여건이 변화하여 생활권역이 많이 바뀌었으나 행정권역은 그대로 있다. 생활권역과 행정권역을 일치[20] 시키는 특단의 노력이 필요하다. 자치구의 존치 문제와 과소자치구의 통합도 종합적으로 검토되어야 한다. 경기도정이 제2도청 형태로 이루어지고 있으므로 분도되어야 한다.

셋째, 자치권이다. 자치입법권은 '법령의 범위 내'에서로 한정하는 소극적 자세에서 벗어나 '법령에 어긋나지 않는 범위 내'에서로 자치입법을 할 수 있는 범위를 넓히는 적극적인 자세로의 전환이 필요하다. 또한 지방재정권과 관련하여 국가에서는 지방교부세, 국고보조금, 지역발전특별회계의 비율을 줄이고 지방세와 세외수입을 늘리는 재정분권화 노력이 필요하다. 지방자치단체도 지방세와 세외수입을 확충하기 위한 적극적 노력과 함께 지방재정을 효율적으로 사용하려는 자세가 필요하다.

우리나라 지방자치제도의 모델은 전통적으로 단체자치와 주민자치 형태이며, 자치계층과 행정계층 그리고 강시장형과 권력견제형이다. (그림 8-2)과 같이 중앙정부와 지방자치단체 간에는 단체자치(대륙형 지방자치)가 이루어지며 분권화가 과제이고, 지방자치단체와 지역주민 간에는 주민자치(영미형 지방자치)의 형태로 주민들의 참여가 필요하고 능률성이 요청된다. 이것 이외에 국가와 지방자치단체는 NGO 등의 압력에 구애됨이 없이 전체 국민과 주민을 위한 정책을 펼 수 있는 정부자치[21]로 중립성이

20) 광역시와 도 등의 통합은 차치하더라도 주민의 건의가 있는 6개소(의정부 양주·동두천, 안양·군포, 전주·완주, 구미·칠곡, 통영·고성, 동해·삼척·태백), 그리고 도청이 이전하는 지역인 2개소(홍성·예산, 안동·예천), 경제자유구역으로 개발되고 있는 2개소(군산·김제·부안, 여수·순천·광양), 인구가 10만 명 이하인 과소 자치구 5개소(서울 중구·종로구, 부산 중구·동구와 수영구·연제구, 대구의 중구·동구, 그리고 인천의 중구·동구)는 신속히 통합을 추진해야 할 지역이다.

21) 2014년에 발생한 세월호 사건으로 관피아(관료+마피아)라는 신조어가 생겼다. 해양수산부 산

요청된다. 이것이 충(忠)으로 정부와 공무원이 중심을 잡고 일부 이익집단이나 주민이 아닌 국가와 전체 국민의 이익을 위하여 봉사해 달라는 엄명이다.

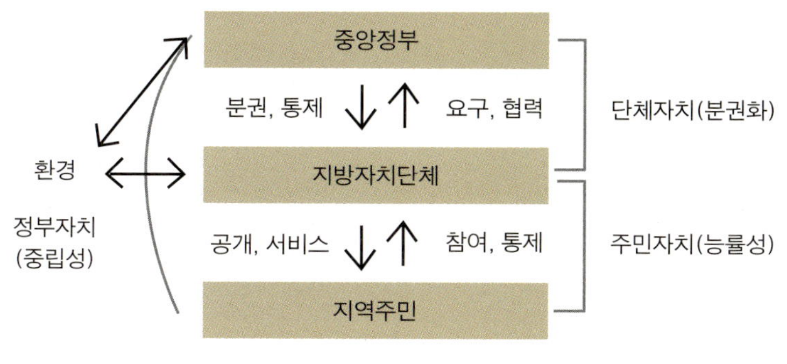

(그림 8-2) 한국의 지방자치 모델

행정도 살아있는 조직으로 사람의 신체와 마찬가지로 음식을 먹고(투입, input), 체력을 유지하면서 일을 하고(전환, conversion), 배설하는 것(산출, output)과 같은 원리이다. 국가와 지방자치단체를 유지하기 위하여 조직, 사람(인사), 재정(돈), 정보가 필요하다. 이와 같은 자원이 행정에 투입되어 각종 정책을 추진하고 재화와 서비스를 제공한다. 정책을 실시하고 재화와 서비스를 제공한 이후 잘 지역주민에게 전달되었는지 중간에 그리고 제공되고 난 이후에 평가하고 지속적으로 다음 해에 환류되어야 한다.

하의 단체인 한국선급협회가 세월호에 대한 선박검사를 형식적으로 함으로써 사고가 발생하였다고 한다. 법관과 검사가 퇴직한 이후 법무법인의 고문 등에 취업하여 고액의 보수를 받는 전관예우의 법조피아와 정치권 인사가 자격이 없으면서 국영기업이나 국책기관에 취업하는 정치피아 그리고 정치인이 출신 지역과 관계없이 전국 어느 지역에도 전략공천형태로 출마하는 제도도 시정되어야 한다.

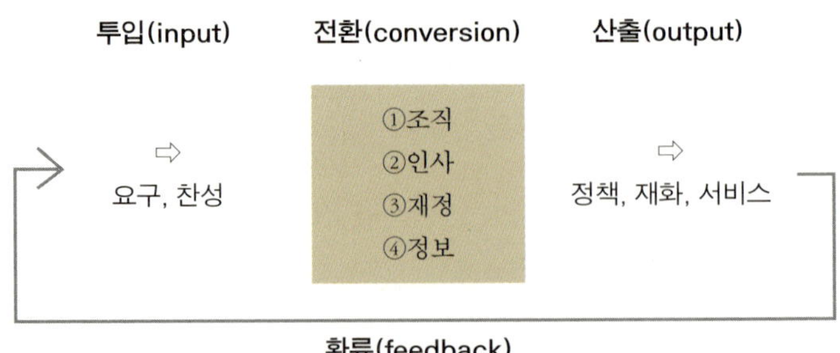

(그림 8-3)행정의 시스템적 접근방법

세월호 사건과 관련하여 국민들이 안전하게 배편으로 여행할 수 있도록 완벽한 선박검사와 화물의 결박 등의 필요한 조치를 해달라고 요구한다(투입). 정부는 이와 같은 요구에 대하여 국민재난처를 국무총리실 산하에 신설하고(조직), 국가의 공무원제도에 대한 전면적인 검토를 하여 전문직 공무원을 채용하고(인사), 안전에 필요한 예산을 우선적으로 확보하도록 조치하며(재정), 필요한 각종 정보(예컨대 119, 129 등)도 일원화하여 관계기관이 공유할 수 있도록 하였다. 세월호 사건을 계기로 국가재난관리체계가 일원화되었다가 다시 환원되었다. 이와 같은 정책은 앞으로 집행과정에서 그리고 집행한 이후 잘 되었는지 지속적으로 평가(환류)되어야 한다.

3. 직지(直指)와 봉사의 마음

우리나라는 선진국에서 예를 찾아볼 수 없을 정도로 단기간에 압축된 고도성장을 하면서 경제적으로 선진국 문턱까지 진입하였다. 그러나 부의 축적에만 몰두하면서 사회가 지역 간, 계층 간,

세대 간 분열되고 구성원 간의 유대감이 사라졌다. 사회적 아노미(anomie) 현상으로 자살, 방화, 폭력 등 사회적 이탈 현상이 빈발하고 있다. 이와 같은 사회적 유대감을 복원하고 사회문제를 해결하기 위하여 종교단체와 비정부기구(NGO)가 앞장서야 한다. 특히 종교가 사회발전을 이끌고 구성원 간 유대를 공고히 하는 과정에서 빛과 소금이 되어야 한다. 그러나 종교단체가 거대화, 세습화, 영리화[22] 되어가고 있다.

어머니께서 살아계실 때 매일 아침 일어나 제일 먼저 장독대 위에 정화수를 떠놓고 기도하던 모습이 떠오른다. 아들 정민이가 보은 법주사의 말사인 탈골암에서 기도하여 태어났기 때문에 불교와의 인연을 뗄 수가 없다. 민선 청주시장에 출마할 뜻을 두고 나와 집사람도 청주의 무심천변에 있는 용화사의 불교대학에 등록하여 불교에 대하여 1년간 공부하였다. 초기경전 등 불교에 대하여 공부도 하고 친교의 시간도 가졌다.

2015년 1월 김무성 새누리당 대표가 조계사를 방문, 총무원장과 함께.

22) 신도수를 기준으로 세계의 10대 교회 가운데 5개 교회가 한국교회이다. 2014년 4월에 발생한 세월호 사고 회사인 청해진해운의 실소유주도 침례교회의 구원파 교주로 알려져 있다. 반면에 2014년 8월 한국을 방문한 프란치스코 교황은 권위를 내려놓고 소외된 자들을 찾아 위로하고 우리 모두가 하나 되어 공동선을 위해 힘쓰자고 호소하여 성직자로서 바람직한 모습을 보여주었다.

오랫동안 청와대 민정수석실 모임인 청민회의 특별회원 이기흥 회장[23]이 2013년 불교의 조계종 신도회 회장으로 취임하면서 신도회 부회장 겸 교육·포교분과 위원장으로 활동해달라는 연락이 왔다. 나는 흔쾌히 수락하였다. 정서적으로나 국가발전을 위한 불교의 위상으로 볼 때 나의 역할이 있을 것으로 보았다. 자주 회의가 열리고 있다. 또한 정부예산의 확보와 신도회 운영과 관련하여 25개 교구와의 운영에도 지방자치단체의 도움이 필요하기 때문으로 판단된다.

우리나라에는 불교 신도가 11백만 명으로 전체인구의 22.8%로 추산되며 스님만도 1만 5천 명에 이르고 있다. 오늘날에는 비구니 스님도 많이 늘어 여성계의 힘을 불교계에서도 찾아볼 수 있다. 현재 부녀자와 노인 중심으로 신도들이 이루어져 있고 일 년에 부처님오신날 등 1~2회 정도 사찰을 찾아가는 것이 보통이다. 한국불교도 스님들은 승가 본연의 수행과 전법에 전념하고, 신도 단체가 중심이 되어 사찰을 운영하는 새로운 신행공동체가 형성되어야 한다. 또한 사찰에서 찾아오는 신도에게 포교하는 소극적 자세에서 벗어나 가정과 직장 등이 모여 있는 도시 내의 생활공간으로 적극적으로 파고 들어가야 한다. 또한 조계사와 25교구 그리고 말사가 거미줄처럼 네트워크가 이루어져야 한다.

2013년 여름에는 신도회와 동국대가 MOU를 맺어 25개 교구와 말사의 신도회장과 각종 신행단체의 임원이 참석하여 백담사 만해마을에서 워크숍이 있었다. 이때 시간이 남아 민통선 안에 있는 금강산 건봉사[24]를 둘러보고 통일에 대비한 불교 차원에서의

23) 이기흥 회장은 하남에서 레미콘사업을 한 후 대한수영연맹회장을 역임하면서 중국 광조우 아시안게임과 런던 올림픽 선수단장을 역임하였다.

24) 건봉사는 고성군 거진읍에 있는 천년 된 고찰로 6·25까지는 강원도 일원을 관리하는 교구본사

대책도 강구해야 할 시기임을 생각해 보았다. 백담사를 오랜만에 둘러보고, 아침에는 몇 년 전에 화마가 삼키고 간 낙산사도 돌아보는 소중한 기회였다. 아직 상처가 아물지는 않았지만 어느 정도까지는 다시 원상복구가 된 것을 보고 자연의 놀라운 치유력과 인간의 위대한 노력의 힘을 느낄 수 있었다.

기독교윤리실천운동과 여론조사기관인 글로벌리서치가 2014년 2월 발표한 한국종교의 사회신뢰도 여론조사결과에 의하면 여러 종교 중 가장 신뢰하는 종교는 천주교(47%), 불교(38%), 개신교(12.5%) 순이었으나 사회봉사를 가장 많이 하는 종교로 개신교(41.3%), 천주교(32.1%), 불교(6.8%) 순으로 불교가 다른 종교에 비하여 크게 떨어지는 것으로 조사되었다. 우리나라 불교는 대승불교로서 국가가 위기에 처해 있을 때에는 불교 지도자들이 승병을 조직하여 외세를 격퇴하는데 선봉에 섰으며 3·1운동 때에는 독립선언을 주도하였다. 그러나 최근 불교가 자신을 위한 기복신앙으로 치우치면서 그와 같은 결과가 도출된 것 같다. 한국불교가 앞으로 나아가야 할 방향을 잘 제시하는 내용인 것 같다.

따라서 2013년부터 부처님 오신 날을 전후하여 행복바라미제도를 만들어 구세군 자선냄비와 같이 모금을 하여 그 지역에서 모금한 금액을 그 지역의 불우이웃에게 환원하는 모금제도를 처음으로 실시하였다. 2014년부터 신용카드를 통한 헌금과 온라인 헌금이 가능해지는 등 보다 체계적으로 실시되고 있어 그 효과가 기대된다. 행복바라미는 상생과 나눔을 생각하며 전통문화와 나눔 문화가 어우러진 이웃에게 자비를 베푸는 실천운동으로 템플

일 정도로 큰 사찰이었으나 6·25사변 때 거의 소실되고 1988년 군사보호구역에서 해제되었다. 부처님의 진신치아사리가 봉안되어 있으며 최근 불사가 많이 진행되고 있다.

스테이, 산사음악회와 함께 불교의 대중화와 불교에 대한 사회적 인식 전환에 큰 도움이 될 것으로 생각된다.

2014년부터 김중원 고교 친구의 권유로 중소기업의 수석컨설턴트로 활동하였다. 중소기업이 겪고 있는 경영상의 애로사항을 타개하기 위하여 중소기업청의 예산지원을 받아 중소기업에 대하여 자문을 하였다. 첫 작품으로 화성시에 소재하고 있는 외국인 근로자를 포함하여 10명이 근무하고 있는 (주)선진마루라는 소기업에 대한 경영진단을 실시하였다. 가족경영형태에서 주식회사형태로 전환한 지 몇 년이 안 된 사무실, 컴퓨터실, 음악실 등에 사용되는 철판으로 된 바닥재를 생산하는 기업이다. 2014년 매출 50억 원을 목표로 '안정성장을 지향한 마케팅전략'을 수립하였다. 다른 참여자들도 처음 참여하고 있으므로 김중원 사장의 고생이 많았다.

나는 평소 중소기업을 경영하는 사람들이 어려운 여건하에서도 국가와 지역발전을 위하여 경제활동을 하는 진정한 애국자라고 생각해왔다. 중소기업청의 캐치프레이즈가 '9988'이다. 이는 기업 수로 보면 99%, 종업원을 기준으로 하면 88%가 중소기업임을 의미한다. 그만큼 중소기업이 국가 경제에서 차지하는 비중이 지대하다고 볼 수 있다. 그래서 중소기업의 육성이 국가경제발전의 원동력으로 매우 중요한 전략이고, 중소기업을 중견기업으로, 중견기업[25]을 다시 대기업으로 육성하는 여러 가지 정책을 정부에서 추진하고 있다.

기업이 처하고 있는 국내외적 환경과 기업 여건을 SWOT[26] 분

25) 중견기업이란 산업계의 허리로 제조업의 경우 근로자가 300명 이상이고 자본금이 80억 원을 초과하는 기업을 말한다.

26) SWOT 분석기법이란 회사가 통제할 수 있는 내부 여건으로 강점(strengthness)과 약점

석기법을 사용하여 새로운 마케팅전략을 수립하는 것이었다. 나는 중앙과 지방의 행정기관과 공사의 CEO를 역임하였으므로 음양으로 많은 도움을 줄 수 있을 것으로 판단하고 기꺼이 응하였다. 엑셀과 같은 높은 수준의 컴퓨터 활용능력이 요구되었다. 계획수립과 중간보고, 최종보고 순으로 4개월간 진행되었으며 4명이 수고하였다. 기업은 생존과 발전을 위하여 SWOT 분석을 통한 탄력적인 전략의 수립이 필요하다.

개인이나 조직의 경우에도 자신이 갖고 있고 통제할 수 있는 강점과 약점이 무엇인가를 냉철하게 분석해보고, 통제할 수 없는 외부적인 여건을 분석할 필요가 있다. 내가 가지고 있는 강점인 자질과 능력은 무엇이고 약점은 무엇인지를 파악하고 이를 보완하는 노력이 필요하다. 또한 세계적으로나 국가적으로 다가오고 있는 트렌드와 앞으로 올 것으로 전망되는 기회 요인과 위협요인을 객관적으로 분석하여 이에 알맞은 전략을 강구하는 것이 개인과 조직의 발전을 위하여 필요하다.

우리나라 국민의 DNA에 내재하고 있는 '빨리빨리병'은 약점이면서도 강점이 될 수도 있다. 급변하는 오늘날의 창조사회에 있어서 한류와 같은 새로운 트렌드를 제일 먼저 만들어 세계적으로 유행시키기도 하고 급격한 경제성장에 따른 부작용으로 각종 사고를 유발할 수 있는 위험성도 내재해 있다. 한반도 주변에는 미국의 패권주의, 중국의 동북공정, 일본의 군사대국화, 북한의 핵개발 등 위험요인도 있으나 급변하는 국제사회, 동북아 시대의 도래, 성장하고 있는 해외교포 등 기회 요인도 있다. 국가는 물론

(weakness) 그리고 기업이 통제할 수 없는 외부 환경인 기회(opportunity)와 위협(threat) 요인을 종합적으로 분석하는 것이다. 국가와 지방자치단체 그리고 조직과 개인에게 있어서도 이와 같은 분석 방법을 활용하여 미래의 비전과 전략을 수립해 보는 것이 필요하다.

지역, 기업과 개인의 경우에 있어서도 이와 같은 국제사회와 미래사회의 흐름을 SWOT 분석 방법을 통해 체계적으로 분석하여 생존과 발전을 위한 다양한 전략을 강구해야 한다.

참고문헌

1. 지역관련문헌

(충북과 청주지역)

• 나기정, 지방행정인의 꿈, (사)미래도시연구원, 2010
• - , 지방으로부터의 외침, 뒷묵, 2001
• 청주문화원, 청주의 역사와 사람들, 2009
• - , 청주문화기행, 2002
• - , 내사랑 청주, 2007
• 청주시, 재미있는 청주이야기, 2013
• - , 시정백서, 2001, 2002

(충주지역)

• 김왕기, 산수화에 다소곳 숨어있는 중원문화 이야기(1, 2, 3), 글샘나루, 2005
• 충주시, 시정연감, 1997~1999, 2001
• 충주세계무술축제추진위원회, 제3회 세계무술축제, 2000
• 최일성, 충주의 역사와 문화, 백산자료원, 2011

(보은지역)

• 보은문화원, 보은향토문화유적, 2011
• - , 보은군지리지, 2008

(인천지역)

• 경인일보, 인천 이야기(상, 하권), 다인아트, 2001

• 안상수, 안상수의 혼이 깃든 인천 이야기, 럭스미디어, 2012
• －, 아! 인천, 행복 에너지, 2013
• 인천광역시, 옛날 옛적 인천은, 2004
• 인천광역시, 니들이 인천을 알아?-만화로 보는 최초, 최고, 유일의 인천 이야기, 2006

2. 일반관련문헌

• 공자, 논어(김원중 옮김), 글항아리, 2013
• 김동기, 조사방법론, 대왕사, 1975
• －, 한국지방재정학, 법문사, 2008
• －, 한국지방자치의 새로운 모색, 법문사, 2010
• 김진명, 천년의 금서, 새움, 2011
• 문화관광체육부, 국민여가활동조사보고서, 2012
• 박용순, 사회복지개론, 지학사, 1999
• 류시화, 나는 왜 너가 아니고 나인가, 김영사, 2003
• 손희준 외, 지방재정론, 대영문화사, 2012
• 신경숙, 엄마를 부탁해, 창작과 비평사, 2008
• 에드워드 김, 새마을운동-민주복지의 길, 형문출판사, 1990
• 예종석, 노블레스 오블리주, 살림, 2006
• 오긍, 정관정요(김원중 옮김), 글항아리, 2010
• 오종남, 은퇴 후 30년을 준비하라, 삼성경제연구소, 2010
• 유민봉, 한국행정학, 박영사, 2012
• 이극찬, 정치학, 법문사, 1998
• 이기백, 한국사신론(수정판), 일조각, 1993
• 이승종, 지방자치론-정치와 정책, 박영사, 2005

• 전재일 외, 사회복지론, 형실출판사, 1998
• 최연혁, 우리가 만나야 할 미래, 쌤앤파커스, 2012
• PCA LIFE, ALL READY?-은퇴 후 100세 인생을 준비하는 37가지 방법, 2005
• Alvin Toffler, 부의 미래(김중웅 옮김), 청림출판, 2006
• Anatole Kaletsky, 자본주의 4.0(위선주 옮김), 명진출판, 2008
• E.H.Carr, 역사란 무엇인가(다문도서연구회 옮김), 다문, 1997
• Heather Lehr Wagner, 오바마 이야기(유수경 옮김), 명진출판, 2008
• Michael J. Sandel, 정의란 무엇인가(이창신 옮김), 김영사, 2010
• –, 돈으로 살 수 없는 것들(안기순 옮김), 와이즈베리, 2012
• Richard Dawkins, 이기적 유전자(홍영남 옮김), 을유문화사, 2006
• Thomas Friedman, 세계는 평평하다(김상철 외 옮김), 문화사, 2006